새로운 철학 교과서

새로운 철학 교과서

― 현대 실재론 입문

이와우치 쇼타로

이신철 옮김

도서출판 b

21세기에 들어서 철학은 새로운 국면을 맞이하고 있다. 철학
은 '인간'으로부터 벗어나 '실재'로 향한다. 현대철학에서 나타
나는 이러한 새로운 동향, 즉 '인간 이후'의 세계를 사변하는
'포스트 휴머니즘'의 철학은 사변적 실재론, 객체 지향 존재론,
다원적 실재론, 새로운 유물론, 가속주의, 행위자 네트워크
이론, 새로운 실재론 등을 포함하며, 나아가서는 인류학, 사회
학, 심리학, 건축학, 페미니즘, 문학의 각 영역과도 연결되어
움직이는 가운데 인문학의 담론 그 자체를 근본적으로 전환시
키고 있다. 그러나 이러한 동향을 어떻게 생각해야 할 것인가?

이 책의 목적은 두 가지다.

(1) 현대철학의 무대에 등장한 '실재론'에 주목함으로써 '포스트 휴머니즘'의 철학에 일정한 전망을 부여하기. 사변적 실재론, 다원적 실재론, 새로운 실재론의 중심적인 생각을 가능한 한 간명하게 제시하기.

(2) 현대의 실존 감각에 빛을 비춤으로써 '실재론'의 의의를 '실존론'적으로 끄집어내기. 따라서 이 책이 다루는 것은 '현대 실존론'이기도 하다.

시대의 추세가 실재론으로 기울어지는 것에는 그 나름의 철학적 이유가 있지만, 현재 이 정도로 실재론이 환영받고 있는 것은 철학 상의 입장을 넘어서서 그것이 바로 현대의 실존 감각과 깊이 관계되기 때문이라고 나는 생각한다.

대국적인 견지에서 철학의 역사를 조망하면, 현대 실재론은 20세기 후반부터 인문학을 석권한 포스트모던 사상을 극복하고자 하는 시도라고 말할 수 있다. 포스트모던 사상은 철저한 상대주의에 의해 오랫동안 서양의 사조를 선도해왔다. 그러한 포스트모던 사상의 상대주의적인 급진주의에 대항하기 위해 21세기에 들어서 프랑스, 영국, 이탈리아, 독일, 미국, 캐나다, 일본 등에서 동시다발적으로 '실재론' 밑에 철학자들이 집결했다. 거기에는 알랭 바디우, 찰스 테일러, 휴버트 드레이퍼스,

움베르토 에코와 같은 20세기 철학을 견인해온 저명한 철학자들로부터 퀑탱 메이야수, 마르쿠스 가브리엘, 그레이엄 하먼과 같은 신세대의 철학자들에 이르기까지 이름을 올리고 있다. 일본에서도 그 수입과 소개가 활발하게 이루어지고 있는 것은 널리 알려진 그대로다.

상대주의에 대항한다는 점에서 현대 실재론은 근대철학과 친화성을 지닌다. 포스트모던 사상이 혐오한 '사물 자체'와 '이성' 개념을 다시 철학에 회복하고자 하는 것이다. 그러나 여기서 주의해야 하는 것은 그것이 단순히 포스트모던 사상 이전 철학으로 되돌아가고자 하는 것이 아니라는 점이다. 근대란 인간적 자유가 보편적으로 해방된 시대라는 점, 나아가서는 '독일 관념론'과 '현상학'으로 대표되는 근대철학의 주류가 '관념론'이라는 점을 떠올리면, 현대 실재론은 분명히 근대철학과는 서로 용납할 수 없는 측면도 지닌다. 아니, 오히려 그러한 의미에서는 포스트모던 사상에 가깝다고까지 말할 수 있을지도 모른다.

따라서 근대철학과 포스트모던 사상의 연장선상에 있으면서도 그것들과는 다른 담론을 제기하는 것이 현대 실재론이라고 말할 수 있다. 바로 그런 까닭에 그것은 칸트 이후의 철학 전체를 비판의 대상으로 한다. 요컨대 현대 실재론은 근대철학과 포스트모던 사상을 포괄적으로 넘어서고자 하는 시도인 것이다.

　그 주장의 요체는 다음과 같다. 칸트 이후의 철학은 너무나 '인간 중심주의'였다. 칸트가 주장한 것은 인간이 인간 자신의 인식 장치를 통해 세계를 조망한다는 것이다. 역으로 말하면 인간은 인간 자신의 인식 장치 바깥으로부터 사물 자체를 직접 참조할 수 없다. 요컨대 '나'는 '나'의 눈으로밖에 세계를 볼 수 없다는 것이다. 그리하여 어느 사이엔가 인간은 인간의 세계에 갇힌 것이 아닐까? 사물 자체를 사유하는 것은 정말로 가능하지 않은 것일까? …… 이러한 반−휴머니즘적인 주장은 하이데거와 푸코에 의해 이미 선취되어 있었지만, 현대철학은 '실재론'이라는 형태로 그 앞의 지평을 개척하고자 하는 것이다.

　'인간 이후'의 세계는 인간이 소멸한 후의 세계만을 의미하는 것이 아니라 인간이 관여할 수 없는 세계도 가리킨다. 인간의 사유가 미치지 못하는 장소를 사유하고자 하기 — 커다란 모순을 잉태한 이 모험은 그럼에도 우리를 매혹시킨다. 그것이 현대 사회에 내재하는 뒤틀림의 감각과 공명하기 때문일지도 모른다. 또는 이 세계의 건너편을 동경하는 우리의 욕망을 불러일으키는 자극제인 것일까? 모든 것이 기술적 합리성에 의해 계산될 수 있다는 현재의 세계 이미지에 그저 상대주의적이지 않은 (실재로서의) '사유될 수 없는 영역'을 대항시키는 것이다.

전통적으로 철학에는 '관념론'과 '실재론'의 대립이 있다. 이 대립에는 '인식론'(사물을 보는 방법에 대해 생각하는 철학)과 '존재론'(존재에 대해 생각하는 철학)이라는 철학 분야가 크게 관계되지만, 현대 실재론을 이러한 대립 축에서만 정리해 버리는 것은 조금 유감스러운 일이다. 물론 그것이 '실재론'을 표방하는 까닭에 '관념론' 비판의 기능이 갖추어져 있는 것은 당연하지만, 일반적으로 존재하는 것은 인간의 인식으로부터 독립해 존재한다는 것만을 주장하는 것이라면, 현대 실재론은 그다지 재미있는 철학이 아니다. 오히려 우리의 흥미를 끄는 것은 존재가 인간의 인식으로부터 독립적으로 있다는 사태가 우리의 삶에 어떻게 관계하는 것일까 하는 것이 아닐까? 바로 이러한 이유에서 나는 실재론을 실존론의 견지에서 읽으려고 생각한다.

근대와 포스트모던을 조정하면서 전진하는 실재론은 — 철학사적인 관점에서 생각하면 — 어떠한 동기에 이끌리고 어느 정도의 사상적 영향 범위를 지닐 수 있을까? 그리고 결국 그것의 무엇이 '새로운' 것일까? 현대 실재론은 '철학의 혁명'인가, 그렇지 않으면 '격세유전'인가?

어쨌든 철학은 그 의의를 평가하지 않고서는 앞으로 나아갈 수 없는 지점에까지 이르렀다.

| 차례 |

'무언가를 하고 싶은 것도 아니지만, 아무것도 하고 싶지 않은 것도 아니다'

'외계인에 의한 복음'의 사유 실험

하나의 사유 실험에서 시작하고자 한다. 단순한 공상과 철학적 사유 실험의 차이는 상상하는 것에 명확한 목적이 있는지의 여부라고 나는 생각한다. 그래서 우선 사유 실험의 목적을 분명히 해두고자 한다.

'외계인에 의한 복음'이라고 이름 지은 이 사유 실험의 목표는 간단히 말하면 우리를 형이상학적 탐구로 향하게 하는 근본 동기를 명확히 하는 것에 놓여 있다. 철학의 한 분야인 형이상학은 전체로서의 세계란 무엇인가에 대해 생각하고, 만물의 근본 원인 또는 궁극적인 근거를 구명한다. 이 책에서는

'원리적으로 유한한 경험을 넘어서 사변적으로 세계 전체의 궁극적인 근거에 다가가고자 하는 것이 형이상학이다'라고 규정해두자.

세계 전체의 궁극적인 근거를 물을 때, 형이상학은 무엇을 하려고 하는 것일까? 그리고 무엇이 사람들을 형이상학에로 몰아세우는 것일까? 가장 먼저 이 점에 대해 생각해보고자 한다. 예를 들어 세계에 대한 '놀람'과 순수한 '지적 호기심'으로부터도 형이상학의 탐구가 시작되지만, 이하에서는 놀람과 지적 호기심이 아니라 '존재 불안'에 동기를 지닌 형이상학에로의 길을 더듬어보고자 하는 것이다.

우선 인간 존재의 방식에 대해 생각해보자. 인간 존재의 방식, 특히 스스로의 의지로 그때마다 선택하고 결정해가는 주체적 존재로서의 '나'의 존재 방식을 철학에서는 '실존'이라고 부른다. 실존의 구조에 대해 반성해보면, 우리의 실존적 관심은 언제나 '나'에게로 중심화 되어 있다는 것을 알 수 있다. 여기에는 두 가지 의미가 있다.

(1) '나'가 실존적 시선의 중심이며, 세계의 의미는 언제나 '나'에 대해 개시된다는 것.
(2) 실존이란 본래 자기에 대한 배려이며, 실존적 관심의 주된 대상은 '나'라는 것.

이하의 고찰에서는 후자의 의미가 중요해진다. 예를 들면 다음과 같은 식이다. 무엇을 위해 '나'는 살고 있는가? 왜 '나'는 이 '나'이고 다른 '나'가 아닌가? 언젠가 반드시 죽어 무로 돌아가 버림에도 불구하고 죽기까지 필사적으로 살아가는 것에 본래 무슨 의미가 있는가? — 이와 같은 물음은 누구나 한 번쯤은 고민해본 적이 있을 것이고, 현재 진행형으로 생각하고 있는 사람도 적지 않을 것이다.

이와 같은 소박한 물음들의 근저에는 자기의 존재에 대한 불안이 가로놓여 있다. 왜 태어났는지도 왜 죽는지도 모르지만, '나'는 어쨌든지 간에 이 세계에 태어났으며, 이 일회적인 정해진 운명을 받아들이도록 강요당하고 있다. 여기서의 불안이란 일상생활에서의 성가심이나 인간관계에 의해 느끼는 '생활 속의 불안'이 아니라 본래 이 세계에 '나'가 존재하고 있다는 것에서 기인하는 '존재 불안'을 의미한다. 내 생각에 존재 불안 문제를 논리적으로 추적하게 되면, '생명의 연쇄'라는 수수께끼에 부딪치게 된다. 이름은 잊어 버렸지만 실재하는 물고기 이야기에서 생각해보자.

어떤 물고기는 2년 만에 다 자란 물고기가 된다. 다 자란 물고기가 된 수컷과 암컷 물고기는 한 쌍이 되어 산란한다. 암컷은 산란으로 목숨을 다하고 결국 죽는다. 수컷은 알이 무사히 부화하기까지 아무것도 먹지 않고서 알을 지키며 끝내 죽는다. 암컷과 수컷의 목숨을 건 노력으로 부화한 어린 물고기는 (그 대부분이 다 자란 물고기가 되는 과정에서 천적에게 잡아먹히게 되지만) 2년 후에 다 자란 물고기가 되고, 또다시 동일한 과정을 되풀이하여 목숨을 이어간다. 이것은 목숨의 존엄함과 생명의 불가사의를 보여주는 알맞은 재료처럼 보인다. 하지만 나는 이런 종류의 이야기를 볼 때마다 언제나 다음과 같이 생각하게 된다.

'도대체 무엇 때문에?'

생명의 연쇄라는 점에 대해서만 생각해보면, 물고기와 인간에게 큰 차이는 없을 것이다. 나의 어머니와 아버지 부모의 또다시 부모의 또다시 부모의 또다시……로 우리는 생명의 연쇄를 무한히 더듬어 갈 수 있다. 하지만 생명의 연쇄 전체를 바라보더라도 무엇 때문에 생명의 연쇄가 시작되고 어떠한 이유에서 계속되어 가는지에 대해서는 도무지 알 도리가 없다. 어떻게 생명이 탄생했는지에 대한 유력한 과학적 가설은 존재하더라도, 무슨 목적에서 그와 같은 일이 일어나고 어떠한 동기에 이끌려 어버이로부터 자식에게로 생명을 이어가고 있는 것인지 우리는 이해할 수 없는 것이다(많은 경우 그러한 알 수 없음을 우리는 '본능'이라는 말로 얼버무리고 만다). 그러한 것은 알지 못해도 좋은 것일까? 차라리 알지 못하는 쪽이 좋은 것일까? 그야 어쨌든 '존재 불안'으로부터 '생명의 연쇄'로의 비약을 이해하는 것은 형이상학을 이해하는 데서 중요하다.

자기 자신의 존재 이유를 묻는 것은 생명 일반의 존재 이유를 묻는 것으로 확장될 수 있다. 여기서 주목해야 할 것은 그때에 물음이 전체화하고 있다는 점이다. 칸트가 『순수 이성 비판』에서 보여주었듯이 어떤 전체성을 향하여 무한히 추론을 계속할 수 있는 것은 이성에게 갖추어진 능력이며, 자신만이 아니라 모든 것에 예외 없이 끝이 있다는 것을 이성은 통찰한다. 이성적 추론의 제한 없음이 모든 경험을 초월한 형이상학에로 사람들을 향하게 하는 것이다. 이성은 '나'의 존재 불안으로부터 생명 일반의 존재로, 그리고 최종적으로는 생명 일반의 존재에 대한 회의로부터 세계 전체의 존재에 대한 회의로 사유를 비약시킨다. 이러한 비약의 본질이 사실은 논점의 바꿔치기라 하더라도, 또는 생명의 연쇄란 본래 우연적 사실이어서 거기에 어떠한 수수께끼도 존재하지 않는다 하더라도, 이성은 자주 개인적이고 구체적인 존재 불안을 보편적이고 추상적인 세계 전체의 존재 물음에로 승화시켜(또는 논점을 바꿔치기해) 왔던 것이다. 아무튼 계속해서 다음과 같은 장면을 상상해보자. '외계인에 의한 복음'의 사유 실험이다.

어느 날 먼 행성으로부터 외계인이 와서 인류에게 '생명의 연쇄'의 참된 목적을 알린다.

'인류의 먼 선조는 우리 행성의 죄수였다. 삶이란 언젠가 범한 죄에 대한 벌이다. 당신들 인류는 시험되고 있다. 우리는 당신들이 삶의 무의미함을 어디까지 견딜 수 있는지 보고 있는 것이다. 만약 인류가 생명의 연쇄를 지금부터 300세대를 이어갈 수 있다면, 인류의 자손은 고향인 우리 행성으로 돌아갈 수 있다고 약속한다.'

이것은 외계인이 가져온 복음이었다. 그것을 들은 어떤 철학자는 이렇게 말했다.

'특별한 일이다. 이것으로 철학은 끝났다. 존재의 참된 의미가 마침내 인류에게 개시되었기 때문이다.'

인류는 '외계인에 의한 복음'을 도래해야 할 미래에 대한 희망으로서 전승하고 여러 세대에 걸쳐 삶의 무의미함을 견뎌냈지만, 마침내 그날이 다가왔다. 생물학자와 인류학자의 연구 집단이 계산한 것에 따르면, 다음 세대에서 인류는 300세대째가 된다. 저 복음이 옳다면, 인류는 고향으로 돌아갈 수 있다. 미래의 철학자는 부르짖을 것이다.

'마침내 왔다. 마침내 온 것이다. 존재 그 자체에 대한 물음은 이것으로 모두 해결되었다. 안녕, 신화여! 안녕, 종교여! 안녕, 철학이여! 지금부터 영원히!'

이리하여 인류의 자손은 허락받고 고향 별로 돌아갔다. 놀랍

게도 그 행성에는 육체라는 것이 없었다. 성도 국경도 가족도 그리고 죽음도 없었다. 따라서 당연히 폭력도 없었다. 정신적 존재가 된 인류는 지금부터 영원히 계속해서 살아간다. 그러나 그때 인류의 자손 가운데 한 사람이 이렇게 말한다.

'도대체 무엇 때문에?'

처음 상태로 되돌아온 인류는 먼 옛날에 쓰인 철학책의 한 구절의 의미를 알게 된다.

> 왜 도대체 존재자가 있는가, 그리고 오히려 무가 있는 것이 아닌가? 이것이 그 물음이다. 이 물음이 결코 평범한 물음이 아니라는 점은 짐작될 수 있다. '왜 도대체 존재자가 있는가, 그리고 오히려 무가 있는 것이 아닌가?' — 이것은 분명히 모든 물음들 가운데 첫 번째 물음이다. (하이데거, 1994, 11쪽)

이 사유 실험은 우리에게 다음의 것을 가르쳐준다. 우선 인류를 초월한 존재인 메타–존재자(외계인)가 인류의 삶의 의미를 위로부터 규정하는 사태가 있을 수 있다는 것. 그리고 메타–존재자가 생명 연쇄의 처음과 끝에 대해 수미일관한 설명을 제시하는 사태가 있을 수 있다는 것. 하지만 인류의 자손 가운데 한 사람이 중얼거렸듯이 이성은 다시 한 번 물을 수 있다 — 그러면 메타–존재자의 존재란 도대체 무엇인가?

그리하여 메타-존재자를 초월한 존재인 메타-메타-존재자가 나타나 메타-존재자의 존재의 의미를 위로부터 규정한다고 해보자. 그럼에도 이성은 다시 한 번 물을 수 있을 것이다. 그러면 메타-메타-존재자의 존재란 도대체 무엇인가? 이러한 추론 과정은 무한히 계속되고 결국은 무한소급에 빠진다.

따라서 신화, 종교, 형이상학은 그 이상으로 소급될 수 없는 모든 근거의 근거, 요컨대 궁극적인 근거를 정립하게 될 것이다. 무언가 다른 목적 때문에 존재하는 것이 아니라 그 자신이 그 자신 때문에 존재하는 자기 목적적인 존재자, 요컨대 '신'이라든가 '초월적인 것'을 만들어내는 것이다. 그리하여 이성의 무한소급은 최종적으로는 신의 존재에 의해 그칠 수 있게 된다. 많은 신화가 신들의 탄생 이야기로부터 시작하는 것은 그 때문이다. 우리는 신화 속에서 신들의 존재 근거를 찾을 수 없다. 신은 아무런 이유도 없이 오직 탄생할 뿐(또는 처음부터 단지 거기에 존재할 뿐)이지만, 최고 존재자인 신은 그것으로 좋은 것이다.

이리하여 '나'의 존재 불안은 전체화하여 세계 그 자체에 대한 물음으로 향하지만, 어떠한 수단을 들이대더라도 우리가 존재에 대한 절대적 근거를 손에 넣을 수는 없다는 점은 분명할 것이다. 물론 이미 말했듯이 나는 모든 형이상학의 근저에 존재 불안이 있다고 말하고자 하는 것이 아니며, 오히려 존재를 앞에 둔 놀람과 지적 호기심으로부터 형이상학이 출발한다는 것을 인정한다. 좀 더 말하자면, 형이상학적인 문제를 생각하는 것에 철학의 사명이 있다고도 생각하지 않는다. 여기서 이해하고 싶은 것은 우리에게는 결코 논리적으로 답할 수 없는 물음이 있다는 점이다. 우주 전체가 어떤 물리 법칙으로 관철되고 있다는 것까지는 이해할 수 있다 하더라도, 왜 우주 전체가 그와 같은 물리 법칙으로 관철되고 있는지는 알 수 없다. 전체성의 인식을 지향하는 이성은 사람들을 형이상학적 탐구로 몰아세우지만, 본래 그 탐구에는 처음부터 한계가 존재하는 것이다.

높이와 넓이―신의 역할에 대하여

인간에 대한 신의 의미를 상세하게 말하기 위한 준비가 내게는 갖춰져 있지 않다. 이하에서는 두 가지만을 간단히 끄집어내 보이고자 한다. 신의 '높이'(초월성)와 '넓이'(보편성)이다. 미리 말해두자면, 우리는 높이와 넓이를 이미 잃어버렸다. 그리고 현대 실재론은 그 두 가지를 회복하는 운동으로서 — 또는 높이와 넓이와는 다르게 살아갈 가능성으로서 — 독해할 수 있다는 것이 이 책의 중심 테제다. 하지만 당연히 현대 실재론은 옛날 그대로의 신을 회복하고자 하는 것이 아니라는 점에 대해서만큼은 주의해두고 싶다.

우선 신의 '높이'에 대해. 신은 인간 존재를 절대적으로 초월하여 높은 곳에 존재한다. 따라서 인간은 신을 두려워하며 받들어왔던 것이고, 신의 노여움을 가라앉히기 위해 때로는 희생제물을 바친다든지 해왔다. 스스로의 죄 많음과 삶의 부조리를 신에게 고백한다든지 세계에 신의 선의가 주어지기를 기도한다든지 할 수 있는 것도 신이 높은 곳에 존재하기 때문이다. 만약 신이 인간과 같은 정도의 존재라면 신의 말과 정치가의 말에 큰 차이는 없게 되고, 신의 말은 지상으로 떨어지고 만다. 높이의 차원, 즉 '초월성'이 신의 존재에 대해서는 불가결한 것이다.

신에게 한정하지 않고서 일반적으로 초월성이 지니는 '높이'는 인간의 실존에 있어 두 가지 의미를 지닌다. 하나는 높은 곳으로부터의 존재 불안의 제거. 신은 천상으로부터 우리의 존재에 의미와 가치를 부여한다. 신은 존재의 수수께끼(왜 인간은 세계에 존재하는 것일까)를 해명해주고, 신의 선의를 믿음으로써 각각의 '나'는 스스로의 존재 불안으로부터 구제된다. 높은 곳에 있는 까닭에 신은 '나'의 존재를 뒷받침할 수 있다.

또 하나는 높이에 대한 동경. 플라톤은 현상하고 변전하는 이 세계의 저편에 존재하는 '이데아'(특히 아름다움의 이데아)

를 동경하는 인간의 정서를 멋지게 그려 보였지만, 바로 플라톤은 동경의 본질에 다가서고 있다. 동경의 대상은 언제나 '나'와는 비대칭의 관계에 있다는 것이다. 우리는 연하의 후배를 동경하는 것이 아니라 대개는 연상의 선배를 동경한다. 태어나 자란 마을을(그것을 그리워하는 경우는 있어도) 동경하는 경우는 없지만, 다른 나라의 도시를 동경하는 마음을 품는 경우는 있다. 일반적으로 동경의 대상은 우리의 일상성으로부터 벗어난 높은 장소에 존재한다. 욕망의 대상이 낭만화 되어 초월적 이상으로 되는 경우에 우리는 그 높음에 대한 희구를 '동경'이라고 부른다. 동경의 대상은 특별한 대상이며, 멀리 있어 (아직) 자신에게는 닿지 않지만, 손을 뻗어 닿아보고 싶은 것으로 나타난다. 우리는 일상성의 저편에서 아주 멋진 무언가를 예감하고 그것에 유혹 당한다. 따라서 다음과 같이 말할 수 있다. 높이를 잃는 것은 동경을 잃는 것이라고 말이다.

다음으로 신의 '넓이'에 대해. 신의 존재는 보편적이다. 그것은 신이 언제 어디의 누구에 대해서도 존재한다고 말하는 것이다. 그렇게 말하더라도 현대에 살아가는 우리는 세계에 복수의 신들이 존재한다는 것을 알고 있으며, 신의 존재가 보편적이라고 말해지더라도 납득할 수 없을 것이다. 신의 존재를 믿지 않는 사람도 많다.

그러나 그야 어쨌든 신이 믿어지고 있던 시대에는 신은

보편적이지 않으면 안 되었다. 또는 다음과 같이 말할 수 있을지도 모른다. 특정한 신들이 신앙되는 공동체 내부에서 신들은 절대적이고 보편적인 존재자로서 군림하고 있었으며, 그 넓이에 의해 공동체의 질서를 유지하는 데 공헌해왔던 것이라고 말이다.

사회학자인 뒤르켐이 제시했듯이 종교적 힘의 근원들 가운데 하나는 사회다(뒤르켐, 1975). 뒤르켐에 따르면 모든 종교의 제도와 의례는 사회 질서의 유지와 사회에서의 도덕적 힘의 형성을 축으로 하여 생각되어야만 한다. 종교는 사회의 보편적 이상을 형성하는 역할을 짊어지고 있으며, 바로 그와 같은 이상(초월적이고 신성한 힘)이 있기 때문에 사회는 스스로를 주기적으로 재창조할 수 있는 것이다(예를 들어 고대사회에서는 주기적으로 왕을 죽이는 것이 공동체의 신진대사를 위해 불가결하다고 생각되었다). 따라서 넓이를 잃는 것은 선악의 보편적 근거를 잃는 것이다.

신은 '높이'와 '넓이'에 의해 인간의 삶의 의미와 사회의 질서를 유지해왔다. 높이로서의 초월성은 존재 불안을 제거함과 동시에 초월적인 것에 대한 동경을 환기하고, 넓이로서의 보편성은 사회의 질서, 특히 선악의 질서에 결부되어 있었다. 하지만 근대로부터 포스트모던으로 이행하는 바로 그 과도기에 니체가 '신의 죽음'을 선언했듯이, 역사적으로 종교적 권위와 그에 기초하는 시스템은 서서히 약화되고 시간과 더불어 신의 힘은 쇠퇴해버렸다. 이 사실은 서유럽에 한정된 것이 아니라 근대화가 진행된 많은 장소에서 널리 일어난 일이다.

니힐리즘과 멜랑콜리

그런데 '신의 죽음'은 어디까지나 상징적으로 말해진 것이고, 이것은 '초월적인 것'의 상실로서 좀 더 일반화하여 생각할 수 있다. 여기서 근대 이전을 '신앙의 시대', 근대를 '자유의 시대'로서 본다면, 포스트모던은 '니힐리즘의 시대'로서 규정할 수 있다고 생각된다. 유명한 구절이지만, 포스트모던을 '큰 이야기'가 상실된 시대로 특징지은 프랑스의 철학자 리오타르의 말을 인용해보자.

> 극도의 단순화를 두려워하지 않고 말하자면, "포스트모던"이란 무엇보다도 우선 이러한 메타 이야기에 대한 불신이라고 말할 수 있을 것이다. …… 이야기 기능은 참된 이야기를 구성하는 관계의 요소들 — 즉 위대한 주인공, 중대한 재난, 화려한 편력, 숭고한 목표 — 을 상실하고 있다. (리오타르, 1986, 8–9쪽)

리오타르가 여기서 말하는 '메타 이야기'(=정신의 변증법, 의미의 해석학, 이성적 인간 또는 노동자로서의 주체의 해방, 부의 발전과 같은 '커다란 이야기')란 내가 말하는 '초월적인 것'을 가리키지만, 메타 이야기에 대한 불신이 늘어남에 따라 우리는 '니힐리즘'이라는 새로운 현상에 직면하게 된다. 니힐리즘이란 '어쩌면 모든 것은 무의미할지도 모른다'는 의혹을 말한다. 존재 불안을 제거하고 동경을 불러일으킴으로써 선악의 근거를 뒷받침한 종교, 공동체의 관습과 전통, 공동 환상과 같은 '큰 이야기'는 근대 이전의 사회에서는 무자각적인 동시에 직접적으로 수용되고 있었지만, 근대 이후 이성의 합리적인 추론에 의해 대상화되었다. 그 결과 '큰 이야기'는 인간적 자유를 억압하는 것인가 그렇지 않으면 인간의 본질 조건인가라는 식으로 선별된다. 그러나 결정적인 것은 이성적인 음미 그 자체에 초월성을 박탈하는 계기가 숨어 있다는 점이다. 왜냐하면 이야기가 온전히 기능하기 위해서는 초월성에 대한 '믿음'이 필요하지만, 이성적인 추론인 '앎'은 이야기의 초월성을 지상으로 끌어내리기 때문이다. 따라서 니힐리즘이란 단순한 염세적인 '기분'이 아니라 세계의 무의미함에 대한 통찰에 기초하는 '이성의 병'이라고 말할 수 있을 것이다.

니힐리즘이라는 문제 현상을 사람들 사이에서 널리 관찰할 수 있게 되는 것은 20세기 중반 이후, 즉 포스트모던 시대부터이지만, 우리는 니힐리스트의 전형을 19세기의 한 소설에서 발견할 수 있다. 투르게네프의 뛰어난 작품 『아버지와 아들』(1862년)이다.

이 소설에서는 농노 해방 전후의 19세기 러시아를 무대로 하여 전통적인 귀족 문화와 새로운 세대의 문화의 마찰이 그려지고 있다. 대학을 졸업하고 오래간만에 고향인 시골로 돌아온 아르카디는 친구인 바자로프도 함께 데리고 온다. 바자로프는 모든 형식의 낭만주의를 업신여기고 전통적인 귀족 문화의 내실은 공허하다고 생각하는 청년이며, 아르카디도 그의 영향을 받고 있다. 귀족 문화 속에서 자란 아르카디의 아버지 니콜라이 페트로비치와 큰아버지 파벨 페트로비치는 바자로프의 자유분방한 언동에 어리둥절해 하고, 바자로프가 없는 식사 자리에서 아르카디에게 바자로프는 어떤 사람인지 묻는다.

'바자로프가 어떤 사람이냐고요?' 아르카디는 쓴웃음을 지었다. '큰아버님, 괜찮다면 저 남자가 어떤 사람인지 가르쳐 드릴까요?'

'그래, 가르쳐주라, 아르카디.'

'그는 니힐리스트입니다.'

'뭐라고?'라고 니콜라이 페트로비치는 되물었다. 파벨 페트로비치는 버터 한 조각을 붙인 나이프를 들어 올린 채 얼어붙은 듯이 되었다.

'그는 니힐리스트예요'라고 아르카디는 되풀이했다.

'니힐리스트'라고 니콜라이 페트로비치는 중얼거렸다. '그것은 라틴어 nihil, 요컨대 무에서 나온 말이지. 나로서는 그렇게밖에 생각되지 않아. 그렇다면 이 말은…… 아무것도 인정하지 않는 인간……이라는 의미잖아?'

'아무것도 존경하지 않는다고 말하는 게 좋겠지'라고 파벨 페트로비치는 말하고서 또 다시 버터를 바르기 시작했다.

'무엇이든 비판적 견지에서 보는 인간이죠'라고 아르카디는 말했다.

(……)

'그러면 무언가, 그건 좋은 걸까?'라고 파벨 페르로비치가 가로막았다.

'사람에 따라 다르죠, 큰아버님. 그래서 좋다는 사람도 있고, 아주 나쁘다는 사람도 있습니다.' (투르게네프, 1998, 36–37쪽)

투르게네프는 전통적 권위를 적극적으로 무화시키는 인간으로서 바자로프를 등장시킨다. 그는 어떠한 권위에도 종속되지 않는 것만을 신조로 삼고 있으며, 현실 세계의 절대성에 관념으로 대항하고 관념을 관념 내부로부터 논리적으로 정당화함으로써 자신을 새로운 인간이라고 간주하고 있다. 하지만 관념은 관념 이상의 것이 아니다. 말이 살아가기 위해서는 그것이 어딘가에서 현실의 세계에 닿아 있을 필요가 있다. 하지만 이 단순한 사실을 바자로프는 좀처럼 깨닫지 못한다. 그가 겨우 그 점을 깨닫게 되는 것은 현실 세계 쪽으로— 특히 미적인 것에로— 무심결에 끌리게 될 때이다.

그때서야 비로소 바자로프는 전통이 낭만주의를 낳는 것이 아니라 자기와 타자의 관계야말로 낭만의 원천이라는 것을 알게 된다. 바자로프는 '왜 내가 시대에 속해야만 하는가? 시대가 내게 속해야 좋지 않은가'라고 현실의 논리를 비웃지만, 그렇다면 바자로프 자신의 내부에는 어떠한 낭만주의(이상에 대한 동경)도 없는 것인가, 만약 있다고 한다면 그것은 어떠한 현실적 관계로부터 떠오르는 것인가라는 물음이 이 작품을 하나의 '문학'으로 만들고 있는 것이다.

여기서 주목해야 하는 것은 바자로프의 대극에는 종교나 전통과 같은 '큰 이야기'가 놓여 있고 그 긴장 관계 속에서 니힐리즘이 첨예화하고 있다는 점이다. 역으로 생각하면, 니힐리즘이란 무언가 무화시켜야 할 대상을 필요로 하며, 본래 무화시켜야 할 대상이 존재하지 않는 곳에서는 니힐리즘도 존재하지 않는다.

일반적으로 니힐리즘이란 '세계의 모든 것은 무의미하다'라
는 주장을 가리킨다. 하지만 이 주장의 전제에 놓여 있는 것은
이전에는 무언가 의미가 있었지만 그것이 이미 상실되었다는
것이다. 그렇다면 의미의 무의미화 경험이 니힐리즘의 문제
사태이게 될 것이다(와타나베渡辺, 1975). 요컨대 의미가 있고
얼마 안 있어 그것이 상실된다는 것, 예를 들어 천황제가 있고
얼마 안 있어 패전이 있었다는 것, 맑스주의가 있고 얼마 안
있어 학생 운동의 열기가 식었다는 것, 큰 이야기가 있고 얼마
안 있어 실추되었다는 것……. 간단히 말하자면, 니힐리즘이란
'의미 상실의 경험'인 것이다. 물론 니힐리즘이 세계 전체의
무의미를 주장하는 데까지 이르기 위해서는 특정한 의미의
무의미화 경험으로부터 모든 의미의 무의미화로 비약할 필요
가 있다. 이것도 전체성을 향하여 궁극적인 근거를 추구하는
이성의 본성에 기인한다.

그러나 니힐리즘과는 다른 형태의 의미 상실이 존재한다.
무언가 강한 의미가 있고 그것이 무화되는(또는 그것을 적극적
으로 무화시키는) 것이 아니라 본래 강한 의미 그 자체를
발견하기 어렵게 되어 있는 상태 — 나는 이것을 '니힐리즘'과
는 구별하여 '멜랑콜리'라고 부르고자 한다. 니힐리즘은 언제
나 무화시켜야 할 의미를 필요로 하지만, 무화시켜야 할 의미조

차 발견되지 않는다고 하면, 우리는 '욕망의 좌절'(=니힐리즘)이 아니라 '욕망의 불활성'(=멜랑콜리)을 체험하는 것이게 된다.

'큰 이야기'가 붕괴해가는 것을 목격한 포스트모던 세대는 '니힐리즘의 시대'를 살았지만, '큰 이야기'가 붕괴해버린 후의 세계에 태어난 자들은 '멜랑콜리의 시대'를 살고 있는 것이 아닐까? 이것이 나의 무대 설정이다.

포스트모던이란 이전에 흔들림 없이 존재한 '의미'(=모던)를 상실하는 경험이었다. 물론 포스트모던 사상은 눈앞에서 '큰 이야기'(맑스주의)가 무너져가는 것을 그저 바라만보고 있었던 것이 아니라 분명한 동기에서 적극적으로 그것을 무화시키고 부정했다. 하지만 이러한 무화시키고 부정한다는 발상은 니힐리스트의 것이다.

그에 반해 포스트모던 이후 우리는 무화시켜야 할 대상을 발견할 수 없다. 우리에게는 사회에 대한 멸시와 조롱도 없다. 마음만 먹으면 그 나름대로 인생을 즐길 수도 있지만, 동시에 모종의 살기 힘듦과 같은 것도 느끼고 있다. 그렇다면 현대를 살아가는 우리의 실존 감각은 앞 세대와는 다른 것이 되어 있다고 할 것이다.

니힐리스트는 전통적 권위에 대한 '공격성'을 지니고서 모든 것은 무의미할지도 모른다는 '허무감'에 괴로워하지만,

멜랑콜리스트에게 문제는 욕망의 우울에서 나오는 '권태'와 '피로' 그리고 지금 손에 넣고 있는 의미도 얼마 안 있어 사라질지도 모른다는 '환멸의 예감'이다. 요컨대 '무언가를 하고 싶은 것도 아니지만, 아무것도 하고 싶지 않은 것도 아니다'라는 기묘한 욕망을 멜랑콜리스트는 살아가고 있는 것이다. 또는 다음과 같이 말할 수 있을지도 모른다. 니힐리즘은 절망의 한 형태지만, 멜랑콜리에게는 희망도 그리고 절망조차도 없는 것이라고 말이다.

멜랑콜리스트의 물음

2008년에 공개된 오시이 마모루 감독의 애니메이션 영화 <스카이 크롤러>에는 키르도레라고 불리는 아이들이 등장한다. 키르도레는 폭력을 목격함으로써만 평화의 의미를 이해할 수 있는 사람들이기 때문에 전투기를 타고서 의사 전쟁을 수행하지만, 전사하게 되면 같은 얼굴을 한 대체 키르도레가 재생산되는 비참한 운명을 살아가고 있다. 그러한 잔혹한— 그리고 무의미한— 다시 태어남의 사이클을 주위의 어른들도 키르도레 자신도 모르는 체한다. 키르도레는 기지로 보내지고 상대 기업의 키르도레와 싸우며, 전사하면 대체 키르도레가 보내지는 무한한 순환을 살아갈 수밖에 없다. 그러나 이 운명 그 자체에 의문을 지니고서 시스템에 저항을 시도하는 키르도레가 나타난다. 본래 자신이 키르도레인 것인지 이리저리 생각하며 괴로워하는 미츠야는 주인공 칸나미에게 이렇게 털어놓는다.

미츠야. '당신은 이 기지에서 가장 신뢰할 수 있어. 그래서 듣고 싶어. 당신들이 어떻게 자신의 마음을 정리하고 있는지. 같은 것을 반복하는 현재와 과거의 기억을 어떤 식으로 잇고 있는지. 상상만으로도 아마 아주 잘 잊어버리고 꿈을 보고 있는 듯한 어렴풋한 감정이 정신을 지키고 있을 거야. 어제 일도 지난달의 일도 지난해의 일도 전혀 구별되지 않아. 똑같이 생각되지. 그렇지 않나?'

칸나미. '내 일이라면 대체로 그대로야. 얼마 전부터는 쭉 이런 식이었어. 멍하니 일어난 건지, 자는 건지 알 수 없다고 자주 말했지.'

(……)

미츠야. '당신들 키르도레는 나이를 먹지 않아. 영원히 살아가지. 처음에는 누구도 그걸 알지 못했어. 알고 있어도 믿지 않았지. 그래도 점차 소문이 퍼져나가. 전사하지 않는 한 죽지 않는 인간이 있다고. 알 수 없어. 나도 키르도레일지 몰라.

지금 당신에게 이야기한 것도 어딘가에서 들은 건지 무언가에서 읽은 건지 사실인지. 어딘지 모르게 모두가 단편적인 느낌이 들어. 나 자신이 경험한 일이라는 확신이 없어. 손에 와 닿는 느낌이 전혀 없어. 나만이 키르도레가 아니라고 그냥 둘러대어 이야기할 수는 없잖아. 언제부터 나는 비행기를 타는 건지? 언제부터 사람을 죽이는 건지? 도대체 어떻게 해서 언제 어디서부터 이렇게 되어버린 걸까? 밤마다 생각하는 거야.'

키르도레는 그저 주어진 일상을 살고 있다. 유일한 의무는 전투기에 올라타 적과 싸우는 것이지만, 무엇을 위해 자기가 싸우는 것인지에 대해서는 전혀 자각이 없다. 예전의 일본처럼 천황 폐하와 가족을 위해 싸우는 것이 아니다. 행위의 의미가 결정적으로 결여되어 있고 무의미한 비참만이 쌓여가지만, 그 순환을 그치게 하는 것에 대해서는 누구나 다 체념하고 만다. 무언가를 변화시키고 싶다고 생각하더라도 그것을 위해 무엇과 싸워야 하는 것인지는 알지 못한다.

영화의 마지막에서 칸나미는 혼잣말한다.

'언제나 다니는 길도 다른 곳을 밟고 걸어갈 수 있다. 언제나 다니는 길이라고 해서 경치가 같은 것도 아니다. 그것만으로는

안 되는 건가? 그것뿐이기 때문에 나쁜 건가?'

칸나미의 혼잣말은 다음과 같이 바꿔 말할 수도 있을 것이다. '높이도 넓이도 없는 장소에서 현실적으로 살아갈 수 있다. 그것만으로는 안 되는 것인가? 그것만의 선택지밖에 없는 것이 나쁜 것인가?'

이것이 멜랑콜리스트의 물음이다.

니힐리즘도 멜랑콜리도 강한 의미, 즉 이상과 이념이 상실되어 있다는 점에서는 공통적이다. 하지만 '높이'를 회복할 필요성을 좀 더 강하게 느끼는 것은 멜랑콜리스트 쪽이다. 왜냐하면 니힐리스트는 이상을 부정하기는 하지만 그것이 어떠한 것인지, 즉 높이가 어떠한 것인지 알고 있기 때문이다. 니힐리스트의 좌절은 오히려 그가 거꾸로 세운 '이상'을 실현할 수 없었다는 것에 원인이 있고, 따라서 그가 경험한 것은 '넓이'에 대한 좌절이다.

'큰 이야기'가 높이와 넓이를 지탱하고 있었다면, 그것은 인간에게 있어 '초월성'과 '보편성'의 가능성의 조건이었다. 따라서 포스트모던의 '큰 이야기'에 대한 불신감은 초월성과 보편성을 망가뜨렸다. 그러나 그것이 우리에게 있어 오산이었는가 하면 그렇지는 않다. 오히려 그러한 것은 당연한 것이었다. 예를 들어 니체는 니힐리즘의 도래를 지금부터 100년 이상

전에 예언했다. 니힐리즘, 그리고 이어지는 멜랑콜리는 피할수 없었던 것이며, 인간은 자유의 대가로서 그것을 선택했다고까지 말할 수 있을 것이다.

그러면 현대의 니힐리즘과 멜랑콜리를 어떻게 생각해야할 것인가? 그것들을 받아들여 그 앞으로 실존을 밀고나갈가능성은 있을까? 확실한 것은 그 가능성은 우리 시대의 이야기를 다시 창출하는 것일 수는 없다는 점이다. 우리는 이야기와는다른 이치에서 초월성과 보편성의 가능성을 모색해야만 한다.그것이 가능하지 않다면, 이미 이 세계의 저편을 엿보게 해주는그러한 동경은 있을 수 없으며, 문화적, 사회적, 종교적인 다양성을 넘어서서 누구나 납득할 수 있는 질서도 존재하지 않게된다. 간단히 말하면, 높이와 넓이가 없는 시대의 멜랑콜리스트는 어떻게 살아갈 것인가 하는 것이다. 그리고 그 원리를 생각하는 것이 철학이다.

현대 실재론을 어떻게 읽을 것인가?

지금까지 우리는 형이상학의 동기, 높이와 넓이, 니힐리즘과멜랑콜리에 대해 확인해왔다. 이것들은 모두 현대 실재론을이해하기 위한 복선을 이루는 논의이기도 했다.

현대 실재론이란 무엇인가? 철학적으로는 '20세기 후반에 융성한 포스트모던 사상을 종언시키고자 하는 운동'이라고 규정할 수 있다. 그것은 새로운 '실재론'에 의해 반상대주의적인 입장을 취하고, 철학에서 '절대적인 것'을 되찾으려고 하고 있다. 예를 들어 퀑탱 메이야수, 그레이엄 하먼, 마르쿠스 가브리엘, 찰스 테일러, 휴버트 드레이퍼스와 같은 현대의 철학자들은 '실재론'의 부흥을 지향하며 현대철학의 담론을 근본적으로 전환시키고 있다. 현대철학에서 포스트모던 사상의 종언과 실재론의 대두를 '실재론적 전회'라고 부를 수도 있을 것이다.

　푸코, 데리다, 들뢰즈와 같은 포스트모던 사상의 논객은 근대철학을 암묵적으로 관철하고 있던 도그마를 고발했다. 즉, 이성, 주체, 의식, 진리, 보편성, 본질, 동일성과 같은 근대적 개념의 배후에 놓여 있는 자기중심성, 폭력성, 제도성, 경직성을 폭로했던 것이다. 근대 유럽의 가치 기준을 뒷받침해온 철학의 담론을 가지고서는 근대가 경험한 인류의 비참 — 마녀 사냥, 종교 전쟁, 제국주의, 식민지 지배, 노예제, 인종 차별, 그리고 근대의 귀결로서의 두 번의 세계 대전과 나치즘과 스탈린주의라는 전체주의 — 에 대항할 수 없었다. 아니, 오히려 세계의 모든 사태를 하나의 틀로 완전히 이해하고 투명하게 만들 수 있다고 단언하는 근대적 개념 그 자체가 사실은 근대의 폭력을 내부로부터 지탱하고 있었던 것은 아닐까 하는 의심까지 제기되었다.

따라서 포스트모던 사상이 씨름하지 않으면 안 되었던 것은 첫째로 근대철학의 비판이고, 둘째로 근대적 개념에 대해 상대주의의 원리를 맞세우는 것이었다. 철학을 위한 절대적인 출발점 — 예를 들어 데카르트의 '코기토' — 은 존재하지 않으며, 그러한 것은 인간에게 있어 해롭기까지 하다고 고발했던 것이다. 푸코의 '에피스테메', 들뢰즈의 '반복', '데리다'의 '차연'과 같은 개념은 일반적으로 '인식과 앎의 상대화 원리'로서 제출되었다. 한 마디로 말하면, 그들의 관심은 '절대적 도그마'를 거부하는 것에 쏟아졌던 것이다.

포스트모던 사상의 동기와 작업은 '폭력에 대항하는 철학'이라는 이미지를 확인했다는 점에서 높이 평가되어야 한다. 하지만 그들의 방법이 상대주의였다는 점은 커다란 과제로서 남겨졌다. 왜냐하면 상대주의는 결국 힘의 논리를 귀결로 지니게 되기 때문이다. 폭력을 악으로 보는 근거조차 상대주의에서는 상대화될 수밖에 없으며, '힘이 강한 것이 이긴다'는 자연의 논리에 대항할 수 없다.

따라서 현대철학은 무언가 '절대적인 것'을 되찾고자 노력한다. 현대철학의 실재론적 전회는 포스트모던 사상의 상대주의 담론에 대해 안티테제를 강력하게 내세웠다는 점에서 철학의 보편주의로의 전회를 예감케 한다.

하지만 시대감각으로부터 독해하게 되면 현대 실재론은 '멜랑콜리의 시대'에 당연히 나타나야만 하는 까닭에 나타난 철학이다. 그 도전을 이성적으로 또는 종교와는 다른 모양으로 초월적인 것을 부활시키는 것이라고 바꿔 말해보자. 구체적으로는 세 개의 커다란 도전이 있을 것이다. (1) 높이에 대한 도전, (2) 넓이에 대한 도전, (3) 높이와 넓이와는 다른 방식으로 현실적으로 살아갈 가능성에 대한 도전이다.

메이야수의 '사변적 유물론'과 하먼의 '객체 지향 존재론'은 '높이'에 대한 담론을 형성하고 있다. '높이'가 상실된 것은 모든 존재가 인간에 대한 대상으로 되었던 것에 기인한다. 본래 인간(의 인식)을 넘어선 장소에 있어야 할 존재가 인간이라는 생물종에 대한 대상의 지위로 밀어 넣어질 때 존재의 초월성은 사라지고, 우리는 '건너편'을 예감할 수 없게 된다. 동일한 것이 반복되는 나날 속에서 느끼는 권태를 없애는 것은 생활의 건너편 — 넓은 의미에서의 미적인 체험 — 이며, 비유하자면 지금 보는 하늘 저편에 있는 '초월성'과 '불가침성'이 하늘 밑에서 반복되고 있는 지루함을 없애주는 것이다. 그러나 인간은 인간에 대한 세계밖에 인식할 수 없다고 칸트가 주장한 이래로, 또는 칸트가 미적인 것을 취미 판단으로 환원해 버린 이래로 모든 높이는 인간의 높이로 획일화되고 말았다. 메이야수의 '상관주의' 비판과 하먼의 '접근의 철학' 비판은 그렇게 읽을 수 있다.

테일러와 드레이퍼스의 '다원적 실재론'은 '넓이'의 가능성을 논의한다. 그들의 물음은 문화적 다양성을 억압하지 않고서 보편성을 만들어내는 것이 가능한가라는 것이다. 테일러와 드레이퍼스가 제시하는 '다원적이고 완강한 실재론'은 각각의 문화에 특유한 인식도 실재로서 인정하면서 '어디에도 없는 곳으로부터의 바라봄'을 옹호한다. 과학적 객관주의와 문화 상대주의 둘 다를 비판하며 자연과학과 인문과학에서의 넓이의 근거를 발견하고자 하는 것이다.

이 책에서 특별한 위치를 차지하는 것은 가브리엘의 '새로운 실재론'이다. 그것은 그가 '높이'나 '넓이'와는 다른 방식으로 살아갈 가능성을 암중모색하고 있다고 보이기 때문이다. 가브리엘은 이성의 한계에 대해 초조해 하지 않는다. 삶에 어느 정도의 불확정 요소가 있다 하더라도 그러한 것일 뿐이라고 참아내면서 하나하나 최선을 다해가는 태도를 보여주는 것이다. 알 수 없는 것은 알 수 없으며, 세계 전체를 포섭하는 통일 법칙 따위는 없다. 그렇긴 하지만 가브리엘은 극단적인 사변으로 달려가지 않는다. 그는 모든 것이 무의미하다고 '절망'하지 않을 뿐만 아니라 그렇다고 무언가 절대자에 대한 손쉬운 '희망'을 지니는 것도 아니다. 그러한 의미에서 가브리엘이 제창하는 "New Realism"은 전통적 형이상학과 탈구축주의(포스트모던 사상)를 조정하는 '새로운 실재론'임과 동시에 멜랑콜리스트가 살아가는 방식의 지침이 되는 '새로운 현실주의'이기도 한 것이다.

'무언가를 하고 싶은 것도 아니지만, 아무것도 하고 싶지 않은 것도 아니다'라는 기묘한 욕망의 상황에 우리는 어떻게 대처할 것인가? 우리가 살아가기 위해서는 어느 정도의 높이와 넓이가 필요로 되는 것일까? 높이와 넓이에 구애받지 않는 삶의 방식은 가능하지 않은 것일까? 마지막으로 우리의 물음을 다시 한 번 되풀이해보자.

'높이도 넓이도 없는 장소에서 현실적으로 살아갈 수 있다. 그것만으로는 안 되는 것인가? 그것만의 선택지밖에 없는 것이 나쁜 것인가?'

제 1 장

우연성에 저항하다
― 퀑탱 메이야수

높이와 넓이를 상실한 세계에서 우리는 '우연성'에 농락당한다. '나'가 '나'인 것에 특별한 이유는 없다. 세계가 이렇게 존재하는 것도 우연의 산물이다. 요컨대 '모든 것은 다를 수 있다' ― 그러나 그것의 무엇이 문제인가?

모든 의미는 아무런 예고도 없이 상실될지도 모른다. 아니, 필연적 이유란 어디에도 존재하지 않는다면, 대상 상실의 우연성 앞에서 이성은 무력하다. 그러한 곳에서 본래 의미를 찾아내는 작업에서 의미를 느낄 수 있을까? 간신히 찾아낸 삶의 근거도 임시방편의 응급처치에 지나지 않는다면? 너무도 사랑하는 사람과의 관계도 어느 날 갑자기 다를 수 있다면? 그때 인간은 관계를 좋게 만들기 위한 노력을 하지 않게 되는 것은 말할 것도 없고 관계를 만드는 것조차 단념하게 될 것이다. 그저 우연성에 몸을 맡길 때만 상처받지 않을 수 있기 때문이다.

이 장에서는 '높이'를 되찾기 위한 퀑탱 메이야수(1967년생)의 노력을 살펴본다. 그 노력은 신 없는 시대의 우연성에 저항하는 것과 하나가 되어 있다. 우연성에 농락당하는 것이 아니라 우연성의 의미를 나의 것으로 하기. 그 과제는 '모든 것은 다를 수 있다'라는 사실을 필연성으로 간주함으로써 수행된다. 즉 사변적 이성이 도달하는 것은 우연성의 필연성인 것이다. 그때 우리는 우연성에 좌우되는 것이 아니라 우연성을 실존의 적극적인 가능성으로서 되찾는다. 그리하여 이 장의 마지막에서 우연성의 절대성은 새로운 '높이'를 일깨울 것이다 — 그것은 머지않아 도래해야 할 신이다.

1. 상관주의와 신앙주의

사변적 실재론 선언

'사변적 실재론Speculative Realism'은 현대철학의 무대에 등장한 새로운 철학 운동으로 2007년에 런던대학 골드스미스 칼리지에서 열린 워크숍에서 시작된다. 그 워크숍에는 퀑탱 메이야수, 그레이엄 하먼, 레이 브래시어, 이언 해밀턴 그랜트가 참가하며, 그들이 사변적 실재론의 부팅 멤버가 되었다. 논문집 『사변적 전회*The Speculative Turn*』 편자들의 선언에 따르면 사변적 실재론을 구성하는 철학은 '사유로부터 독립한, 또는 좀 더 일반적으로 인간으로부터 독립한 방식으로 실재성의 본성에 대해 다시 한 번 사변적으로 생각하기 시작했다'는 점에서 공통성을 지닌다(Bryant, Srnicek, and Harman, 2011, p. 3). 사변적 실재론의 중심 테제는 현대 실재론을 이해하는 데서 중요하기 때문에 그 특징을 다음의 두 가지로 정리해두자.

(1) 사변적 실재론은 하나의 바위 덩어리와 같은 철학 운동이 아니라 이론적으로도 방법적으로도 다채로운 철학으로 구성된다.
(2) 사변적 실재론은 인간의 사유(인식)로부터 독립한 존재에 대해 사변적으로 생각하고자 하는 점에서 공통성을 지닌다.

우선 (1)에 대해. 사변적 실재론을 둘러싼 상황은 조금 복잡해서 어디까지를 사변적 실재론이라고 부를 것인지는 논자에 따라 의견이 갈린다. 초기 멤버인 메이야수와 브래시어는 이미 사변적 실재론으로부터 거리를 두고 있어 현재의 사변적 실재론으로부터 초기 멤버의 철학이 제외되는 고유한 사정도 존재한다(상세한 것은 치바千葉, 2018b를 참조). 그러나 동시에 사변적 실재론의 영향은 이제 철학에 머물지 않고 문학, 사회학, 건축학, 예술학, 뇌 과학으로 광범위하게 걸쳐 있으며, 새로운 철학 운동으로서의 사변적 실재론의 위상은 하루가 다르게 높아지고 있다.

다음으로 (2)에 대해. 다채로운 이론과 실천으로 구성되는 사변적 실재론도 그것을 묶는 이념과 관련해서는 일정한 공통 이해를 끄집어내는 것이 가능하다 — 그것은 인간의 인식으로부터 독립한 존재, 즉 '사물 자체'를 사변적으로 생각하고자 하는 것이다. 여기서 '사변적으로 생각한다'는 것은 '관찰'과 '경험'에 의지하지 않고서 이성적 추론에 의해 사물 자체를 탐구한다는 것을 의미한다. 요컨대 실증 과학에서 행해지는 실험과 조사가 아니라 논리적으로 추론하는 힘을 사용하여 인간의 인식에 의존하지 않는 사물 자체를 생각하는 것이 사변적 실재론인 것이다.

그런데 사변적 실재론의 새로움을 느끼기 위해서는 칸트 이후 서양 철학의 커다란 전제를 이해할 필요가 있다. 이 전제야말로 메이야수가 『유한성 이후』(2006년)에서 '상관주의'라고 부르며 강하게 비판한 것이다. 여기서 칸트가 자신의 입장을 초월론적 관념론이라고 부른 것을 생각하면, 왜 현대철학이 실재론을 표방하는지 알 수 있을 것이다. 즉, 칸트 이후의 관념론에 대항하기 위한 실재론을 주장하는 것이 현대 실재론인 것이다. 메이야수의 상관주의 비판에 들어가기 전에 우선은 관념론과 실재론의 사유방식을 간단히 살펴보자. 실재론이 '존재'는 '인식'으로부터 독립하여 존재한다고 주장하는 데 반해, 관념론은 '존재'란 인간의 '인식'에 의존한다고 주장한다. 가까운 예를 들어 생각해보자.

지금 책상 위에 빨간 사과가 있다고 하자. 우선 사과의 둥근 형태, 빨간색, 윤이 나는 느낌이 눈에 들어온다. 나는 한 눈에 그 물체가 사과라고 알아차릴 것이다. 만약 배가 고프다면 그 사과는 몹시 맛있는 먹을거리이지만, 사과를 싫어하는 사람에게는 단지 책상 위의 정물에 지나지 않는다. 또한 내가 과일가게 주인이라면 한 번 쳐다보는 바로 그 순간에 그것의 품종과 산지, 가격 등을 이해할 수 있음에 틀림없다. 요컨대 엄밀하게는 사과를 어떠한 존재로서 인식하는가는 사람에 따라 다름이 있지만, 그럼에도 불구하고 책상 위에 있는 사과가 현실적으로 존재하는 사물이라는 것, 누구에 대해서도 동일한 하나의 대상이라는 것을 의심하는 인간은 없을 것이다. 사과는 (거기에 인식하는 자가 있는지 없는지와는 관계없이) 실재한다고 대개 우리는 생각한다 — 이것이 실재론적인 사물에 대한 견해다. 하지만 관념론 철학자는 이것을 전혀 다른 방식으로 생각한다. 즉, 모든 것을 확정되어 있지 않은 것으로서 의심하는 것이다.

관념론은 사과가 정말로 맛이 있는지 또는 사과가 아오모리현에서 생산된 후지인지와 같은 것을 의심할 뿐만 아니라 본래 그 사과가 현실적, 객관적으로 존재하는지까지 의심하고자 한다. 확실히 나는 눈앞에서 하나의 빨간 사과를 보고 있다. 그러나 또한 내게 보이는 사과가 객관적으로 실재하는 것이라고 말할 수 있을까? 사과는 언제나 나에 대해 나타나는 것이기 때문에, '존재'는 '인식'에 의존하는 것이 아닐까?

이와 같은 물음은 상식적으로는 무의미하고 어이없는, 그저 사념을 위한 사념에 지나지 않는 것으로 보일 수 있을 것이다. 그러나 주의해야 하는 것은 이러한 눈앞 대상의 실재가 지니는 확실함을 끝까지 의문에 붙이고, 어떻게 그 확실함을 증명할 수 있을까 하는 물음이야말로 유럽 근대철학에서 가장 중요한 동시에 중심적인 주제였다고 하는 점이다. 데카르트, 칸트, 헤겔, 니체, 후설, 하이데거에 이르는 이름 높은 철학자들은 예외 없이 모든 정력을 기울여 이 물음을 철저히 생각하고자 했다.

그러나 이러한 근대 철학자들의 노력에 의해 철학에게는 암묵적인 전제가 만들어지게 되었다. 즉, 인간은 결코 대상 그 자체를 인식할 수 없으며, 인간 특유의 인식 장치를 통해 대상이 인식된다고 하는 것이다. 또는 다음과 같다 — 존재가 무엇인지는 인간의 인식 조건에 의존하며, 인간은 무조건적인 사물 자체를 인식할 수 없다. 요컨대 실재 그 자체는 배경으로 물러나고, 현상과 그것들을 하나의 대상성으로 정리해 들이는 인식의 구조만이 문제로 되었던 것이다. 이에 반대하는 것이 다름 아닌 사변적 실재론이다.

사변적 실재론 선언의 '새로움'은 다음과 같이 표현될 수 있다. 즉, 사변적 실재론은 칸트 이후의 암묵적인 전제를 비판하지만, 그 비판 정신은 높이와 넓이의 상실에 의해 현대 사회에 충만해 있는 숨 막힘과 갇힌 듯한 느낌을 멀리하고자 하는 마음가짐과 연결되어 움직이고 있다는 것이다. 사변적 실재론은 상실된 '높이'를 회복하기 위해 근대철학의 성과를 산뜻하게 뒤집어버린다. 따라서 그 철학에는 새로운 울림이 있다. 그리하여 모든 존재가 인간의 높이로 획일화되는 것은 아니라고 멜랑콜리스트의 심정을 대변하는 것이다.

상관주의

상관주의부터 살펴보자. 메이야수에 따르면, 칸트 이후의 서양 철학은 소박실재론에 빠지는 것을 회피하기 위해 사유와 존재의 상관관계에만 접근할 수 있다는 인식을 철저히 관철했다. '존재(대상)'가 무엇인지는 (인간적) '사유(인식)'와의 관계에 의해서만 밝혀진다. 사유로부터 분리된 존재를 부정하고, 사유와 존재의 상관성을 주장한 것이다. 메이야수는 다음과 같이 말한다.

> 우리가 '상관'이라는 말로 부르는 관념에 따르면, 우리는 사유와 존재의 상관에만 접근accès할 수 있으며, 한편의 항에 대해서만 접근할 수는 없다. 따라서 이후 그와 같이 이해된 상관의 극복 불가능한 성격을 인정하는 사유의 모든 경향을 상관주의corrélationisme라고 부르기로 하자. 그렇게 하면 소박실재론이기를 바라지 않는 모든 철학은 상관주의의 일종이 되었다고 말하는 것이 가능해진다. (메이야수, 2016, 15-16쪽)

칸트 이후 사유와 존재의 한편의 항에만 접근할 수는 없다는 이해가 널리 공유되고, 사유와 존재의 상관관계만이 철학의 주제가 되었다. 결과적으로 존재를 분석하기 위해서는 우선 인식의 가능성 조건을 해명하는 것이 필요해진다. 왜냐하면 우리 인식의 구조가 밝혀지지 않으면 본래 날것의 존재가 어떠한 조건에 의해 가공되어 있는지 알 수 없기 때문이다.

그리하여 칸트는 인간의 인식 장치의 선험적인(경험에 선행하는) 구조(=감성, 지성, 이성)를 끄집어냈다. 우리의 인식은 그저 날것의 존재를 받아들이는 것이 아니라 인식 장치를 통해 적극적으로 대상을 가공하여 인식한다. 오히려 날것의 존재(=사물 자체)는 인식될 수 없으며, 우리는 현상으로서 주어지는 사물만을 인식할 수 있다. 칸트는 그렇게 생각했다.

물론 칸트가 사물 자체를 무조건 부정한 것은 아니다. 우선 칸트에게 있어 사물 자체는 인식 불가능하다 하더라도 사유 가능하기는 했다. 현상으로서의 사물의 근거가 되는 사물 자체를 직접 볼 수는 없다 하더라도, 그에 대해 생각할 수는 있는 것이다. 또한 『실천 이성 비판』에서는 도덕 법칙(정언명령)의 원동력으로서 사물 자체를 파악하고, 도덕 법칙을 무조건적으로 따르는 착한 사람이 행복해지기 위해 '신'(=사물 자체를 인식하는 자)이 요청된다고 하는 미묘한 이야기를 하고 있다. 여기서는 도덕의 근거를 옹호하기 위해 사물 자체가 불가결한 것으로서 생각되고 있다. 즉, 칸트에게서는 사물 자체가 참조될 수 있는 모종의 잔여로서 남아 있으며, 메이야수의 표현을 빌리자면 그것은 '약한 상관주의'일 뿐이다. 칸트의 비판철학은 사유로부터 절대자로 향하는 관계를 완전히 금지하고 있지 않은 것이다.

칸트 이후 상관주의는 두 개의 방향으로 나누어지게 된다.

어느 쪽이든 상관주의를 좀 더 밀고 나감으로써 사물 자체의 사유 가능성조차 부정한다는 점에서는 일치하지만, 한편에서는 상관성 그 자체를 절대화하는 '주관주의적 형이상학'이, 또 다른 한편에서는 세계 그 자체는 '신비'인 채로 머무른다고 하는 '강한 상관주의'가 등장한다. 전자를 대표하는 것은 헤겔(정신의 절대화)과 니체(삶에의 의지의 절대화), 후자를 대표하는 것이 비트겐슈타인(세계의 논리 형식)과 하이데거(존재의 진리)이다. 이하에서는 니체와 비트겐슈타인을 예로 하여 칸트 이후의 상관주의가 도달한 두 가지 형태인 '주관주의적 형이상학'과 '강한 상관주의'를 개관해보자.

사물 자체를 사유하는 것을 금지하는 수법으로 철학을 좀 더 철저한 상관주의로 변모시키는 — 동시에 상관성 그 자체를 절대화함으로써 상관주의의 원칙을 깨트리는 — 것은 니체다. 니체는 철학의 담론으로부터 사물 자체의 관념을 완전히 추방한다.

사람들은 **사물 자체**가 어떠한 성질의 것인지 알고 싶어 하지만, 사물 자체라는 것은 아무것도 아니다! 더 나아가 설령 그 자체에서의 것이, 무조건적인 것이 있다 하더라도 바로 그런 까닭에 그것은 인식될 수 없다! (니체, 1993, (하) 92쪽)

사물 자체는 단적으로 존재하지 않는다. 만약 사물 자체와 같은 무조건적인 것이 있다 하더라도 그러한 것은 인식될 수 없다. 왜냐하면 인식이라는 것은 그 자신이 대상을 조건짓는 것이고, 대상에 의해 그 자신이 조건지어지는 것이기 때문이다. 이러한 조건짓기를 발동하는 것은 언제나 이미 스스로의 보존과 성장을 지향하는 '삶에의 의지'이며, 인식이란 '나'에게 있어서의 가치 평가의 결과이다.

그렇다면 진리의 본질도 역시 가치 평가에 놓여 있다. 진리는 그것 자체로서 존재하는 것이 아니라 '나'에게 있어 그것이 어떠한 유용성을 지니는 것인가라는 관점에서 나타나는 것이다. 이 점은 좀 더 일반화될 수 있다. 즉, 생성하는 세계는 욕망의 원근법을 통해 존재하는 세계로 된다. 세계는 특정한 생물종에 있어서의 삶의 관심에 따라 질서화, 분절화 되어 있는 것이다. 구체적으로 생각해보자.

예를 들어 동물과 세계의 관계성을 '매질'(생활의 장이 되는 물질), '적', '사냥감', '성의 파트너'의 넷으로 나누어 생각해볼 수 있다(윅스퀼, 2012, 39쪽). 수컷 하이에나에 대해서는 아프리카의 사바나가 매질이 되고, 사자가 적, 얼룩말이 사냥감, 암컷 하이에나가 성의 파트너다. 하지만 같은 사바나에서 살아가는 얼룩말에 대해서는 수컷 하이에나, 암컷 하이에나, 사자가 모두 적으로서 나타날 것이다. 존재는 언제나 특정한 삶의 장면에서 나타나는 것이고, 어떠한 의미에서도 사물 자체는 있을 수 없는 것이다.

여기서 주의해야 하는 것은 미리 전체로서 하나로 통일된 세계 그 자체가 있고, 그것을 다양한 생물종이 해석하는 것이 아니라는 점이다. 그런 것이 아니라 세계 그 자체라는 상정이 본래 불합리이며, 각각의 생물종에게 고유한 삶의 관심에 따라 존재가 모습을 나타낸다. 이 지점까지 와서야 비로소 사물 자체의 관념이 완전히 해체되었다는 것을 알 수 있을 것이다.

이렇게 보면 니체야말로 '강한 상관주의자'인 것처럼 생각된다. 그러나 메이야수는 니체의 철학을 '주관주의적 형이상학'으로 간주하고 있다. 니체가 '삶에의 의지'를 절대화하고 세계의 모든 존재를 그 상관자로 생각하기 때문이다. 주관주의적 형이상학자에게 있어 사물 자체는 단적으로 불가능하고 존재할 수 없는 것이지만, 상관성 그 자체를 자체적인 것으로 간주함으로써 니체의 철학은 상관주의의 원칙으로부터 돌아서고 있다고 메이야수는 말하는 것이다.

그렇다면 '강한 상관주의'란 어떠한 철학인 것인가? 그것은 한마디로 말하자면 이성의 '무능력'을 열어 보여주는 철학이다. 강한 상관주의는 사물 자체의 사유 불가능성에 대해서는 주관주의적 형이상학과 입장을 같이 하지만, 주관주의적 형이상학과는 달리 상관성 그 자체를 절대화하지는 않는다. 하지만 동시에 강한 상관주의는 사물 자체가 절대로 존재하지 않는다고 단언하지 않는다(또는 단언할 수 없다). 오히려 사물 자체가 존재하는지 여부는 인간으로서는 알 수 없다고 주장하는 것이다.

그런 의미에서 비트겐슈타인은 강한 상관주의자다. 비트겐슈타인에게 있어 세계의 논리 형식 그 자체는— 세계에 존재하는 이런저런 사실과는 달리 — 논리학에 의해서는 밝혀지지 않는다. 비트겐슈타인은 세계의 논리 형식을 그 자신은 논리적으로 말해질 수 없는 '신비'라고 생각한다. 세계가 이러저러한 방식으로 한계지어진 전체로서 존재한다는 것, 이와 같이 세계가 있다는 것의 근거를 우리는 결코 말할 수 없다 — '신비란 세계가 어떻게 있는가가 아니라 세계가 있다는 바로 그것이다.'(비트겐슈타인, 2003, 147쪽) 세계를 요소로 분해하고 그 요소들이 지니는 논리 관계에 대해서는 해명할 수 있다 하더라도, 세계의 존재 그 자체는 여전히 수수께끼인 채로 남는 것이다.

따라서 비트겐슈타인의 통찰에서는 '세계가 존재한다는 것을 과학이 사유하는 것의 불가능성'(메이야수, 2016, 75쪽)이 제시되어 있다. 세계의 우유성을 앞에 두고 우리는 멈춰 서게 되며, 거기서 신비를 느끼는 것밖에 할 수 없다. 상관성 그 자체를 절대화하지 않는 강한 상관주의는 세계가 사실로서

이와 같이 존재한다는 것을 — 후기 비트겐슈타인의 개념을 사용하자면 '언어 게임'의 궁극적 근거를 — 해명할 수 없는 것이다.

니체의 주관주의적 형이상학과 비트겐슈타인의 강한 상관주의의 차이 — 이성의 무능력에 직면하는지 여부 — 는 메이야수가 이성에 대한 신뢰를 회복하고자 할 때에 중요한 계기가 된다. 왜냐하면 메이야수는 상관주의를 철저하게 함으로써 상관주의의 한계를 돌파하고자 하기 때문이다. 이에 대해서는 뒤에서 논의하기로 하고 우선은 상관주의에 대해 정리해두자.

상관주의의 상관성은 존재와 사유의 상관성을 의미한다. 정도의 차이는 있지만, 칸트(약한 상관주의), 니체(주관주의적 형이상학), 비트겐슈타인(강한 상관주의)은 인식자 내지 사물 자체를 철학적 고찰로부터 제외한다. 칸트는 현상과 사물 자체를 구별하고, 인간의 인식 장치의 구조를 해명함으로써 사물 자체는 사유 가능하지만 인식 불가능하다고 생각했다. 니체는 칸트의 비판철학을 한층 더 비판한 데 기초하여 그 자체로서 존재하는, 인간의 인식으로부터 분리된 사물 자체라는 사유방식을 완전히 해체하고, 어떠한 존재 의미도 삶의 관심에 상관하여 나타난다고 주장한다. 그러나 니체는 삶에의 의지 그 자체를 절대화함으로써 주관주의적 형이상학에 빠졌다. 비트겐슈타인은 상관주의를 좀 더 철저하게 밀고 나가 세계의 논리 형식의 근거를 '말할 수 없는 것'으로서 제시하지만, 그 점에서 이성의 한계에 직면했다고도 말할 수 있다.

이리하여 철학은 결정적인 동시에 불가역적인 변화를 경험했다. 즉, 우리는 사물 자체를 인식할 수 없으며, '존재'는 언제나 우리의 '사유'를 통해 — 또는 우리의 삶의 '관심'에 따라 — 그 의미를 획득한다. 하지만 그것의 무엇이 문제인 것일까? 우리는 무엇을 말할 수 없게 된 것일까?

선조 이전성

순서를 따라 설명해보자. 상관주의는 과학의 객관성을 어떻게 생각하는 것일까? 이것이 메이야수에 의한 첫 번째 문제 제기다. 상관주의의 맹점은 생명 이전의 존재에 대한 과학적 언명을 긍정할 수 없다는 점에 놓여 있다. 모든 존재가 언제나 사유와 상관적으로만 파악될 수 있다면, 사유가 본래 존재하지 않았던 시대, 다시 말하면 어떠한 인식자도 존재하지 않았던 시대의 존재는 어떻게 되는 것일까? 메이야수는 자신의 문제의식을 다음과 같이 적고 있다.

우리가 관심을 지니는 것은 다음의 물음이다. 천체 물리학자와 지질학자, 고생물학자가 우주의 년대와 지구의 년대, 인류 이전의 생물종의 출현 년대 또는 인류 그 자체의 출현 년대에 대해 논의할 때, 그 학자들은 도대체 무엇에 대해 말하고 있는 것일까? 사유, 더 나아가서는 생명의 출현에 선행하는 것으로서 제기된 — 즉 세계에 대한 모든 형태의 인간적 관계에 선행하는 것으로서 제기된 — 세계의 데이터에 명확히 관련된 과학적 언명의 의미를 어떻게 파악할 수 있을 것인가? (메이야수, 2016, 24쪽)

자연과학은 생명의 출현 이전의 존재에 대한 객관적 지식을 실제로 만들어내고 있다. 그렇다면 거기서의 존재는 분명히 세계에 대한 어떠한 인간적 관계보다 선행하는 것이고, 인간의 사유와의 상관성에서 나타나는 존재일 수 없다. 메이야수는 지구상의 알려질 수 있는 한에서의 생명의 출현에 선행하는 사태를 '선조 이전성'이라고 부른다. 예를 들어 '45억6천만 년 전에 지구의 형성이 일어났다'는 과학적 사실은 선조 이전적인 언명의 하나다. 또한 선조 이전의 사건과 현실을 제시하는 물증을 '원화석' 또는 '물질 화석'이라고 부른다. 원화석은 선조 이전적인 사건의 물질적 증거가 되는 것으로, 예를 들어 방사능에 의한 붕괴 속도가 알려져 있는 동위체나 별의 형성 시기에 대해 정보를 제공해주는 빛의 방출 등이 있다.

그러면 존재를 사유와의 상관성에서 생각하는 '상관주의는 선조 이전적인 언명에 어떠한 해석을 부여할 가능성이 있는 것일까?'(같은 책, 25쪽) 결론부터 말하자면, 상관주의자는 선조 이전적인 언명이 참이라는 것을 무전제로 긍정할 수 없다. 긍정한다 하더라도 상관주의자는 그 사실에 '인간에 대해서는' 또는 '인식하는 자에 대해서는'이라는 조건을 붙일 것이다.

그렇다면 결과적으로 상관주의적인 사유는 자연과학과 수학의 객관성 — 사유와 존재의 상관성 외부에 접근할 가능성 — 을 망가뜨리고 있는 것이 아닐까? 하먼이 지적하듯이 '상관주의는 과학적 언명에 대해 문자 그대로의literal 해석을 부여할 수 없기' 때문에, 생명 이전의 현실의 객관성을 설명할 수 없다. 상관주의는 필연적으로 '아포리아'를 지니는 것이다 (Harman, 2011a, pp. 10ff.).

예를 들어 45억6천만 년 전에 일어난 지구의 형성을 상관주의자는 어떻게 생각할 것인가? 아마도 다음과 같이 변명할 것이다. 45억6천만 년 전에 지구가 형성된 것에는 충분한 과학적 증거가 있다. 따라서 우리(상관주의자)는 자연과학이 지금까지 쌓아 올려온 사실을 부정하는 것이 아니라 과학적 언명의 객관성을 받아들인다. 그러나 원화석으로부터 과학적 사실을 추론하여 정당화하는 것은 누구일까? 분명히 관찰자인 우리다. 요컨대 현재의 우리에게 주어지는 데이터로부터 우리가 지구의 형성 시기에 대해 확증하는 것이며, 그것은 어디에도 없는 곳으로부터의 바라봄이 아닌 것이다.

상관주의자의 '인간에 대해서는'이라는 서두는 첫째로 선조 이전적인 사건이 어떠한 인식자에 대해서도 나타남이 없다는 것(선조 이전적인 사건은 생명 이전의 사건이기 때문이다)과 모순되며, 둘째로 자연과학이 과거의 사실을 확정하고자 하고 있다는 것에도 반한다. 요컨대 상관주의의 논리는 과학의 성과와 모순된다고 메이야수는 주장하는 것이다.

선조 이전성과 관련한 상관주의 비판은 실제로는 알기 어려운 점을 포함한다. '그렇다 하더라도 우리에게 주어지는 데이터로부터 우리가 추론할 수밖에 없는 것이 아닐까'라는 상관주의자의 변명도 당연한 것으로 생각되기 때문이다. 여기서 이해해야 하는 것은 메이야수의 철학적 물음이 지니는 내실이다. 그것은 이와 같은 것이다. 교조주의와 결별한 상관주의 철학은 선조 이전적인 언명을 문자 그대로의 의미에서 유물론적으로 이해할 수 없다. 하지만 자연과학과 수학은 어찌된 까닭인지 선조 이전적인 사건에 대한 객관적 앎을 만들어 내는 데 성공하고 있다 — "'거대한 외부'에 대해 추론할 수 있는 수학의 능력, 즉 인간은커녕 생명도 존재하지 않는 과거에 대해 추론할 수 있는 능력, 도대체 이것은 어찌된 것인가?'(메이야수, 2016, 50쪽) 메이야수는 상관주의를 비판하면서 실제로는 자연과학과 수학의 능력을 앞에 두고 고민하고 있었다고까지 말할 수 있을 것이다.

이 물음에 대해 사실 메이야수는 명확한 대답을 내놓지 않는다. 그러나 상관주의자의 논리에서는 "거대한 외부"에 접근조차 할 수 없다. 따라서 새로운 철학을 수립할 필요가 있다. 사물 자체를 사유할 가능성은 시대의 희망이 될 수 있을까? 사유에 대한 관계로부터 풀려난 것을 다시 사유하고자 하는 시도는 지금까지의 철학 전통을 쇄신하고 우리가 예상하지 못했던 철학의 전망을 여는 것일까?

신앙의 회귀

메이야수의 두 번째 문제 제기는 상관주의는 신앙주의를 결과로 지닌다는 것이다. 상관주의를 철저하게 함으로써 우리는 자체적인 것에 관여할 수 없게 되고, 세계의 사실성(이유는 알 수 없지만 세계가 실제로 이와 같다는 것) 앞에 멈춰 서게 된다. 여기서 세계의 사실성은 "전적인 타자"의 불가능성을 확립할 수 없다고 하는, 체념과도 유사한 이성의 '무능력'을 드러낸다.

사실성으로서 내가 경험하는 것은 대상적인 현실의 경험이 아니라 세계가 있다고 하는 사실에 직면한, 말할 수 있고 지각할 수 있는 — 규정된 불변항에 의해 구조화된 — 세계에 직면한, 대상성의 넘어설 수 없는 한계의 경험이다. (……)

이리하여 사실성은 우리에게 세계의 "전적인 타자Tout-Autre"의 '가능성'을 파악하게 해주는 것이지만, 그것은 이 세계의 한 가운데서인 것이다. 그러나 여기서의 '가능성'이라는 말에 괄호로 유보를 덧붙이는 것이 좋은 것은 사실성에서 문제로 되는 것이 "전적인 타자"의 실제의 가능성을 알고 있는 것이 아니라 그 불가능성을 확립할 수 없는 우리의 무능력이기 때문이다. (메이야수, 2016, 72-73쪽)

예를 들어 모든 사태를 통일적으로 설명하는 법칙을 발견했다 하더라도 세계가 그 법칙에 의해 통일되어 있는 이유는 결코 알려지지 않는다. 세계의 '무엇'이 밝혀졌다 하더라도 세계의 '왜'는 영구히 숨겨진 채로인 것이다. 그렇다면 우리는 세계의 사실성에 대해서는 그러하기 때문에 그러한 것이라고밖에 말할 수 없게 된다. 세계의 복잡한 구조를 자세하게 밝힌다 하더라도 세계의 구조가 그렇게 되어 있는 것의 근거는 알 수 없는 것이다 — '사실성이란 소여의, 또한 그 불변항의 "비-이유irraison"(이유의 부재)인 것이다.'(같은 책, 73쪽) 우리에게 주어지는 세계는 어디까지나 우리에 대한 세계일 뿐이며, 더 나아가 세계가 이와 같은 방식으로 주어지는 이유를 전혀 알 수 없다. 요컨대 강한 상관주의는 사실의 확인밖에 할 수 없는 것이다.

나아가 세계의 이유의 부재는 좀 더 중대한 귀결을 가져올 것이다. 즉, '나'와는 전적으로 이질적인 구조의 인식 장치를 지니고, '나'로서는 상상도 할 수 없는 방식으로 세계의 의미를 파악하는 '타자'가 존재할 가능성을 배제할 수 없는 것이다. 왜냐하면 강한 상관주의의 논리에서는 존재의 모습이 사유의 모습과 일치하기 때문이다. 그리하여 상관주의자는 "전적인 타자"가 존재한다는 것의 불가능성을 확립할 수 없는 무능력에 사로잡히는 것이다.

그러나 한편으로 "전적인 타자"의 존재는 '높이'의 차원을 형성한다고도 말할 수 있다. 우리 상상력의 저편이 "전적인 타자"가 거주하는 다른 세계이기 때문이다. 그렇다면 "전적인 타자"의 가능성을 배제할 수 없다는 것은 오히려 '높이'의 적극적 가능성을 시사하며, 멜랑콜리 시대의 '욕망의 불활성'을 극복하는 원리일 수 있을까? "전적인 타자"라는 개념에는 '높이'가 포함되어 있는 것으로도 보인다.

그러나 실제로는 상관주의에서의 "전적인 타자"는 이성의 무력감과 결부되어 있다. "'나'에게는 어차피 닿지 않는다'는 체념이 상관주의를 지배하고 있다고 말할 수 있을지도 모른다. "전적인 타자"가 존재하는지 여부는 알 수 없다. 혹시 존재한다 하더라도 우리에게는 그 존재를 확증하는 것이 가능하지 않다. '높이'의 가능성을 예감하고는 있지만, 그것이 정말로 존재하는지 여부는 알지 못하며, 도리어 높은 곳에 도달할 수 없는 스스로의 무력감만이 느껴진다. 메이야수에게 있어 그것은 근대철학이 믿은 상관주의의 막다른 골목인 것이다.

세계의 사실성은 "전적인 타자"의 가능성을 시사하지만, 그 가능성은 "전적인 타자"의 존재—비존재가 아니라 본질적으로는 이성의 유한성—무능력에 결부되어 있다. 요컨대 우리의 능력 부족이 "전적인 타자"의 가능성을 암시할 뿐인 것이다. 그런 까닭에 강한 상관주의 모델은 다음과 같은 결론을 내리게 된다 ─ 사유 불가능한 것이 불가능하다는 것은 사유 불가능하다. "전적인 타자"에 대해 사유하는 것은 불가능하지만, 사유 불가능한 그 존재의 불가능성을 사유하는 것도 역시 불가능한 것이다.

사유가 그 자신의 외부에 접근할 수 없다면, 사유의 외부는 있다고도 없다고도 말할 수 없는 것이 되어버린다. '절대자는 존재한다'는 언명도 '절대자는 존재하지 않는다'는 언명도 상관주의에서는 대등한 것, 즉 대등한 하나의 '신앙'으로서 다루어지기 때문이다. 사유와 분리된 존재에는 접근할 수 없다

고 주장함으로써 모든 주장은 임의의 신앙에 가두어지게 된다
— 이와 같은 사태를 메이야수는 '신앙주의'라고 부른다.

주의해야 하는 것은 메이야수의 신앙주의는 특정한 종교에
대한 귀의가 널리 퍼지는 것을 의미하지 않는다는 점이다.
상관주의는 '충족 이유율'(모든 존재자는 존재하기 위한 충분
한 이유를 지닌다)로부터 도출되는 '실재적 필연성'(적어도
하나의 존재자는 필연적이다)을 비판한다. '외계인에 의한
복음'의 사유 실험에서 보여주었듯이 형이상학은 전체성을
지향하는 이성의 추론 능력에 의해 그 이상으로는 소급될
수 없는 모든 근거의 근거(=신)를 정립하지만, 그것 자신이
그것 자신 때문에 존재하는 자기목적적인 존재자는 사유와
존재의 상관성을 주장하는 상관주의 논리에서는 불합리해지
기 때문이다. 상관주의는 교조적 형이상학을 비판하지만 —
가장 상징적인 것은 칸트의 『순수 이성 비판』에서의 '제4이율
배반' 논의다 — 그 비판은 동시에 그 밖의 종교를 밀어내고
스스로의 신앙의 정당성만을 주장하는 교조적 종교에 대한
비판, 좀 더 말하자면 교조적 이데올로기 일반에 대한 비판이기
도 하다.

이렇게 보면 상관주의는 종교 그 자체의 지반을 뒤흔드는
것처럼 생각되지만, 현실적으로는 그렇게 되지 않았다. 왜냐하
면 절대자에의 도달 불가능성의 증명은 오히려 내적인 동시에

비이성적인 '신앙'이야말로 절대자에 이르는 유일한 길을 형성한다는 것을 역설적으로 방증하기 때문이다. 헤겔이 말하듯이 '신심 깊은 사람들이 현실보다 내면성을 강조할 때, 거기서 광신이 생겨난다.'(헤겔, 2000, 515쪽) 상관주의 이전에 '신앙의 교조주의'가 차지하고 있던 장소는 이제 새로운 '신앙의 상대주의'에 의해 점거되고 말았던 것이다.

그뿐만이 아니다. 본래라면 신앙과는 구별되는 이성적 통찰마저 하나의 신앙이 되어 버린다(=이성의 종교화). 예를 들어 광신자의 폭력과 그것을 비난하는 정의가 신앙의 이름 아래 동렬에 놓이고, 이성은 불합리한 폭력을 비난하기 위한 근거를 상실한다. 교조적 형이상학을 해체한 결과, 이성적 사유는 신심에 대해 이전과는 다른 방식으로 — 그리스도교 권력에 대한 합리적 이성의 종속이 아닌 방식으로 — 비-형이상학적으로 종속되는 것이다. 교조주의의 숨통을 끊어놓음으로써 일찍이 인간은 신을 잃었지만, 상관주의가 좀 더 철저하게 밀어붙여진 결과, 우습게도 신앙만이 살아남았다고도 말할 수 있을 것이다.

물론 신앙의 복권은 '높이'를 추구하는 시대의 요청을 반영하는 것이기도 하다. 하지만 만약 각각의 '높이'에 대한 희구가 '넓이'의 근거를 상대화하는 것이라면, 우리는 종교 전쟁의 논리로 다시 돌아가게 된다. 근대철학은 '높이'보다도 우선

'넓이'를 확보했지만, '높이'만을 추구하여 그 공적을 무화시키면, '힘의 논리'의 역습이 시작되게 되는 것이다. 그와 같은 사태는 피해야만 한다.

문제의 소재를 명확히 하자. 메이야수는 종교와 신앙이 모든 악의 근원이라고 말하는 것이 아니다. 상관주의가 세계의 사실성에 직면하여 이성의 무능력을 깨닫게 되는 것이 우려해야 할 사태인 것이다. 비판의 대상은 종교 그 자체가 아니라 — 뒤에서 우리는 머지않아 도래해야 할 신을 목격할 것이다 — 실존의 무력감에 결부된 신앙주의의 대두인 것이다.

2. 우연성 · 필연성 · 사실론성

우연성-필연성의 의미에 대하여

모든 존재자는 존재하기 위한 충분한 이유를 지닌다는 충족 이유율을 파기함으로써 상관주의는 교조적 형이상학을 타도하고, 존재를 인간의 인식에 동화시켰다. 그러나 이것은 역으로 모든 존재자가 존재하기 위한 충분한 이유를 지니지 않는다고 하는 사태를 귀결로 지닌다. 그리하여 우리의 삶과 세계는 끊임없는 우연성에 노출되게 된다.

충족 이유율과 실재적 필연성의 중요한 역할을 생각해보자. 신은 높이와 넓이이며, 사회의 선악의 질서를 지키고 존재 불안을 제거하고 있었다. 우연성은 형식적으로는 '무언가가 다를 수 있다는 것'을 의미하지만, 그것을 실존론적으로 추적하면, '나는 특별히 존재하지 않더라도 좋았다. 내가 이 세계에 지금 존재하는 것에는 아무런 이유도 없다'는 관념이 된다. 또는 다음과 같다 ─ 물리 법칙도 선악의 질서도 그렇게 있지 않으면 안 되는 이유는 하나도 없으며, 다음 순간에는 변할 수 있다. 그것도 아무런 의도도 없이 말이다.

한 번 우연성의 관념에 사로잡히면, 세계의 존재 근거가 흔들리기 시작한다. 유대인 학살도 친구의 자살도 스승과의 만남도 아내와의 대화도 그저 우연적 사실에 지나지 않는다고 생각되는 것이다. 우연성은 존재와 사건의 논리적 이유의 결여를 보여주고, 그것들의 바꾸기 어려움을 임의의 하나의 가능성(=one of them)으로 만들어버리기 때문이다. '왠지는 모르지만 자신은 이 세상에 존재하며, 동시에 그 사실을 받아들여 존재해야만 한다 ─ 라는 의미에서의 실존의 『까닭 없음』은 우연성과 운명의 주제 그 자체'(모리森, 2008, 54쪽)인 것이다.

충족 이유율을 가동할 수 없는 한에서 우리는 우연성에

농락당할 수밖에 없는 존재인 것인가? 인간은 자기의 비참함을 알고 있다는 점에서 위대하다고 예전에 파스칼은 말했지만, 신이 부재하는 현대에도 그렇게 단언할 수 있을까? 내게는 그렇게 생각되지 않는다. 자기가 비참한 경우에 놓여 있는 것에조차 아무런 이유도 없는 것이라면, 자기의 비참함을 아는 것은 단적인 비참과 동일하다.

그러나 반대로 모든 사건이 필연적이라는 논리는 모든 것이 기계적으로(또는 신의 의지에 따라) 결정된다는 결정론에 다다른다. 거기서는 필연적 질서에 인간적 자유가 들어갈 여지가 없어진다. 하나의 삶 속에서 일어날 수 있는 모든 사건이 미리 어딘가에 기재되어 있다고 한다면, 낭만도 감정도 사라지고, 남는 것은 눈앞에서 흘러가는 한 묶음의 사건에 대한 무력함뿐이지 않을까?

우연성과 필연성은 실존 감각에 깊이 관계된다. 우리는 세계와 삶에 절대적인 근거가 있기를 바라지만, 충족 이유율과 실재적 필연성을 단념하는 한에서 근대 이전의 소박한 교조적 형이상학으로 돌아가는 것은 허락되지 않는다. 그렇다면 이성은 세계의 이유 부재에 어떻게 대처하는 것일까? 우연성에 저항할 가능성이 우리에게 남아 있을까?

이성의 복권

사유와 존재의 상관관계의 절대성을 주장하는 상관주의는 선조 이전성과 신앙주의라는 두 개의 문제에 부딪쳤다. 그 문제의 본질은 이성의 무능력이다. 사물 자체를 부정함으로써 이제 이성은 "거대한 외부"를 잃고, 세계의 사실성 앞에 서 있다. 세계가 이와 같이 있는 것의 이유 부재를 눈앞에 두고 이성은 자신의 유한성을 통감하는 것이다.

그러나 잘 생각해보자. 그 사실성 그 자체를 '절대적인 것'에 대한 앎으로 간주할 수 있지 않을까? 즉, 이유의 부재는 우리의 사유의 한계를 보여주는 것이 아니라 이유의 부재 그 자체를 존재자의 궁극적인 특성으로 생각할 수는 없는 것일까?

사실성은 모든 사물과 세계 전체가 이유 없음이고, 동시에 이 자격에서 실제로 아무런 이유도 없이 다른 상태로 변화할 수 있다고 하는, 모든 사물과 세계 전체의 실재적인 특성으로 서 이해되어야만 한다. 우리는 이유의 궁극적인 부재 ― 이로 부터 그것을 비–이유irraison라고 부르게 된다 ― 가 절대적인 존재론적 특성이지 우리의 앎의 유한성의 표지가 아니라고 생각해야만 한다. (메이야수, 2016, 94쪽)

고차적인 이유(=신)가 부재하다는 것은 모든 것 — 세계의 모든 사물과 법칙 — 이 달라질 수 있다는 것을 의미한다. 그러나 이것은 우연성에 대한 이성의 패배가 아니라 오히려 적극적인 이성의 통찰로 간주될 수 있다. 요컨대 메이야수는 사물을 보는 관점을 역전시키는 것이다 — 지금까지 이성의 유한성에 결부되어 있었던 것을 이성의 탁월한 능력의 결과로서 다시 파악하고, 이유의 부재 그 자체를 절대적인 존재론적 특성으로 생각하는 것이다.

여기서 '다를 수 있는 가능성'이 '우리에 대한 가능성'인지 그렇지 않으면 '자체적인 것의 가능성'인지가 명확히 되어야만 한다. 그것이 전자의 의미인 경우, 결국 '상관주의'='인간 중심주의'를 극복할 수 없기 때문이다. 따라서 그것이 후자의 의미라는 것을 보여줄 필요가 있다. 메이야수는 다음과 같은 장면을 생각함으로써 '다를 수 있는 가능성'이 '자체적인 것의 가능성'이라는 것을 증명하고자 한다.

우선 사후의 세계에 대해 말하는 두 사람의 교조론자를 상상해보라. 한 사람(그리스도교의 교조론자)은 사후 세계에서의 우리 존재의 존속을 주장하고, 또 한 사람(무신론자)은 우리 존재는 죽음에 의해 완전히 소멸한다는 주장을 지지하고 있다. 이 두 사람의 소박한 교조론자에 대해 상관주의자는 다음과 같이 말할 것이다. '나'라는 상관자가 이미 존재하지 않을 사후 세계의 자체적인 것에 대해 말하는 것은 모순이다. 존재는 언제나 '나'의 사유에 대해 나타나는 것이기 때문에, 이미 '나'가 존재하지 않는 세계(=사후의 세계)의 자체적인 것이라는 관념 자체가 불합리한 것이라고 말이다.

그러나 거기에 주관적 관념론자가 끼어들어서 세 사람의 입장은 모두 모순된 것이라고 지적한다. 두 사람의 교조론자가 상정하는 것은 논외이지만, 상관주의자도 '나'가 존재하지 않는다는 상정을 하고 있다는 점에서 모순된다. 왜냐하면 '나'가 존재하지 않는다는 것을 '나'는 사유할 수 없을 것이기 때문이다. 그리고 실제로 '나'는 사유하고 있기 때문에, '나'가 존재하지 않는다는 상정은 자기모순이 될 수밖에 없다. 즉 '나'는 '나'를 존재하는 것으로서밖에 사유할 수 없다. 때문에 '나'는 존재하고 '나'의 정신은 불사이다 — 이리하여 주관적 관념론자는 죽음을 무화시키는 것이다(나는 나의 비존재를 생각할 수 없다).

그런데 '영원의 세계'와 '허무의 세계'(두 개의 교조론), '정신의 불사'(주관적 관념론)에 대해 상관주의는 어떻게 대항하는 것일까? 그것은 다음과 같이 이루어질 것이다. 확실히 주관적 관념론자가 말하듯이 '나'의 비존재가 어떠한 것인가에 대해 '나'는 직접 사유할 수 없다. 그러나 그럼에도 불구하고 '나'의 비존재의 가능성에 대해서라면 사유하고 말할 수 있다고 말이다.

　여기서 마지막으로 개입하는 자가 등장한다. 사변적 철학자다. 사변적 철학자는 상관주의자가 의거하는 '다를 수 있는 가능성' 그 자체는 결코 상관적인 것이 아니라 사실은 '절대적인 것'이라고 주장한다. '나'의 상태가 다른 어떠한 상태로도 변할 수 있다는 절대적 가능성에 의거하지 않고서는 상관주의자는 주관적 관념론자를 논박할 수 없다. 그렇다면 '다를 수 있는 가능성' 그 자체는 상관주의적인 것일 수 없다. 그것은 어떠한 경우에도 성립할 가능성이며, '나'의 비존재의 가능성마저 함의하고 있기 때문이다. 즉, '나'의 비존재의 가능성을 함의하는 '다를 수 있는 가능성'을 '나'의 사유에 상관하는 방식으로 사유할 수는 없는 것이다.

　사변적 철학자에 의해 '다를 수 있는 가능성'은 '우리에 대한 가능성'이 아니라 '자체적인 것의 가능성'이라는 것이 증명된다. 사후의 세계에 관한 모든 설은 어느 것이든 동렬의 가설에 지나지 않는다고 상관주의자는 주장하지만, 실제로는 '다를 수 있는 가능성' 그 자체를 절대화하지 않고서 자체 존재에 대한 언설을 탈–절대화하는 것은 불가능한 것이다. '다를 수 있는 가능성'의 절대성만이 교조주의자와 관념론자에 대한 상관주의자의 반론을 가능하게 한다. 따라서 다섯 사람들 가운데 사변적 철학자만이 올바르게 된다.

그렇다면 다음과 같이 말할 수 있을 것이다— '어떠한 것에게도 지금 그렇게 존재하고 계속해서 그러할 이유는 없으며, 모든 것은 어떠한 이유도 없이 지금 그러한 것처럼은 아니게 될 수 있는 것이어야만 하며, 그리고/또는 다르게 될 수 있는 것이어야만 한다.'(같은 책, 105쪽) 이것은 '비—이유율'의 절대적 진리다. 즉, 모든 것은 절대적으로 우연적이라는 것은 필연적이라고 메이야수는 주장하는 것이다.

주의해야 하는 것은 여기서의 우연성이 그저 '모든 것은 변해간다'는 것을 의미하지 않는다는 점이다. 어느 것이든 일어날 수 있지만, 아무것도 일어나지 않을지도 모른다. 변할지도 모르며, 변하지 않을지도 모른다. 우연성이란 비존재의 가능성을 의미하는 것이 아니라 모든 가능성에 열린 순수한 가능성이다. 그리고 '우연성의 필연성'이야말로 이성에 의해 정립된 '절대지'인 것이다.

상관주의자는 논리적으로는 '이유율'을 부정하면서도 어딘지 존재에는 근거와 이유가 있었으면 하고 생각한다. 따라서 상관주의자의 이성은 세계의 사실성을 앞에 두고서 유한성에 의해 때려눕혀진다— '결국 나와 같은 자에게는 세계의 궁극적 근거가 알려질 까닭이 없다'고 말이다. 그에 반해 사변적 철학자는 사유를 이유율의 외부를 향해 해방한다. '우연성의 필연성 이외에는 아무것도 있을 수 없다'고 이유율에 대한 최후의 동경을 억제하는 것이다.

지금 이성은 이전의 힘을 되찾고 있다. 이성 그 자체의 논리에 의해 사유와 존재의 상관성 외부에 접근할 가능성이 열린 것이다. '어떠한 것에게도 지금 그렇게 존재하고 계속해서 그러할 이유는 없다'고 하는 이성은 근대철학의 이성과는 다른, 전적으로 새로운 사변적 이성이다. 메이야수에 의한 '높이'의 탐구는 이렇게 해서 점점 더 본격화해간다.

하이퍼카오스와 그 조건

사변적 이성은 '우연성의 필연성'을 '절대적인 것'으로서 파악하고, 상관주의적 이성의 무능력을 적극적인 앎의 형식으로 전환시켰다. 그러나 우리가 획득한 절대자는 — 선악의 질서를 보증하는 전통적인 신과 비교하면 — 무엇이든 뜻대로 할 수 있는 전대미문의 카오스와 같은 것이 아닐까? 메이야수는 사변적 이성의 추론에서 획득된 절대자를 '하이퍼카오스'라고 부르고, 그 성질에 대해 다음과 같이 쓰고 있다.

이리하여 절대자 쪽으로 열린 갈라진 곳을 통해 보면, 거기 서 발견되는 것은 오히려 두려워해야 할 힘이다 — 그것은 숨겨진 무언가이며, 모든 사물과 세계를 파괴할 수 있는 것이다. …… 그것은 데카르트의 신에 필적하는 "전능성"이며, 모든 것을 일으킨다. 생각도 할 수 없는 것까지 포함해서 말이다. 그러나 이것은 다른 신적인 완전성으로부터 독립한, 어떠한 규칙도 없이 무차별한 "전능성"이다. 이 "전능성"에는 선함도 간지도 없으며, 판명한 관념의 참됨을 사유에게 보증해 주는 것이 아니다. (메이야수, 2016, 111쪽)

확실히 잘 생각해보면 '다를 수 있는 가능성의 절대성'이란 교묘한 표현이다. '모든 것이 다를 수 있다'라는 언명은 '확실한 것 따위는 아무것도 없다'라는 언명과 같은 것으로 들린다. 또한 이 절대자는 메이야수가 근거짓고자 하는, 자체적인 것을 기술하는 수학의 객관성과도 조금 먼 것으로 보인다. 오히려 어느 날 아무런 의도도 없이 수학의 객관성을 전복하는 것이 하이퍼카오스 아닐까? 어떠한 규칙도 없이 무차별적인 "전능성"만이 존재한다. 그렇다면 전대미문의 "전능성"을 이성적으로 파악했다고 하는 자부심밖에 우리에게는 남지 않는 것일까?

그러나 모든 것이 가능할 하이퍼카오스에서 유일하게 불가능한 것이 있다. 그것은 필연적인 존재자를 산출하는 것이다. 왜냐하면 우연성의 필연성이란 바로 필연적인 존재자의 불가능성을 의미하기 때문이다(존재자의 우연성이 필연적이어서 존재자는 필연적이지 않다).

이러한 조건을 이용해서 우리는 하이퍼카오스의 "전능성" 이외의 필연성에 다다를 수 없을까? 요컨대 모든 것은 우연적이라고 계속해서 말하고 마는 것이 아니라 하이퍼카오스의 "전능성"에서 출발하여 하이퍼카오스 이외의 필연성을 손에 넣는 것이다. 그렇다 하더라도 하이퍼카오스는 존재자 모두를 우연성의 조건 아래 두는 궁극적인 메타 원리다. 그와 같은 메타 원리 이외의 필연성을 찾게 되면, 하이퍼카오스 그 자신의 자기 한정 가능성을 찾을 수밖에 없을 것이다. 하이퍼카오스보다 상위의 법(고차적 필연성)은 존재하지 않는 것이다.

요컨대 다음과 같은 것이다. 어떠한 존재자도 필연적일 수 없다는 것은 하이퍼카오스가 무언가의 조건에 따른다는 것을 의미한다. 그 이유는 전혀 아무런 조건도 없는 장소에서는 '필연적인 존재자'가 생기기 때문이다. 이리하여 모든 존재자를 우연성의 법칙에 따르게 하기 위한 조건이야말로 지금 찾고 있는 필연성이게 된다.

이와 같은 동기에 이끌려 메이야수는 '필연적 존재자는 불가능하다'와 '존재자의 우연성은 필연적이다'라는 두 개의 존재론적 언명으로부터 '무모순율'과 '있다'의 필연성을 증명하고자 한다. 각각 증명의 요점만을 확인해보자.

우선 모순된 존재자는 절대적으로 불가능하다는 것(=무모순율)의 증명은 다음과 같이 이루어진다. 모순된 존재자가 존재한다고 가정해보자. 모순된 존재자는 '존재하는 것은 존재하지 않는 동시에 존재하지 않는 것은 존재한다'는 명제를 참으로 한다. 그렇다고 한다면 모순된 존재자는 존재하는 경우에도 존재하지 않는다는 것을, 또한 존재하지 않는 경우에도 존재한다는 것을 함의한다. 우리가 맨 처음에 놓은 가정은 '모순된 존재자는 존재한다'는 것이었다. 그러나 잘 생각하면 모순된 존재자는 모순하고 있는 것이기 때문에, 그것은 존재하지 않는 경우에도 존재한다. 요컨대 모순된 존재자는 '존재하지 않는 것'을 그 자신의 존재에 포함하면서 영원히 계속해서 존재하게 되는 것이다.

하지만 이 존재자는 생성 변화할 수 없는 존재다. 왜냐하면 모순된 존재자에 대한 '타자'는 모순된 존재자 그 자신이기 때문이다. 모순된 존재자는 모순된 존재자이면서 모순된 존재자가 아니며, '일자'와 '타자'를 동시에 포함하는 존재자인 것이다. 이리하여 모순된 존재자는 '이러저러한 존재다, 저것이 아니고 이것이다'라는 존재자의 근본적인 규정을 파괴한다. 같으면서 다른 것을 공존시키는 것이 모순된 존재자이며, 그것이 A로부터 B로 변화하는 일은 있을 수 없다(모순된 존재자에서는 A가 B를 포함하는 동시에 B가 A를 포함하고 있기 때문에, A와 B를 다른 것으로서 규정하는 것이 본래 가능하지 않다).

존재하는 것이 다를 수 있기(생성 변화할 수 있기) 위해서는 존재하는 것이 무언가의 방식으로 규정되어 있어야만 한다. 그리고 그렇기 위해서는 (모든 규정을 파괴하는) 모순된 존재자가 존재해서는 안 된다. '이리하여 무모순율은 무언가 고정된 본질성을 제시하는 것이 아니라 존재론적인 의미로서는 우연성의 필연성, 다시 말하면 카오스의 전능성이라는 것을 알 수 있는 것이다.'(같은 책, 121쪽) 따라서 '무모순율'은 우연성의 필연성의 조건이 되는 필연성의 하나다. '이유율'의 불합리가 '무모순율'의 진리를 이끈다고도 말할 수 있을 것이다.

다음으로 '있다'(=자체적인 것의 영역)의 필연성에 대한 증명, 즉 세계 그 자체는 생명 멸망 후에도 존재한다는 것의 증명으로 옮아가자. 이것은 「프롤로그」에서 다룬 하이데거의 물음 '왜 도대체 존재자가 있는가, 그리고 오히려 무가 있는 것이 아닌가?'와 관련된다(이 물음을 처음으로 제기한 것은 라이프니츠이지만, 그는 이유율을 가동함으로써 이 문제를 해결하고자 했다). '있다'의 필연성을 증명함에 있어 메이야수는 두 가지 관점을 미리 부정하고 있다.

(1) '형이상학의 관점' — 궁극적인 이유에 호소함으로써

이 문제를 해결하고자 한다. 제1원인이나 신에 의해 자체 존재를 옹호하고자 하는 관점.

(2) '신앙주의의 관점' — 이성적인 언설의 외부에서 자체 존재를 증명하고자 한다. 존재를 기적의 현현으로 간주하고 그것에 경탄할 뿐인 관점.

이성적 추론으로만 세계가 자체 존재라는 것을 증명하기 위해서는 '비–이유율의 약한 해석'(=만약 무언가가 존재한다면, 그것은 우연적이어야만 한다)이 아니라 '비–이유율의 강한 해석'(=사물은 우연적이어야만 하는 동시에 우연적인 사물이 존재해야만 한다)을 정당화할 필요가 있다. 메이야수는 '비–이유율'을 '사실론성의 원리'라고도 부르고 있지만, 여기서 우리는 '사실론성의 원리'에 대해서는 '비–이유율의 약한 해석'에만 의거하여 동의할 수 있다. 왜냐하면 '만약 무언가가 존재한다면, 그것이 우연적이라는 것은 필연적이다'라는 명제로만 '사실론성의 원리'에 동의하는 것은 원리적으로 가능하기 때문이다.

그런데 '있다'의 필연성을 증명하기 위해서는 '만약 무언가가 존재한다면'이라는 가정(='약한 해석')으로는 불충분하며, '우연적인 사물은 존재해야만 한다는 것'(='강한 해석')을 증명할 필요가 있다. '약한 해석'만이 타당하다고 가정해보자.

그러면 사실적인 사물이 존재한다는 것은 하나의 우연적 사실이어서 필연적이지 않게 된다. '약한 해석'에서는 사실적인 사물은 존재하지 않더라도 좋기 때문이다. 이 경우 사실성 그 자체도 하나의 우연적 사실로 되어버린다. 왜냐하면 만약 아무것도 존재하지 않는다고 한다면, 본래 어떠한 존재자도 사실적일 수 없고, 따라서 거기에는 어떠한 사실성도 있을 수 없기 때문이다.

하지만 잘 생각해보면, '세계에는 아무것도 존재하지 않는다는 것'을 사실성의 절대성에 의거하지 않고서 상정하는 것은 불가능하다. 다시 말하면 세계의 비존재의 가능성은 우연성의 필연성을 반드시 요청한다. 조금 전의 두 사람의 교조주의자와 한 사람의 관념론자에 대한 상관주의자의 반박을 떠올려보자. 상관주의자는 '다를 수 있는 가능성' 그 자체를 절대적으로 필연적인 것으로 함으로써 사후의 세계에 대한 세 사람의 논의를 물리쳤다. 모든 것은 다를 수 있다는 것의 절대성만이 '나'의 비존재의 가능성에 대해 '나'가 사유하는 것을 가능하게 하는 것이다.

요컨대 다음과 같은 것이다. 아무 이유도 없이 세계가 실제로 이렇게 존재하고, 또한 그것이 다르게도 변화할 수도 있다는 것(=사실성)의 절대성을 의심하는 것은 사실성의 절대성 그 자체에 의거하지 않고서는 불가능하다. 다시 말하면 모든 존재자는 다를 수 있지만, 모든 존재자가 다를 수 있다는 것만큼은 절대적으로 필연적이어야만 한다. '약한 해석'은 '세계에는 아무 것도 존재하지 않는다'는 가능성을 함의하고, 그 결과 사실성을 하나의 우연적 사실로 간주하지만, 사실성이 우연적이라는 것은 원리적으로 있을 수 없다. 따라서 사실성의 절대성을 보증하기 위해서는 우연적인 사물이 '있다'는 것은 필연적이 다. 메이야수는 이렇게 주장한다.

따라서 '사실론성의 원리'를 수미일관하게 주장하기 위해서 는 '강한 해석'을 지지할 수밖에 없다. '사실론성의 원리'는 '모든 사물의 사실성 그 자체는 우연적인 사실의 하나로서는 사유될 수 없다는 것'을 의미하는 것이기 때문에, 사실성을 하나의 우연적 사실로 간주하는 '약한 해석'에서는 소용없는 것이다.

'무모순율'과 '있다'의 필연성에 대한 증명은 실제로는 조금 더 복잡한 방식으로 행해지고 있다. 또한 이러한 사변적 증명들 은 난해하며, 메이야수의 논의를 추적하는 것만으로도 상당히 어려운 일이 될 것이다. 증명의 타당성에 대해서는 『유한성 이후』를 각자가 검증해보기를 바라지만, 우리에게 있어 중요 한 것은 메이야수가 어디까지나 사변적 이성의 추론에 의해서만 하이퍼카오스 이외의 필연성에 도달하고자 시도하고 있다는 점이다. 이성의 규칙에 따르면 우리는 보잘것없긴 하지만 '절

대적인 것'을 획득할 수 있다. 이성에 대한 신뢰 — 메이야수의
사변적 유물론은 철학의 새로운 가능성임과 동시에 철학의
왕도로의 회귀를 예감케 하는 것이라고 느껴질 수 있지 않을까?

3. 망령의 딜레마

'수학의 길'과 '도래해야 할 신의 길'

하이퍼카오스의 "전능성"으로부터 '무모순율'과 '있다'의
필연성을 끌어낸 후『유한성 이후』에서 메이야수의 고찰은
이제 '흄의 문제'(마찬가지 조건 하에서 동일한 원인이 동일한
결과를 불러일으키는 것은 가능한가)에 대한 검토를 끼워
넣고서는 수학의 절대성에 대한 옹호로 향한다. 자연과학이
'자연의 수학화'(상세한 것은 제3장을 참조)에 의해 자체적으
로 존재하는 대상과 사건에 접근한 데 반해, 철학은 상관주의적
인 틀에 아직도 머물러 있다.『유한성 이후』의 후반부에서
걸어간 길을 '수학의 길'이라고 부르기로 하자.
　메이야수는 '수학의 길'에서 철학과 수학의 관계를 근본적

으로 다시 묻고, 수학의 객관성을 철학적으로 어떻게 근거지을 수 있는가 하는 데카르트 이래의 주제를 다시 집어 들고 있다. 이것은 이전에 칸트와 후설도 자각적으로 몰두했던 것이고, 인문과학과 자연과학을 '보편 인식의 가능성'이라는 공통 주제 아래 통합하고자 하는 시도이기도 하다. 칸트나 후설과는 달리 메이야수는 '선조 이전성'이라는 새로운 난문에도 직면해 있고—『유한성 이후』에서 결정적인 해답은 제출되어 있지 않다 하더라도— '수학의 길'에서 제기된 물음은 금후의 철학에 있어 본질적인 것이라고 말할 수 있을 것이다.

그런데 이 책에서는 '수학의 길'이 아니라 하이퍼카오스로부터 도출되는 또 하나의 길을 더듬어보고자 한다. 이 길을 '도래해야 할 신의 길'이라고 부르기로 하자. 그것은 메이야수가 박사 논문 『신의 부재』에서 씨름했던 주제다. 1997년에 제출된 이 논문은 현재도 출판을 위해 개정 작업이 계속되고 있는 듯하지만, 2003년 시점의 개정판의 일부가 하먼의 영어 번역으로 공개되어 있다. 이하에서는 하먼의 영역과 「망령의 딜레마」라는 논문을 실마리로 하여 '도래해야 할 신의 길'의 현대적 의의를 생각해보고자 한다.

'수학의 길'과 비교하면 '도래해야 할 신의 길'은 멜랑콜리 시대의 실존 감각에 좀 더 깊이 공명한다. 그 주제는 '정의'와 '부재하는 신'이다. 구체적 고찰에 들어가기 전에 우선은 사물

자체와 상호 주관성에 대해 새롭게 생각함으로써 메이야수의
모티브를 좀 더 명확히 해두자.

사물 자체와 상호 주관성

'사물 자체'와 '상호 주관성'(복수의 주관 사이의 인식의
공통성)에 대한 메이야수의 태도를 이해하면, 그의 관심의
중심이 '넓이'가 아니라 '높이'에 놓여 있다는 것이 간취된다.
물론 그렇다고 해서 메이야수가 '넓이'(보편성)를 아무래도
좋은 것으로 간주하고 있다는 것은 아니다. 지금까지 살펴보았
듯이 메이야수는 상대주의적 신앙주의에 대해 사변적 이성의
보편성을 대치시키고 있기 때문이다.

그러나 동시에 메이야수에게 있어 '상호 주관성'만으로 불
충분하다는 것은 확실하다. 그리고 이 사실은 나에게 다음과
같이 알려준다 — 현대에 살아가는 자, 즉 멜랑콜리스트에게
있어 '넓이'의 가능성만으로는 이미 충분하지 않을지도 모른
다고 말이다. 설령 공시적인 '넓이'를 되찾았다 하더라도, 무언
가 돌이킬 수 없는 것이 인간의 역사와 우리의 실존 감각에
이미 들어와 있는 것이 아닐까…… 메이야수는 그렇게 물어가
는 것이다.

앞에서 말했듯이 칸트는 '현상'과 '사물 자체'를 구별하여 사물 자체는 사유 가능하지만 인식 불가능하다고 주장했다. 우리에게 인식될 수 있는 것은 현상으로서의 사물뿐이며, 사물 자체를 직접 참조하는 것은 가능하지 않다. 사물 자체는 현상을 가능하게 하는 것으로서 현상의 배후에 가로 놓여 있지만, 우리에게 그 모습을 직접 나타내지 않기 때문에, 그것은 모종의 방식으로 인식의 '높이'를 만들어낸다.

칸트의 '현상'과 '사물 자체'의 구별을 인식론적으로 — 초월론적 문제로서 — 좀 더 추궁한 것은 후설의 현상학이다(우리는 니체와 비트겐슈타인이 칸트의 비판 철학을 상관주의로서 철저하게 만들었다는 것을 알고 있다). 후설은 다음과 같이 생각했다. 칸트 철학의 '사물 자체'는 주객일치의 인식 문제(주관은 객관 그 자체를 인식할 수 있는가)를 해결한다는 관점으로부터는 쓸데없는 것이다. 왜냐하면 사물 자체라는 관념이 남음으로써 사물 자체의 인식 가능성을 둘러싸고서 이설들의 대립이 계속되기 때문이다. 신념 대립을 조정하면서 보편 인식의 가능성을 확보하기 위해서는 사물 자체에 대해서는 판단을 유보하고(=에포케), '나'에게 나타나는 현상과 '타자'에게 나타나는 현상에 공통된 본질 구조를 기술할 수밖에 없다. 요컨대 '사물 자체'가 아니라 '상호 주관성'의 현상학이 새로운 보편 인식의 길을 제시한다고 후설은 말하는 것이다.

세계 존재의 의미, 특히 객관적인 것으로서의 자연 존재의 의미에는…… '모든 사람에 대해 거기에 있다'는 것이 포함되어 있다. 그리고 그것은 우리가 객관적 현실에 대해 말할 때에는 언제나 함께 사념되고 있는 것이다. (후설, 2001, 167쪽)

객관적 현실은 '모든 사람에 대해 거기에 있다'는 것을 포함한다. 누구에 대해서도 똑같이 존재하는 것이 현상학적으로 고찰된 '객관성'의 의미인 것이다. 따라서 현상학은 사물 자체라는 개념 장치를 필요로 하지 않는다. 거기서는 '나'와 '타자'에 의한 세계 확신의 조건이 공유되고 있다는 것만이 문제로 되기 때문이다.

누구에 대해서도 똑같이 존재하는 것은 말할 필요도 없이 '넓이'를 만들어낼 것이다. 물론 사과와 정의에서는 상호 주관적 보편성에 이르기 위한 조건도 다르며, 보편성을 획득하기 위한 난이도도 달라진다. 그러나 어느 경우든 현상학의 기본 방침은 일관적이다 — '내게는 그렇게 보인다'로부터 '우리에게는 그렇게 보인다'로 향하여 고찰을 진행하는 것이다.

하지만 메이야수는 '상호 주관성'을 상관주의의 하나의 형태로서 비판하고, 어디까지나 '사물 자체'를 옹호한다. 메이야수는 다음과 같이 말한다.

상관주의적 코기토는 엄밀한 의미에서의 유아론적 코기토가 아니라 오히려 '코기타무스cogitamus, 우리는 사유한다'이다. 왜냐하면 그것은 과학의 객관적 진리를 이런저런 의식의 상호 주관적인 합의에 기초하여 설립하기 때문이다. 그러나 상관주의적 코기토 역시 이를테면 '종' 내지 '공동체'의 유아론을 형성한다. 왜냐하면 그것은 사유하는 존재자들의 공동체에 대해 이전/이후의 현실을 사유하는 것의 불가능성을 확증하기 때문이다. 이 공동체는 이미 자기 자신에게만 관계한다. 또한 그것과 동시대의 세계에만 관계한다. (메이야수, 2016, 89–90쪽)

이 구절을 순수하게 읽으면, 상관주의와 선조 이전성의 맥락에서 읽을 수 있다. 상관주의적 코기토의 복수성을 전제했다 하더라도, 결국 그것에서는 생명 이전의 존재를 문자 그대로는 긍정할 수 없다는 식으로 말이다. 즉, 사유와 존재의 상관성이 복수의 사유와 존재의 상관성으로 된 곳에서 선조 이전적 언명을 무조건적으로 긍정할 수는 없다는 것이다.

그러나 '상호 주관성'이 아니라 '사물 자체'이어야만 하는 이유에 대해 납득할 수 없는 사람도 많은 것이 아닐까? 후설의 입장에서 생각하면, 과학적 언명의 객관성이란 상호 주관적으로 누구나 다 통찰하고 납득할 수 있는 것이다. 물론 상관주의에서는 선조 이전적 언명을 긍정할 수 없다고 하는 것이 메이야수의 설명이다. 그렇다 하더라도 과학자가 원화석으로부터 선조 이전적인 사건을 분석하는 한에서 과학자에게 주어지는 데이터와 추론의 상호 주관적 타당성이 자연과학의 객관성의 의미라고 말하는 것도 가능할 것이다. 그리고 복수의 과학자에게 공유되는 선조 이전적인 사건의 상호 주관적 타당성에는 그것이 생명 이전의 사건이라고 하는 신뢰가 존재한다고 생각하면, 과학이 산출하는 객관 인식에 관해 소박한 것은 오히려 과학자 쪽이게 된다. 또는 니시가키 도오루가 지적하듯이 과학자 쪽이 과학적 지식과 견문의 상호 주관성에 대해 자각적인 것일지도 모른다(니시가키西垣, 2018, 111쪽 이하). 철학에서도 자연과학에서도 과학의 객관성이 상호 주관적인 의사소통에 의해 만들어지는 것이라는 점에 동의하는 논자는 적지 않은 것이다.

여기서 나는 메이야수의 상관주의 비판에 대한 논박을 의도하고 있지 않지만, '수학의 길'에서의 '사물 자체'와 '상호 주관성'의 관계에 대한 고찰에 대해서는 한층 더 나아간 검토가 필요하다는 것을 분명하게 말해두고자 한다. 적어도 나는 ─ 상관주의 비판의 의의는 받아들이면서도 ─ 메이야수의 표현법에 대해서는 위화감을 느낀다.

그럼에도 불구하고 조금 전의 구절은 '수학의 길'이 아닌

다른 맥락, 즉 '도래해야 할 신의 길'에 놓이게 되면 다른 양상을 드러낸다 — 거기서는 상호 주관성의 한계가 노정되고 사물 자체가 요청되는 이유가 분명해지는 것이다. '상호 주관성'이 아니라 '사물 자체'라는 주장은 나의 말로는 '넓이'가 아니라 '높이'라고 하는 주장과 같다. 즉, 과학의 '넓이'가 아니라 도래해야 할 신의 '높이'가 주제화될 때, 메이야수가 '상호 주관성'이 아니라 '사물 자체'에 구애되는 이유가 분명해지는 것이다.

망령의 딜레마

그러면 '망령의 딜레마'에 대해 생각해보자. '도래해야 할 신의 길'의 주제는 '정의'와 '부재하는 신'이다. 메이야수의 문제 설정은 다음과 같다. 현세를 방황하는 망령이 구원될 가능성은 있는가? 일반적으로 죽음이란 돌이킬 수 없는 것이다. 사람은 한 번 죽으면 두 번 다시 살아날 수 없다. 이미 결코 돌아올 수 없기 때문에 남겨진 자는 고인의 죽음을 슬퍼하고, 이제는 죽은 사람을 애도한다. 세월이 흘러 그 상실을 서서히 수용할 무렵에는 고인을 그리워할 것이다.

슬퍼하기, 애도하기, 그리워하기. 그러나 이러한 것들이 가능하기 위해서는 죽은 자의 생전을 어딘가에서 긍정할 수 있어야 할 필요가 있는 것이 아닐까? 사람들은 모두 죽는다, 따라서 죽는 것 자체는 그다지 특별하지 않다. 그럼에도 다른 것으로는 대신할 수 없는 사람을 잃는 것은 견디기 어렵다. 대상 상실의 경험은 우리로 하여금 다음과 같이 말하게 한다. '친구 덕분에 좋은 인생을 살았다고 생각합니다', '그녀는 대단히 멋진 사람이었습니다', '에, 할머니께서는 편안히 돌아가셨습니다'……. 죽은 자를 둘러싼 담론에서 우리는 죽은 자의 삶을 조촐하게 긍정함으로써 죽음의 불가역성을 수용하고, 고인을 스스로의 삶의 일부로 하는 것이 아닐까? 장례는 죽은 자를 죽은 자의 세계로 통합시키기 위한 의례이지만, 상을 치르는 것은 본질적으로 남겨진 자를 위한 과도기인 것이다(판 헤네프, 2012, 189쪽 이하).

하지만 그 삶을 긍정할 수 없는 죽은 자는 어떻게 되는 것일까? 또한 비극적인 죽음이 '나'의 무력감과 회한에 깊이 결부되어 있고, 슬퍼하는 것도 애도하는 것도 그리워하는 것도 가능하지 않은 죽음의 경우에는 무슨 일이 일어나는 것일까? 이러한 경우 죽은 자는 죽은 자의 세계에 들어가지도 못하고 산 자의 세계로 돌아올 수도 없다. '나'는 그 죽음에 대해 책임이 있다고 하는 감정을 지닐 것이다. 뜻밖의 죽은 자들은 '망령'이 되어 현세에 계속해서 존재하고, 남겨진 산 자는 망령의 목소리에 끊임없이 괴롭힘을 당하게 된다.

　　참된 망령, 그것은 비명에 죽은 자들이다. 지나치게 이른 죽음, 처참한 죽음, 아이의 죽음, 그리고 자신의 아이들이 마찬가지로 죽어갈 운명에 놓여 있다는 것을 알면서 죽어가는 부모들의 죽음 등등. 자연사든 사고나 살인의 경우든, 죽음을 당한 사람들도 그것을 면한 사람들도 받아들일 수 없었던 죽음. 참된 망령이란 끊임없이 저편으로 돌아가기를 거부하면서 집요하게 수의를 벗어던지고, 산 자들에 대해 사실에 반하여 자신의 거처는 아직 그들 안에 있다고 알리는 그러한 죽은 자들을 말한다. 그들의 죽음은 의미를 지니지 않으며, 마무리되는 것이 아니다. (메이야수, 2018, 77-78쪽)

　'왜 너만이 살아 있는가?' ― 망령이 된 비명에 죽은 자들은 저편으로 가기를 완강히 거부하며, 지금도 살아 있는 '나'를 심문한다(가야마嘉山, 2018에서 착상). 망령은 가장 위험한 죽은 자인 것이다. '나'는 망령에 응답하고자 한다. 또한 변명하고 사죄하고자 한다. 그러나 비명의 죽음의 돌이킬 수 없음은 일반적인 의미에서의 죽음의 불가역성으로 회수되는 것이 아니라 '나'의 양심을 끊임없이 몰아세운다― '너는 아직 살아 있는가?'라고 말이다.

'나'는 결단해야만 한다 — '당신'은 죽었다, 그러나 '나'는 살아간다고 말이다. 상을 치르는 과정은 '당신'이 '나'를 건너편으로부터 보살펴준다는 약속을 주어야 할 것이었다. 그러나 상이 실패로 끝난 망령의 '당신'은 변함없이 이편에 존재하고, '나'는 이편의 '당신'을 묵살하는 것에서 죄의식을 느낀다 — '왜 '나'만이 살아 있는가?'

죽은 자의 생전을 조촐하게라도 축복할 수 없고, 그들의 죽음에 의미를 부여할 수 없는 경우, 그들은 참된 망령이 되어 계속해서 살아간다. 거기서는 죽은 자를 저편으로 보내기 위한 상을 치르는 의식이 실현되어 있지 않기 때문이다. 비명의 죽음을 거둔 망령의 상을 '참된 상'으로 하자면, 그것은 망령과 함께 죽는 것이 아니라 그들과 함께 살아가는 것이라고 메이야수는 말한다. 요컨대 그것은 망령에게 또 한 번의 삶을 주는 것이다. 망령에게 삶을 주는 것이란 문자 그대로의 의미에서 현실에서 일어날 수 있는 가능성을 의미한다. 우리의 세계에서 죽은 자가 부활하는 일은 없는 한에서, 이 가능성은 (유한한) 인간의 가능성일 수 없다. 요컨대 간단히 말하자면, 신만이 이룰 수 있는 일이 되는 것이다.

메이야수의 문제 제기는 보통 인간의 상상력을 넘어서지만, 깊은 절망에 빠진 경험이 있는 사람이라면 신과의 관계성에서 밖에 보상될 수 없는 비극을 이해할 수 있을 것이다. 망령에게 삶을 줄 가능성을 현실화시키고자 하는 메이야수의 모습은 키르케고어의 『죽음에 이르는 병』의 구절을 상기시킨다.

> 가능성! 그에 의해 절망한 자는 숨을 돌리고 소생한다. 가능성 없음에서 인간은 이를테면 호흡할 수 없는 것이다. 때로는 인간 상상의 발명의 힘만으로 가능성이 창출되는 경우도 있을 수 있다 — 하지만 결국 신에게 있어서는 모든 것이 가능하다고 하는 것만이 구원으로 된다. 즉, 결국은 신앙만이 문제인 것이다. (키르케고어, 1957, 60쪽)

대부분의 경우 삶의 도상에서 부딪치는 어려움은 자기 스스로 어떻게든 극복할 수 있다. 자기 자신만으로는 아무리 해도 되지 않더라도 타자와의 윤리적 관계에서 해결되는 일이 있을 수 있다. 그러면 모든 것이 가능하다는 신과의 관계성에서만 해소될 수 있는 것은 무엇일까? 현실의 윤리적 관계를 적극적으로 내던지더라도 신과의 관계에 들어설 수밖에 없는 것은 어째서인가? 구체적 동기는 다양할 수 있겠지만, 깊은 절망이 가능성을 구하고, 더욱이 그것이 인간적 가능성의 안쪽에서는 실현될 수 없는 것일 때, 논리적으로는 '신에게 있어서는 모든 것이 가능하다'고 하는 것이 절망한 자의 궁극적인 가능성으로 되는 것은 이해될 수 있을 것이다. 키르케고어의 '신앙'의

가능성에 메이야수가 동의하지 않는다 하더라도, 메이야수도 역시 '참된 상'의 실현 조건을 신의 존재에 맡기고 있는 것이다.

그러나 '참된 상'의 가능성의 조건을 캐물어나가면, 하나의 딜레마에 부딪친다. 그것을 '망령의 딜레마'라고 메이야수는 부른다. 여기에 놓여 있는 것은 종교와 무신론의 두 입장에서 나타나는 절망의 이율배반이다.

(1) 종교의 입장은 신의 존재를 긍정한다. 만약 정말로 신이 존재한다면, 신은 망령에게 정의와 내세를 약속할 수 있다. 그러나 동시에 전능한 신이 생전의 그들을 돌보지 않은 것은 문제로서 남는다.

(2) 무신론의 입장은 신의 존재를 부정한다. 무신론자는 비명의 죽음을 방치하고 허용한 신을 허락하지 않는다. 그러나 신이 존재하지 않는다면, 망령에게 정의와 내세는 약속될 수 없다. 즉, 망령이 언젠가 다시 한 번 살아갈 가능성은 없어진다.

종교도 무신론도 각각 신의 존재에 대해 타당한 견해를 말하고 있다. 그러나 어느 쪽 입장을 선택한다 하더라도 결국은 '절망'밖에 남지 않는다. 우리에게 남겨지는 것은 '망령을 생겨나게 한 신에게 절망하는가' 아니면 '망령의 내세에 절망하는

가', 요컨대 '이것인가 저것인가'이기 때문이다. 이리하여 '참된 상'의 가능성은 막혀버리게 된다.

그러면 어떻게 하면 '망령의 딜레마'를 해소할 수 있을 것인가? 다시 말하면 어떠한 조건이 신의 존재를 둘러싼 절망의 이율배반을 회피할 수 있게 해주는 것인가? 그 조건은 종교와 무신론의 양자택일일 수 없다. 그것은 '신의 부재'라고 메이야수는 말한다.

신의 부재

'망령의 딜레마'를 해소하기 위해서는 (1) 죽은 자의 부활 가능성, (2) 신이 현실로 존재하지 않는다는 두 가지 조건을 동시에 만족시킬 필요가 있다. 그렇다면 '신은 아직 존재하지 않지만, 머지않아 신은 도래한다'라는 언명만이 '망령의 딜레마'를 해소하는 길이라는 것을 알 수 있다. 즉, 메이야수에게서의 '신의 부재'란 신이 존재하지 않는다는 것뿐만 아니라 머지않아 신이 도래할 수 있다는 것도 의미하는 것이다. 도래해야 할 신은 현세의 (지금까지의) 참사와는 아무 관계가 없음과 동시에, 비명의 죽은 자들에게 정의와 새로운 삶의 가능성을 가져다 줄 것이다.

그런데 점차로 우리는 우연성의 적극적인 의미를 끄집어내는 지점에까지 다가가고 있다. 우연성에 저항하는 것이란 우연성의 필연성을 통찰하는 것만이 아니다 — 우연성의 필연성이 '도래해야 할 신'과 결부되어서야 비로소 우리는 우연성의 참된 의미를 우리 것으로 하는 것이다.

> 무신론자라는 것은 단지 신이 존재하지 않는다고 주장하는 것만이 아니라 신은 존재할 수 없다고까지 주장하는 것이며, 신앙하는 자라는 것은 신의 본질적 존재l'essentielle existence를 믿는다는 것이다. 그렇다면 신의 부재라는 주장이 그러한 양자택일에 대항하기 위해서는 양상이라는 관점에서 논쟁을 걸지 않으면 안 되게 된다. 왜냐하면 신은 가능하다……고 주장하는 것이 문제이기 때문에, 과제는 신과 필연성(신은 존재해야만 하든가, 신은 존재해서는 안 되든가) 사이에 놓여 있는 무신론과 종교의 연대를 폭로하고, 신을 잠재적인 것(신은 존재할 수 있다)에로 결부시키는 것이다. (메이야수, 2018, 84-85쪽)

무신론자와 신앙하는 자는 둘 다 '필연성'의 양자택일 — 신은 존재해서는 안 된다 / 신은 존재해야만 한다 — 에서 신의 존재론을 전개하지만, 이러한 양자택일이야말로 '망령의 딜레마'를 결과로 지닌다. 신의 '필연성'에 대항하는 것은 신의 '우연성'이다. 즉, '신은 가능하다'고 함으로써 '망령의 딜레마'는 해소된다.

그러나 신에게 존재하도록 강요할 수는 없다. 우리의 강제력을 초월해 있는 것이 '우연성'의 의미이기 때문이다. 요컨대 다음과 같다. 신은 존재할 수 있다, 그러나 우리의 의도와는 무관계하게 말이다. 도래해야 할 신은 우연적인 까닭에 억제 불가능하다. 어느 날 갑자기 신이 존재하기 시작하는 그러한 일이 일어날 수 있을까? 논리적으로는 가능하다고 메이야수는 생각한다.

하이퍼카오스의 논의를 상기해보자. 하이퍼카오스는 어떠한 규칙도 없이 무차별한 "전능성"이었다. 물론 그 "전능성"은 하이퍼카오스가 자신에게 부과하는 조건에 의해 일정 정도는 약화되어 있다. 따라서 메이야수는 '무모순율'과 '있다'의 필연성을 도출할 수 있었다. 그러나 동시에 사변적 이성은 당연히 다를 수 있는 가능성의 절대성에 동의했을 것이다. 모든 사물과 그것들을 규정하는 법칙은 변화할 수 있다. 아무런 의도도 없이 세계가 다르게 될 수 있는 것의 절대성을 이성은 적극적인 앎으로 간주하는 것이다. '이때 신은 어떠한 법칙에도 따르지 않는 카오스의 우연적이고 영원히 가능적인 효과effet로서 사유되어야만 하게 될 것이다.'(같은 책, 91쪽)

그런데 메이야수에 따르면 '불사란 삶에 대한 철학적 욕망이다.'(Harman, 2011a, p. 237) 그것은 이 삶을 몇 번이라도 살고 싶다는 욕망이며, 다름 아닌 이 삶이야말로 불멸이었으면 하는 절망이기도 하다. 확실히 종교도 불사를 욕망하지만, 그것은 어디까지나 신앙이라는 비이성적인 작용을 통해서이며, 신앙주의는 우리의 존재를 바깥쪽으로부터 한계짓는 "전적인 타자"의 존재를 용인한다. 니체는 그리스도교 도덕에서 삶의 퇴폐의 징후를 간취하고, 강자가 아니라 약자야말로 올바르다고 간주하는 전도된 노예 도덕을 혐오했지만, 불사의 사상(='영원회귀')도 이 삶에 대한 긍정의 감각과 함께 바라질 때는 적극적이고 건강한 것이 된다. 그리고 '사실론성의 원리'에 따르자면 육체의 부활은 논리적으로 가능한 것이다.

주의해야 하는 것은 정의란 '강자의 논리'가 아니라는 점이다. 정의는 바로 비명의 죽음을 이룬 자를 위해서 있다. 바로 누구나 다 평등하게 삶의 우연성과 불사에 대한 욕망 사이에서 존재하기 때문에, 비명의 죽음은 가장 불평등한 것이 되는 것이다.

따라서 인간성을 발휘하는 자, 모든 이성적 존재자에게 평등하게 공유되어 있는 조건의 넘어서기 어려운 성질에 생각이 이르는 자는 우리의 삶이 다시 시작되는 것을 바랄 수 있을 뿐이다. 동년배를 쓰러뜨린 사실적인 죽음을 정의는 참고 견뎌

낼 수 있다고 하는 방식으로 말이다. (같은 책, p. 240)

정의는 죽음을 극복하는 것이어야만 한다. 삶과 죽음의 우연
성이 지닌 넘어서기 어려움을 공유한다는 것이 사회적 지위라
는 점에서는 서로 다른 사람들의 평등을 근저에서 뒷받침하고
있다. 살고 죽는 것의 공통성이 인간의 근본적인 평등일 것임에
도 불구하고, 우리의 세계에는 받아들이기 어려운 죽음이 존재
하고, 세계는 많은 망령을 만들어내고 있다. 죽음의 불평등이야
말로 가장 시정되어야 할 부정의인 것이다.

메이야수는 육체의 부활이 실현되는 세계를 '정의의 세계'
라고 부르고, 인간의 부활을 가능하게 하는 정의의 세계만이
부서진 삶의 부정의를 제거하여 **보편적 정의**를 가능하게 한다
고 주장한다(같은 책, p. 239). 그리고 보편성이 보편성이기
위해서는 어떠한 예외도 있어서는 안 되며, 정의의 보편성은
최근의 죽음도 아주 먼 옛날의 죽음도, 잘 알려진 죽음도 이름
없는 죽음도 포함한 모든 부정의의 시정을 요구한다(같은
책, p. 241). 따라서 메이야수는 '상호 주관성'이 아니라 '사물
자체'를 옹호하는 것이다.

따라서 메이야수에게서의 '높이'와 '넓이'의 관계에 대해서
는 다음과 같이 말할 수 있다 — 절대적인 신의 높이만이 보편
적 정의의 넓이를 가능하게 한다고 말이다. 그렇다고 해서

메이야수가 높이만을 생각하고 있는 것은 아니다. 부재의 신이라는 높이를 통해 보편적 정의의 넓이를 사유하는 것이다. 메이야수가 '상호 주관성'이 아니라 '사물 자체'에 집착하는 이유, 그것은 한 마디로 말하자면 참된 넓이는 절대적인 높이에 의해서만 가능하기 때문이다. 우리가 어느 정도 상호 주관적인 합의를 만들어냈다 하더라도, 과거에 처참한 죽음을 거둔 망령들이 구원되지는 않는다. 우리가 그 죽음에 대해 (지금까지도 그리고 지금부터도) 알지 못하는 망령들은 산자의 합의에 의해서는 어떻게도 할 수 없다. 메이야수 사상의 중심적인 모티브를 나는 그렇게 받아들이고 있다.

메이야수에게서의 '신'은 신앙에 의해 믿어지는 '종교의 신'이 아니라 사변적 추론에 의해 통찰되는 '이성의 신'이지만, '바로 신은 존재하지 않기 때문에, 신을 믿는 것'(같은 책, p. 287)이라는 역설적인 테제도 역시 장래의 어떤 시점에서 갑자기 세계의 법칙이 변할지도 모른다고 하는 이성적 통찰에 근거지어져 있다. 그러나 모든 것이 변할지도 모른다면, 새로운 세계에서 인간이 지금까지 그래왔듯이 육체와 정신을 지닌 인간으로서 존재하는 것인지도 알 수 없게 된다. 따라서 사실은 메이야수가 도달한 '도래해야 할 신'의 특성도 현 단계에서는 불명료한 부분이 많다고 말할 수밖에 없다.

내가 희망을 가질 수 있다 하더라도, 내게는 도대체 무엇을 바라는 것이 가능한 것인가? 지금 새롭게 구하고, 사랑할 수 있으며, 모방할 가치가 있을 그와 같은 신이란 무엇인가? …… 이 미래의 내재적인 신은 인격적인 것이어야 할까, 그렇지 않으면 '조화harmonie' — 산 자와 죽은 자, 그리고 되살아난 자들의 평온한 공동체 — 이어야 할까? 우리는 이러한 다양한 물음에 대한 정확한 응답이 생각될 수 있으며, 무신론뿐만 아니라 신학théologie과도 손을 끊은 사유의 본원적 체제를 규정한다고 믿고 있다. 지금부터 구축되어야 할, 인간과 인간에게 매달리는 자들의 새로운 유대를 직조하게 될 그와 같은 신론divinologie을 말이다. (메이야수, 2018, 91-92쪽)

도래해야 할 신에 대해 결정적인 것은 말할 수 없다 하더라도, '부재하는 신'의 가능성만이 '망령의 딜레마'를 해소한다. 거기에 어느 정도 불명료함이 놓여 있다 하더라도, 보편적 정의를 실현하기 위해서는 이러한 논리적 가능성밖에 없다. 이것이 메이야수의 내기판인 것이다.

삶은 절대적인 우연성에 끊임없이 노출되어 있다. 그러나 바로 그렇기 때문에 거기에 희망도 있는 것이 아닐까? 우연의 변덕은 우리를 곤혹스럽게 만들지만, 철저하게 생각함으로써 우연성을 내 것으로 만들고 그것을 길들일 가능성은 확실히 존재하는 것이다.

논리적 가능성은 실존의 희망이 될 수 있을까?

위에서 살펴보았듯이, 메이야수의 '사변적 유물론'은 상관주의의 논리를 철저하게 함으로써 상관주의를 넘어서고자 한다. 강한 상관주의의 이성은 넘어서기 불가능한 사실성에 의해 자기 자신의 한계를 깨닫게 되지만, 사변적 이성은 동일한 사정을 적극적 통찰로 간주함으로써 우연성의 필연성이야말로 절대적인 것이라고 선언한다. 이 절대자는 '하이퍼카오스'라고 불리며, 그로부터 '수학의 길'과 '도래해야 할 신의 길'이 열린다. 이 책은 특히 후자의 길에 빛을 비추었다. '망령의 딜레마'를 해소하는 조건은 죽은 자의 부활 가능성과 신이 현실로 존재하지 않는 것이다. 따라서 부재하는 신만이 딜레마를 해소하고 보편적 정의를 실현한다고 메이야수는 말한다.

그런데 나는 메이야수의 논의에 대해 두 가지를 말해두고자 한다. 하나는 상관주의 비판에 대한 것인데, 관념론의 입장에서 그 타당성을 이제 한 번 검증해보고 싶은 것이다. 또 하나는 멜랑콜리스트가 메이야수 철학으로부터 무엇을 끄집어낼 수 있는가에 대한 것인데, 철학의 논리적인 가능성과 실현의 관계에 대해 생각해보고 싶은 것이다.

우선 첫 번째 점에 대해 이야기하자면, 상관주의는 사변적 유물론에 있어 — 또한 사변적 실재론 전체에 있어 — 긴요한 개념 가운데 하나이지만, 그 내실은 분명히 다의적이다. 칸트 철학이 그 중심 모델이지만, 변주 형태로서 피히테, 헤겔, 니체, 후설, 하이데거, 비트겐슈타인, 들뢰즈 등, 다채로운 철학이 포함된다. '사유와 존재의 상관성에만 접근하는 철학'이라는 정의에는 한층 더 많은 철학이 포섭될 것이다.

물론 지금까지의 철학의 존재방식에 대해 일정한 통찰을 제공한다는 점에서 메이야수의 상관주의 비판은 성공하고 있다. 그 목적에 비추어보면, 다양한 철학이 상관주의라는 개념 아래 함께 묶이는 것 자체는 확실히 문제가 아니다. 여기서 생각해보고자 하는 것은 상관주의 철학의 적극적 측면이다. 즉, 칸트와 후설의 초월론적 관념론 진영이 상관주의 입장을 (방법적으로) 취한 이유를 제시해보고 싶은 것이다.

초월론적 관념론의 가장 중심적인 동기는 주객일치의 인식 문제에 대한 해명에 놓여 있었다. 주관은 객관에 적중할 수 있는가? '나'는 대상 그 자체를 파악할 수 있는가? 이 물음을 소박하게 긍정하는 것이 소박실재론이지만, 칸트와 후설은 객관 그 자체를 참조할 수 없다고 주장한다. 데카르트가 '방법적 회의'에서 보여주었듯이 — 인식론적으로 엄밀한 의미에서는— 주관과 객관의 일치를 증명할 수 없다. 어떠한 메타 인식도 '나'의 인식이며, '나'는 '나'의 인식 바깥으로 나올 수 없기 때문이다. 요컨대 '나'는 '나'의 외부로부터 '나'의 인식의 타당성을 검증할 수 없는 것이다.

그렇다면 모든 인식은 '나'의 인식일 수밖에 없는 것일까? 이래 가지고서는 상대주의로 되고 만다. 반대로 '나'가 자신의 인식의 올바름을 억지로 단정하면, 인식의 복수성을 무시하게 된다. 경우에 따라서는 절대적인 올바름을 둘러싼 심각한 이설들의 대립이 일어날 것이다. 교조주의도 어쩔 수 없는 것이다.

상대주의도 교조주의도 아닌 방식으로 보편 인식의 가능성을 어떻게 확보할 것인가? 또는 이렇게 말할 수 있다— 신념 대립을 조정하면서 상호 주관적인 확증을 창출할 가능성은 있는 것일까? 이것이 초월론적 관념론의 근본 문제이며, 이 문제를 원리적으로 해명하기 위해 칸트는 이성의 가능성과 한계를 확정하고, 후설은 현상학적 환원의 필요성을 이야기했던 것이다.

따라서 초월론적 관념론의 입장에서 보면, 사물 자체의 인식 가능성의 부활은 사물 자체를 둘러싼 이설의 대립을 귀결로 지니는 것이 아닐까 하는 것이 강하게 염려되는 것이다(이와우치岩内, 2019 참조). 간단히 말하자면, 위험이 있기 때문에 일부러 금지했던 것을 사변적 유물론은 겁 없이 다시 한 번 하려고 하는 것으로 생각할 수 있는 것이다. 칸트와 후설은 주객일치의 인식 문제에 대한 해명이라는 철학적 과제를 자각적으로 받아들였던 것이며, 그들이 상관주의 입장을 채택한 것에는 깊은 이유가 놓여 있다. 그렇다면 상관주의를 그만두고 다시 한번 사물 자체를 인식하고자 하는 것에는— 설령 그것이 소박 실재론이 아니라 하더라도— 이설의 대립이라는 철학적 위험이 존재한다는 것을 염두에 둘 필요가 있을 것이다(물론 다양한 사고방식이 있는 것은 좋은 것이지만, 다양한 사고방식이 있는 것만으로는 철학은 앞으로 나아갈 수 없다).

그러나 여기서 근대철학이 만들어낸 '넓이'(상호 주관적 보편성)의 대가로서 인간은 '높이'를 상실했다고 하는 사실에 대해 사상이 대항할 수 있을 것인지 물을 수 있다면, 반드시 그렇다고는 말할 수 없으며, 그 과제는 현대철학에로까지 미루어져 있다. 내가 메이야수의 상관주의 비판에서 느끼는 '새로움'은 바로 이 점에 관계된다.

메이야수가 되찾고자 하는 "거대한 외부"란 우리가 상실한 높이가 아닐 수 없다. 따라서 상관주의 비판은 높이의 상실을 자각하고 있지 못한 것에 대한 비판을 포함한다. 멜랑콜리스트는 정말로 넓이만으로 살아갈 수 있을까? 누구나 공유 가능한 의미와 가치가 있다고 해서, 그것이 초월성을 만들어내고, 멜랑콜리스트의 사는 보람으로 연결되는 것일까?

앞에서 보여주었듯이 인식론적으로는 문제를 포함한다 하더라도 메이야수가 제기하는 물음이 현대에 살아가는 자의 실존 감각에 호소하는 것은, 타자와의 무난한 연결만으로는 살아갈 가능성을 발견할 수 없으며, 대화를 통해 상호 이해를 획득할 수 있다 하더라도 '그것이 도대체 무엇이 될 것인가?'라고 멜랑콜리스트가 생각하기 때문이 아닐까? '상호 주관성이 아니라 사물 자체로'라는 테제가 바로 멜랑콜리스트의 욕망 상황을 대변하고 있기 때문에, 인식론적으로는 의문이 남으면서도 나는 메이야수의 변명에서 모종의 설득력을 느끼는 것이다.

다음으로 두 번째 점에 대해 이야기하자면, 멜랑콜리스트가 메이야수의 철학으로부터 이끌어낼 수 있는 것은 무엇일까? 메이야수는 우리에게 어떠한 가능성을 주는 것일까? 그것은 메이야수가 높이를 '신앙의 담론'이 아니라 '이성의 담론'에서 탐구하고 있다는 것에 관계된다. 거기서 이성적으로 획득된 가능성은 욕망의 상황을 변용시킬 수 있을 것인가라는 중요한 물음을 발견할 수 있는 것이다.

19세기 러시아의 작가 톨스토이는 『참회』(1879–82년)에서 자신의 구제하기 어려운 고뇌를 다음과 같이 정리하고 있다.

나의 삶은 정지했다. 호흡한다든지 먹는다든지 마신다든지 잔다든지 하는 것은 할 수 있다. …… 하지만 거기에는 이미 참된 의미의 삶은 없었다. 왜냐하면 이것을 충실하게 해주는 것이 합리적이라고 생각되는 그러한 희망이 없었기 때문이다. 설사 무언가를 바라는 것과 같은 것이 있다 하더라도, 그 희망을 성취한 곳에서든 성취하지 못한 곳에서든 결국 아무것도 이루어지지 않는다고 하는 것이 내게는 새삼스럽게 분명해져 있었다. (톨스토이, 1961, 27쪽)

재산, 지위, 가족, 사회적 명성……. 삶의 일반적 욕망을 실현한 대작가 톨스토이의 마음에는 그럼에도 여전히 견디기 어려운 허무가 자리 잡고 있다. 희망이 성취된 곳에서 그것이 아무것도 아니라는 것이다. 성취하든 성취하지 못하든 마음의 허무는 깊어질 뿐인 것이 아닐까? 살아갈 수는 있다. 그러나 그저 살아갈 뿐인 것에 무언가 의미가 있는 것일까? 고뇌하는 만년의 톨스토이에게는 니힐리즘과 멜랑콜리가 병존하고 있다.

이성은 최후까지 톨스토이를 구원하지 못했다. 이성이 통찰하는 유한과 무한의 추상적인 논리 관계에서는 톨스토이의 실존이 움직이지 않는 것이다. 구체적이고 확실한 촉감이 — 가지이 모토지로가 레몬의 '무게'에서 찾아낸 것과 같은 — 이성적 추론에는 결여되어 있다. '나'의 삶은 유한하며, 신은 무한하다. 논리적으로 생각하면, 무한한 지고 존재인 신에게서 '나'의 절망도 구원되어야 할 것이다. 그러나 그와 같은 관계는 실존의 희망일 수 없다고 톨스토이는 토로한다.

결국 톨스토이에게서의 빛은 민중의 신앙심이었다. 신의 존재 증명을 둘러싼 난해한 스콜라적인 논의와는 무관계한 곳에서 신에게 기도를 올리는 사람들이 있다. 세계가 이성적인 동시에 개념적으로 파악되면 될수록 그 내실이 공허하다는 것을 깨달은 톨스토이의 눈에는 직접적인 동시에 성실한 신앙심이 오히려 새로운 가능성으로서 비쳐졌다. 그러한가, 이치 없이 믿을 수도 있는 것인가 — 민중의 신앙심은 톨스토이에게 카타르시스를 가져다준다.

그런데 절대자와의 관계에서의 구원이라는 점에서 메이야수는 키르케고어나 톨스토이와 동일선상에 있지만, 신앙에 대해 이성을 사수하고자 한다는 점에서 그들과는 구별되어야만 한다. 논리적인 가능성이야말로 실존을 해방한다고 메이야수는 말하는 것이다.

확실히 메이야수는 신의 존재를 요청한다. 그 사실에서 무언가 유럽 지역적인 것(메시아 구원)을 읽어내는 것은 어렵지 않을 것이다. 그러나 메이야수는 마지막까지 신앙주의를 경계하고 있다. 신은 우연성의 필연성이라는 원리로부터 논리적으로 도출되는 것이지 신앙을 매개로 하여 신과 마주하는 것이 아니다. 요컨대 생각하는 것의 가능성을 방기하지 않는 것이다.

이러한 태도를 멜랑콜리의 맥락에서 생각해보자. 그렇게 하면 다음과 같은 식으로 말할 수 있다. 욕망이 움직이기 어렵게 된 멜랑콜리스트는 생각하는 것을 포기하여 **동물화의 가능성**을 지닐 뿐인 것인가 아니면 생각함으로써 실존의 새로운 가능성이 개시되고 다시 한 번 인간적 정동이 도래할 수 있는 것인가, 그것이 문제로 되는 것이다.

멜랑콜리스트에게 있어 동물화는 하나의 매력적인 가능성이기는 하다. 자기의 존재를 잊어버리고 꿈속에 있는 가운데 대상을 탐내는 것, 이것이 동물화의 본질이기 때문이다. 고쿠분 고이치로가 말하듯이 '지루함의 운명을 강하게 짊어진 인간적인 삶. 그러나 거기에는 인간다움으로부터 달아날 가능성도 남아 있다. 그것이 "동물로 되기"라는 가능성'(고쿠분國分, 2011, 333쪽)이다(「에필로그」에서 자세히 볼 수 있지만, 고쿠분 자신은 무조건 동물화를 칭찬하는 것이 아니다).

하지만 동물화라는 가능성 내부에서는 결국 우리가 욕망에 휩쓸리기를 기다릴 수밖에 없다. 어디에 놀이가 있는지는 알 수 없다, 따라서 세계의 다양한 버전에 관여해보자고 말하는 것이다. 그리고 이를 위해서는 사물을 즐기기 위한 지식과 기술이 필요하다(럭비는 규칙을 알면 더욱 재미있다). 동물화 라는 가능성은 아주 멋진 가능성이기는 하지만, 그러나 동시에 일시적이고 미봉적이라는 점은 부인할 수 없다.

　니힐리즘과 멜랑콜리는 인간적인 병이다. 아마도 멜랑콜리스트 원숭이는 존재하지 않을 것이다. 세계를 언어적으로 파악하는 것, 죽음의 관념을 지니는 것, 과거와 미래의 폭넓은 시간성을 살아갈 수 있는 것, 사태의 근거를 통찰하는 능력을 지니는 것, 멜랑콜리란 이러한 조건이 조합되지 않는다면 발병하지 않는다. 따라서 인간적인 것으로부터 달아날 수 있다면, 멜랑콜리는 해결된다. 그것은 옳지만, 인간이 인간적 욕망을 살아가는 존재인 한에서, 그로부터 동물적으로 이탈하는 것만으로는 언제까지나 인간적인 가능성은 계속해서 남으며, 그것이 마음에 걸리는 것이다.

　멜랑콜리스트에게는 인간적으로 살아갈 가능성이 이미 있을 수 없다는 점이 분명하다면, 그것은 그것대로 동물화의 가능성에 내기를 걸 수밖에 없게 된다. 하지만 그럴 수 없는 것이라면, 인간다움을 포기하는 것은 문제를 뒤로 미루는 것일 수밖에 없다.

　메이야수가 '철학하기'의 가능성을 마지막까지 방기하지 않는다는 사실은 멜랑콜리스트의 철학에 전망을 부여한다. 지금부터의 세계에 새로운 '높이'와 '넓이'를 창출할 가능성을 논리적으로 추구하는 길. 이렇게 생각하면 초월적인 것 없이 넓이를 만들어낼 수 있을 것이며, 이러한 장면에 높이의 가능성이 숨겨져 있다. 근대의 처음에 보편적 자유라는 새로운 이념을 향해 인간이 해방되었듯이, 우리는 새로운 실존 철학을 만들어 낼 수 있을 것이다. 이 점에 대해서는 「에필로그」에서 좀 더 생각해보고자 한다.

이후의 사변적 유물론이 단순한 형이상학적 격세유전으로 될 것인가 아니면 새로운 '높이'의 철학으로서 전개될 것인가는 신중하게 지켜볼 필요가 있다. 그럼에도 메이야수가 '부재하는 신'으로까지 더듬어간 궤적은 철두철미 이성에 대한 신뢰에 뒷받침되어 있다. '이성이야말로 생존자의 죄책감을 치유한다' ─ 메이야수의 주장은 그렇게 정리될 수 있을지도 모른다.

제 2 장

인간으로부터 객체로

— 그레이엄 하먼

어느 사이엔가 인간은 인간의 세계에 갇혔다. 인간적 세계의 내부에서 증식하는 니힐리즘과 멜랑콜리는 그 외부의 초월을 필요로 한다. 관념의 안쪽에 머무르는 한, '의미의 무의미화'를 멈출 수 없다. 이성은 허무를 전체화하고, 모든 의미는 허무주의의 전체성에 휘말린다. 그때 우리는 인간적 의미를 초월한 의미를 추구하는 것이다.

하지만 우리는 정말로 자신들의 세계에 갇혀 있는 것일까? 확실히 인간은 지구상의 대지의 대부분에 발을 들여놓고 있다. 모든 빛을 거부하는 깊은 바다에까지 이성의 빛은 도달할 것이다. 그러나 그리하여 세계는 완전히 투명해지는 것일까? 인간에 대한 세계라면 그렇게 될지도 모른다.

인간의 세계를 탐구하는 시대는 끝을 맞이하고 있다. 우리는 인간을 떠나서 객체로 향한다. '객체 지향 존재론'을 제창하는 그레이엄 하먼(1968년생)은 인간에 대해 사물이 어떻게 현상하는가가 아니라 인간과는 무관계하게 존재하는 사물 자체의 구조를 그려내고자 한다. 거기에는 모종의 '높이'에 대한 예감이 놓여 있다. 어떠한 인간도 개입할 수 없는 장소에서 객체는 객체에게 어떻게 마주 향하는가라는 것이 주제로 되기 때문이다.

객체 그 자체의 탐구는 철학의 비판으로부터 시작한다. 철학은 객체를 객체로서 보기를 하지 않았다. 지금까지의 철학은 지나치게 인간적이었던 것이 아닐까? 인간은 인간의 인식이 만들어낸 돔 내부에 거주함으로써 안녕을 얻었지만, 이제 와서 보면 돔 내부의 공기는 정체되기 시작했다. 객체 지향 존재론은 폐쇄된 현대의 돔 천정에 바람구멍을 낸다 ― 그로부터 쏟아져 들어오는 것은 사물 자체의 빛이다.

1. 객체 지향 존재론

사물과 시스템의 자율성

이 장에서는 그레이엄 하먼이 제창하는 '객체 지향 존재론 Object-Oriented Ontology'에 대해 살펴보자. '객체 지향'이란 '객체 (사물)로 방향지어졌다'라는 의미다. 이 개념을 제대로 이해하 기 위해 우선은 현대의 시대감각을 묘사하는 것에서 시작하고 자 한다. 인간 존재와 그 인식과는 무관계하게 그것 자체로 존재하는 '실재'를 사유하고 인식하고자 하는 현대 실재론은 우리의 사회가 직면하고 있는 테크놀로지의 폐해, 특히 AI[Artificial Intelligence]와 인간의 문제와도 깊이 관계되기 때문이다 (니시가키西垣, 2018). 어떻게 그러한 것일까?

예를 들어 AI를 재빨리 개발, 도입한 Amazon이나 Google은 자율적으로 살아 있는 시스템이 되어 인간에 의해 만들어진 시스템 측이 인간을 언제나 보고 있는(관리하고 감시하고 있는) 상황을 만들어냈다. 또한 Facebook은 집적된 방대한 데이터와 이용자의 접근 경향으로부터 이용자의 기호나 아는 사이를 자동적으로 꿰뚫어보는 서비스를 제공함으로써 과학 의 진보를 괴이한 점성술과 같은 것으로 만들어버렸다. 여기에 는 인간에 대한 테크놀로지와 인간으로부터 떠나 자율적으로 자기 증식하는 테크놀로지가 병존한다. Amazon도 Google도 Facebook도 인간을 위해 만들어진 시스템이지만, 시스템의 자율화는— 그것이 본래 인간에 의해 프로그래밍 된 것이라고 하더라도 ─ 시스템이 인간을 보고 있는 리얼리티를 강화하고, 인간이 그로부터 소외되어 있다는 표상을 낳는 것이다.

앞장에서 보았듯이 18세기에 칸트에 의해 세워진 인식의 가능성 조건에 대한 보편적 통찰이라는 철학적 과제는 인간이 사물과 시스템을 보고 있다(인간은 인간의 인식 장치를 통해서밖에 대상을 인식할 수 없다)고 하는 전제를 지닌다. 칸트에게 있어 인식의 가능성 조건은 영국 경험론과 대륙 합리론의 대립, 다시 말하면 상대주의와 교조주의의 대립을 어떻게 조정하여 보편학으로서의 철학을 구상할 수 있을까 하는 인식론상의 역사적 과제와 강하게 결부되어 있다. 무엇보다도 우선 인식의 구조에 대한 해명이 인식들의 대립의 본질에 대한 해명에 있어 불가결했던 것이다. 그 철학적 중요성은 분명하지만, 앞에서 시사했듯이 우리들 사이에는 사물과 시스템 측이 인간을 보고 있지 인간이 그것들을 보고 있는 것이 아니라는 감각도 있다. 이러한 기묘한 감각은 ─ 차이의 체계의 시스템으로서 모든 사태가 원본 없는 사본(시뮬라크르)으로 해소된다고 한 포스트모던적인 예언에 어긋나게 ─ 오히려 사물과 시스템의 실재성을 좋든 싫든 들이대고 있다.

그러나 사실 시스템(자본주의)이 그것 자체로서 자기 준거형의 폐쇄적 장치처럼 돌기 시작하고, 그로부터 인간이 소외된다고 하는 표상 자체는 새로운 것이 아니라 맑스주의로 소급되는 오랜 담론(=물화)이라고도 말할 수 있다. 현대 사회에 사는 우리에게 있어 중요한 것은 단지 시스템으로부터 인간이 소외되어 있다고 하는 오랜 표상이 아니라 시스템AI이 인간의 지능을 넘어서서 세계를 변화시킬지도 모르는 새로운 가능성(=특이점 가설), 요컨대 인간에게는 접근 불가능한 절대적 진리에 AI가 도달하고 인간이 뒤처지게 될 가능성 쪽이 아닐까?

인간에게는 접근할 수 없다 하더라도 미래의 어딘가의 시점에 AI에게는 접근 가능하게 될지도 모르는 사물 자체. 칸트이래로 유럽 철학의 전제가 된 사물 자체를 인식하는 것의 불가능성은 그리하여 기술 혁신의 새로운 전개에 의해 타파될 것일까? 사유와 존재의 상관성으로부터의 탈각, 사물 자체를 인식할 가능성의 탈환, 인간 중심주의의 기각. 현대 실재론은 착실하게 다가오는 AI 시대를 뒷받침하는 철학이라는 측면을 지니는 것이다.

SF 영화에서 자주 볼 수 있듯이 사물과 시스템이 정말로 인간을 지배할 수 있는지는 차치하고, 우리가 사물과 시스템의 리얼리티를 강하게 느끼는 시대에 살고 있다는 것은 의심할 여지가 없다. 하먼이 '객체 지향 존재론'이라는 개념을 공개적으로 사용한 것은 영국의 브루넬대학에서 행해진 1991년의 강의에서인데(Harman, 2010, p. 93), '객체 지향'이라는 개념의 유래가 컴퓨터의 프로그래밍이라는 점도 객체 지향 존재론과 현대의 시대감각의 친화성을 시사한다. 이와 같이 (내용적으로는 참신한) 객체 지향 존재론이 비교적 저항 없이 받아들여지고 있는 것에는 그 나름의 시대적 이유가 있다. 하지만 본래 '사물'이란 도대체 무엇인 것일까?

'사물'의 경험

데카르트가 '정신'의 '사유'에 대해 '사물'의 본성을 '연장'으로 정의한 것은 비교적 잘 알려져 있다. 정신은 생각함으로써 다양한 사물을 대상화하지만, 대상화되는 사물은 공간적인 펼쳐짐을 지닌다. 요컨대 데카르트에 따르면 사물의 본질은 공간의 일부분을 차지하는 것이다.

나아가 사물은 모든 사물과의 물리적 인과 관계에 놓여 있다는 점도 본질적 특징 가운데 하나가 아닐까? 다시 말하면 사물은 다른 사물의 물리적 영향을 받으며, 그 영향 관계는 수학적으로 기술된다. 벽에 컵을 던지면 깨지고, 책상은 PC를 지탱한다. 이 점은 마음과 사물을 대비해보면, 좀 더 분명할지도 모른다(마음은 육체를 매개로 하여 세계에 관여한다).

하이데거의 현상학적 분석을 실마리로 하여 좀 더 고찰을 밀고 나가자. 하이데거는 사물이란 다양한 '염려'에 따라 나타나는 '도구 존재'라고 분석하고 있다. 사물은 단지 공간적인 '연장'으로서 거기에 있는 것이 아니라 우리의 관심에 따라 그 의미를 개시한다. 즉, 사물은 그때마다 특정한 목적을 위해 — 수단성, 유용성, 이용 가능성의 연관으로서 — 그 자신의 '무엇'을 주는 것이다. 하이데거는 세계에 관계하는 존재인 '현존재'(인간)의 짜임새를 '세계 내 존재'라고 부르며, 다음과 같이 쓰고 있다.

> 세계 내 존재란 지금까지의 학적 해석에 따르자면 도구 전체의 도구적 존재에 대해 구성적인 지시들 속에서 비주제적으로 둘러보며 몰입하고 있다는 것, 바로 이것일 뿐이다. (하이데거, 1980, 169쪽)

현존재는 언제나 이미 특정한 관심에 토대하여 세계에 관여하고 있으며, 주위의 세계는 그 관심에 대한 수단—목적의 연관으로서 현상한다. 앞장에서 본 니체와 키르케고어의 논의를 떠올려보면 말하고 있는 것은 그렇게 어렵지 않지만, 지금 한 번 구체적인 이미지를 붙잡기 위해 나의 눈앞에 펼쳐진 현재의 상황을 묘사해보자.

지금 나는 내 방에서 이 문장을 쓰고 있다. 아내가 사준 책상은 심플하지만 튼튼하고, 가로로 간단한 책꽂이를 놓아두고 있는 곳이 마음에 든다. 철학 선생은 철학함에 있어 너무 품질이 좋은 의자를 사용해서는 안 된다고들 말하지만(앉아 있는 마음자리가 지나치게 편해서는 안 되기 때문에), 역시 의자에 앉아 있는 일이 오래기 때문에 나로서는 은밀히 조금 높은 의자를 사용하고 있다(실제로 가끔 잠이 들어버린다). PC의 뒤쪽에서는 스크린에 바싹 달라붙은 모습으로 집고양이 셀러가 자고 있다. PC의 옆에 있는 30센티 정도의 USB 케이블은 스마트폰을 충전하기 위해서는 적당한 길이다. PC에도 스피커가 붙어 있지만, 음악을 들을 때에는 배낭에 들어 있는 고음질의 이어폰을 사용한다. 자주 사용하는 사전들은 손이 닿는 오른쪽 책꽂이에 늘어서 있다. 배낭의 손잡이는 손목시계를 동여매어 놓기에 안성맞춤이어서 나는 언제나 거기에 장인 어른이 주신 손목시계를 매달아두고 있다.

나는 평상시 특별히 의식하는 일 없이 이러한 것들에 친숙해 있지만, 책상, 의자, PC, USB 케이블, 스마트폰, 사전, 이어폰, 배낭, 손목시계와 같은 사물은, 내가 쾌적하게 일을 하기 '위해' 각각이 서로 연관되면서 '……로서' 존재한다는 것을 알고 있다.

일반적으로 우리 주위의 세계는 사물들로 넘쳐나고 있지만, 그러한 사물들은 우리가 사용한다든지 이용한다든지 소비한다든지 하기 위해 존재한다(여기서 고양이 셀러와 대비해보면 사물의 특성을 잘 이해할 수 있다. 앞의 묘사에서 셸러만이 수단성, 유용성, 이용 가능성으로부터 벗어나 있다. 셸러는 또 하나의 관심의 중심인 것이다. 셸러에게 있어서는 스크린 뒤쪽이 낮잠 자기에 알맞은 장소로서 존재한다). 사물은 '나'에게 있어 유용한 무언가'로서' 현상한다. 체험을 반성해보면 누구나 동일한 구조를 끄집어낼 수 있을 것이다.

그러면 사물을 객관적으로 — 요컨대 탈관점화된 방식으로 — 사물 그 자체로서 파악할 수는 없는 것일까? 곧바로 생각되는 것은 자연과학일 것이다. 자연과학은 사물을 그것 자체로서 인식하고 있는 것으로 보인다. 자연과학의 기술에서는 대상이 수학에 의해 정밀하게 규정되기 때문이다. 예를 들어 물H_2O은 수소 원자 둘과 산소 원자 하나가 조합된 것이며, 그 이상도 그 이하도 아니다. 그것을 누가 보더라도 H가 둘에 O가 하나라는 것에 변함이 없을 것이다. 그런 까닭에 자연과학은 모든 관점으로부터 독립해 있는 것으로 생각된다.

그러나 실제로는 자연과학도 특정한 관심 아래 — 예를 들어 비커 속에 들어 있는 액체는 어떠한 원자 배열로 구성되어 있는가라는 관심 아래 — 사물을 기술한다. 그것은 특정한 관점을 전제로 한 기술의 체계인 것이다. 그러나 그 점은 자연과학의 객관성과 모순되는 것이 아니다. 미지의 현상을 객관적으로 수미일관하게 설명하는 것이 본래 자연과학의 관심의 중심이기 때문이다. 자연과학의 객관성의 조건에 대해서는 다음 장에서 상세하게 고찰하기로 하고 앞으로 나아가자.

사물의 의미가 염려 상관적으로 나타난다고 하면, 하이데거의 '염려-도구 존재'라는 도식은 상관주의의 일종이라는 것을 알 수 있을 것이다. 하지만 사물이 '도구 존재'라는 개념으로 남김없이 다 드러날 수 있을까? 달리 표현하자면, 모든 사물이 쓸모가 있는 '도구 존재'로서만 나타나는 것일까? 다음에서 보통은 그다지 경험하지 못하는 사물의 양상을 묘사해보자.

다른 모양의 '사물'의 경험

깊은 밤에 거울을 잠깐 들여다보면 코와 입이 기괴한 구멍으로 보이는 경우가 있다. 어째서 이런 곳에 구멍이 뚫려 있는 것인지 생각하면 얼굴 전체가 터무니없이 그로테스크하게 느껴진다. 평상시 늘 보아서 익숙해져 있을 자신의 얼굴임에도 불구하고 터무니없이 추하고 기괴한 사물로 보이는 것이다. 이것은 얼굴의 일반적인 '의미'가 박탈되고, (사물로서의) 얼굴의 '존재'가 드러나는 경험이다.

보통 우리는 자신의 얼굴을 거울에서 볼 때에 수염이 남아 있지는 않은가, 입 주위에 케첩이 묻어 있지는 않은가, 눈에

황달은 없는가, 앞머리는 단정한가와 같은 관심을 지닌다. 자신의 얼굴을 보는 경우의 관심은 타자의 시선, 건강관리, 미의식 등의 몇 가지에 의해 결정되어 있을 것이다(나르시시즘과 같은 극단적인 예도 있지만 말이다).

깊은 밤에 거울을 가만히 들여다보는 체험은 일상적인 의미를 박탈당한 사물로서의 얼굴을 현재화시킨다. 유사한 체험은 그 밖에도 있다. 예를 들어 변기를 예술 작품으로 한 마르셀 뒤샹의 <샘>과 같이 사물이 삶의 일반적 맥락으로부터 분리된 다른 맥락에 놓이면 초월성의 느낌을 주는 경우가 없을까? 또는 욕망의 상황에 따라서는 — 예를 들어 피로한 정신이 회복을 향하려고 할 때에 — 가로수에서 우주의 불가사의를 엿보는 경우도 있다. 고무지우개를 멍하니 보고 있으면, 마치 사물이 내게 무관심한 것 같은 체험도 한다. 즉, 인간과 사물의 관계의 일반성으로부터 벗어나면 사물의 '높이'가 엿보이는 것이다.

사르트르는 『구토』(1938년)에서 자의식이 비대해진 주인공 앙투안 로캉탱의 '구역질'의 감각을 다음과 같이 묘사하고 있다.

　　이제 생각이 난다. 언젠가 내가 바닷가에서 그 조약돌을 손에 들고 있었을 때 느꼈던 감정이 이제 잘 생각이 난다.

그것은 시큼한, 일종의 구역질이었다. 그 얼마나 불쾌한 것이었던가! 그것은 그 조약돌 탓이었다. 확실하다. 그것은 조약돌에서 손아귀로 옮겨졌다. 그렇다. 그것이다. 바로 그것이다. 손아귀에 담긴 이를테면 구역질과 같은 것. (사르트르, 1994, 20쪽)

본래 사물은 인간에게 사용되어야 할 것임에도 불구하고 로캉탱은 조약돌이 손에 닿아온다고 속으로 말한다. '나'를 중심으로 한 실존의 시선을 사물이 거부하는 것이다. 어디에나 있는 보통의 조약돌이 고독한 실존자에게 접촉해온다. 거기서는 조약돌의 실존이 로캉탱의 실존에 맞버티고 있다. 사물은 그 의미를 박탈당하고 '외설적인 벌거벗은 형태의 덩어리'만이 남는다. 그것에서 그는 현기증과도 유사한 구역질을 느낀다. 로캉탱은 그 구역질을 제대로 설명할 수 없다. 굳이 말하자면, 모든 존재는 필연이 아니라 우연적 존재이며, 이 사실은 절대적인 부조리이고, 그것을 이해하는 자만이 구역질을 느끼는 것이다.

요컨대 다른 모양의 사물에 대한 경험의 본질은 인간과 사물의 관계의 일반성에서 어긋나 사물을 보는 것이다. 깊은 밤의 얼굴의 형태 붕괴든 부조리를 마주하는 로캉탱의 구역질이든 사물이 도구 이외의 방식으로 나타나는 것은 사물이 삶의 일상적 관심으로부터 벗어나는 경우, 다른 관점에서 말하자면

'나'의 관심이 비일상적인 것으로 변용하는 경우다.

여기까지의 논의를 정리해보자. 사물은 단지 연장으로서 거기에 있는 것이 아니라 우리의 관심에 대해 유용한 것으로서 존재한다. 때때로 사물은 다른 모양의 — 미적인, 그로테스크한, 숭고한, 불가사의한, 꺼림칙한, 해방적인, 기괴한 — 일면을 보여준다. 이 경우의 사물에 대한 인식은 인간과 사물 관계의 일반성에서 벗어나 있다. 그러나 그 어떤 경우든 사물의 인간에 대한 관계가 중심이 된다는 점에 변함은 없다. 설사 일상적인 염려로부터 벗어나 사물의 사물성이 현재화하더라도, 어디까지나 '나'에 대해서이며, '나'에게 주어지는 인상과 정동이 거기서의 주제로 되는 것이 통례이다.

그러나 하먼은 사물을 전적으로 다른 방식으로 생각한다.

객체와 인간/객체와 객체

설명해보자. 하먼의 객체 지향 존재론은 놀랄 만한 테제에서 시작한다. 객체와 인간의 관계만이 아니라 객체와 객체의 관계도 대등하게 다루자고 하는 것이다. 이것은 문자 그대로의 의미에서 받아들일 필요가 있다. 하먼은 객체 지향 존재론의 선언을 다음과 같이 쓰고 있다.

이 책의 목적은…… 모든 대상과 그것들이 관여하게 되는 모든 지각적 관계와 인과적 관계를 말할 수 있는 형이상학을 제기하는 것이다. 나는 이 책에서 인간과 대상의 사이에만 관계의 거리가 있다고 하는 칸트 이후의 강박 관념을 물리치고, 솜과 불꽃 사이의 상호 관계가 인간과 솜의 상호 관계나 인간과 불꽃의 상호 관계와 동일한 장에 서 있다고 주장한다. (하먼, 2017, 14-15쪽)

지금부터 살펴보는 객체 지향 존재론은 객체의 형이상학을 제기하지만, 그것은 객체와 객체의 관계와, 인간과 객체의 관계가 동근원적이라고 하는 전제 아래서 고찰된다. 즉, 여기서는 솜과 불꽃의 관계가 인간과 솜이나 인간과 불꽃의 관계와 동일한 수준에서 파악되고 있는 것이다. 따라서 객체를 지향한다는 것은 객체 그 자체로, 그리고 객체와 객체의 관계 그 자체로 향한다는 것을 의미한다. 참신한 생각이다.

현재 퀑탱 메이야수와 레이 브래시어는 사변적 실재론으로 부터 이미 거리를 두고 있고, 하먼의 객체 지향 존재론이 사변적 실재론을 실질적으로 견인하고 있다. 그렇다 하더라도 메이야수의 상관주의 비판이 사변적 실재론의 이론적 지주가 된 이유는 분명할 것이다. 하먼에게 있어서는 인간과 대상의 상관관계를 극복하기 위해, 그리고 사물과 사물의 관계 그 자체로 철학적 탐구를 확장하기 위해 메이야수의 상관주의 비판이 중요한 것이다.

그러나 미리 말해두자면, 하먼과 메이야수는 중요한 점에서 의견을 달리 한다. 메이야수의 사변적 유물론이 "거대한 외부"를 되찾기 위해 상관주의를 철저하게 하는 전략을 취하고 있었던 데 반해, 하먼의 객체 지향 존재론은 상관주의를 거부하고, 사변적 철학을 인간으로부터 사물 측으로 넘겨주고자 한다. 하지만 그럼에도 불구하고— 이 언저리의 사정이 현대 실재론을 알기 어렵게 만드는 것이지만 — 메이야수가 사물 자체에 접근하는 것은 가능하다고 생각하는 데 반해, 하먼은 사물 자체에 대한 직접적인 접근은 불가능하다고 하고 있는 것이다 (Harman, 2011b, p. 171/113쪽). 이처럼 참된 실재를 둘러싸고서 생겨나는 이설의 대립과 혼란을 나는 현대 실재론의 커다란 과제의 하나라고 생각하고 있지만, 그 점에 대해서는 다른 장소에서 상세하게 논의했기 때문에, 이 책에서는 더 이상 다루지 않고자 한다(이와우치岩內, 2019 참조).

하먼의 논의로 돌아가자. 객체 지향 존재론에서의 객체란 무엇인가? 여기서 주의해야 하는 것은 객체는 사물만을 의미하지 않는다는 점이다. 하먼은 객체의 범위에 다이아몬드, 로프, 중성자만이 아니라 군대와 괴수, 네모난 원, 그리고 실재하는 나라와 가공의 나라의 동맹도 포함시키고 있다. 즉, 사물만이 아니라 이론적 대상, 집합적 대상, 자기 모순적인 대상, 이념적 대상, 상상적 대상 등, 넓은 의미에서의 대상이 객체 지향 존재론의 객체에 포섭되는 것이다. 또한 사변적 실재론이라고 듣게 되면, 다루어지는 대상이 모두 실재적인 것처럼 느껴지지만, 실제로는 그렇지 않다. 객체 지향 존재론은 '모든 대상이 똑같이 실재적이라는 것이 아니라 모든 대상이 똑같이 대상이다'(하먼, 2017, 13-14쪽)라는 주장인 것이다.

인간과는 무관계하게 성립하는 객체와 객체의 관계 — 확실히 거기에는 새로운 울림이 있다. 하지만 철학으로서도 정말로 새롭다고 말할 수 있을까? 지금까지의 철학은 객체를 어떻게 생각해왔던 것일까?

해체와 매몰

하먼에 따르면 전통적인 철학의 대부분은 대상=객체를 진지하게 탐구해오지 않았다. 물론 모든 철학은 모종의 방식으로 대상에 관계한다. 인식론, 존재론, 형이상학, 논리학, 윤리학, 미학…… 각각 독자적인 대상을 고찰하고 있다는 것은 틀림없다. 그러나 대상을 대상 그 자체로서 파악하고자 한 철학자는 아리스토텔레스와 라이프니츠 등 일부의 예외를 제외하면 결코 많지 않다. 이것이 하먼의 주장의 요체다. 객체를 소홀히 하는 철학의 유형은 세 가지가 있다. 이하에서 순서대로 확인해보자.

대상을 소홀히 하는 철학의 첫 번째 유형. 대상을 궁극의 실재로서는 지나치게 개별적이라고 보고, 좀 더 심층에 놓여 있는 기초를 생각하고자 하는 철학. 이와 같은 철학은 대상을 '해체하는' 전략을 취한다.

예를 들어 밀레토스학파의 자연철학을 생각해보자. 철학의 시조로 여겨지는 밀레토스의 탈레스는 '만물의 근원은 물이다'고 말했다. 탈레스의 주위에 있는 것은 물뿐만이 아니라 실제로는 무수한 대상들로 넘쳐나고 있었을 것이다. 그러나 자연과학자이기도 했던 탈레스는 다음과 같이 추론한다. (1) 지상은 물 위에 떠 있다. (2) 식물과 동물의 생존에 있어 물은 결여될 수 없다. 따라서 모든 존재의 근본에는 물이 존재하는바, 다시 말하면 '물'은 세계 설명의 제1원리일 것이다.

탈레스의 제자 아낙시만드로스는 우주 그 자체가 무한하다는 사실로부터 제1원리는 질과 양의 두 측면에서 한계가 없고 모든 것을 포괄하는 것이어야만 한다고 생각하고, 제1원리를 '무한한 것(토 아페이론)'이라고 표현한다. 아낙시만드로스는 탈레스가 제기한 '물'은 세계 설명의 원리로서는 명확한 한계를 지닌다고 생각했다. 왜냐하면 만물의 존재를 보편적으로 설명하기 위한 원리는 두 개의 반대 개념의 근본 대립을—예를 들어 '물'과 '불'의 이항대립을— 넘어서는 것이어야만 하기 때문이다. 이러한 이유에서 아낙시만드로스는 만물의 근원을 '무한한 것'이라 생각하고, 스승의 철학을 넘어서고자 했던 것이다.

더 나아가 그 역시 제자인 아낙시메네스는 제1원리를 '공기'라고 생각하고, 세계의 생성을 공기의 응축과 희박화로 설명한다. 아낙시메네스는 사태와 그 변화를 공기의 양적인 변화로 환원함으로써 철학사에서 처음으로 자연주의적 일원론을 제기한 인물이다.

탈레스, 아낙시만드로스, 아낙시메네스, 세 사람의 추론에 공통된 것은 모든 대상의 근본에는 '물', '무한한 것', '공기'라는 원리가 존재한다고 생각하고, 세계의 모든 존재를 원리(키워드)에 의해 설명하려고 하는 태도다. 여기서 주목해야 하는 것은 지금 눈앞에 있는 구체적인 대상은 세계 설명의 원리로서는 지나치게 개별적이라고 간주되고, 좀 더 심층에 존재하는 숨겨진 기초가 탐구되고 있다는 점이다. 구체적인 대상은 고찰로부터 제외되고, 모든 대상의 근본에 놓여 있는 무언가가 탐구된다. 하먼은 이러한 철학을 '대상'을 아래로부터 해체하고 있다고 하여 비판하는 것이다.

다음으로 대상을 소홀히 하는 두 번째 유형. 이 철학은 역으로 대상 그 자체를 너무나도 심원한 것으로 간주하고, '대상이란 무익한 가설인바, 나쁜 의미에서 한 마디로 말하기 어려운 것이다'(하먼, 2017, 23쪽)라고 결론을 맺는다. 따라서 대상을 분석하기 위해서는 그것을 다른 대상과의 관계성 — 의식에 나타나는 대상이나 다른 대상과의 영향 관계에서의 대상 — 으로 환원할 필요가 있다. 대상에 대해 무언가를 알기 위해서는 그것을 눈에 보이는 영향 관계 안으로 집어넣을 필요가 있다고 하는 것이다 — 이것은 대상을 '매몰하는' 전략이다.

하먼에 따르면, 대상을 매몰하는 철학에는 메이야수가 상관주의로서 비판한 철학과, 하먼이 '관계주의'(다른 대상에 영향을 주는 한에서 그 대상을 실재적이라고 간주하는 철학)라고 부르는 화이트헤드나 브루노 라투르의 철학 등이 포함된다. 이하에서는 영국 경험론의 흄을 예로 들어 생각해보자.

흄은 과학이 '경험'과 '관찰'에 기초해야 한다고 생각했다. 이와 같은 사고방식은 '경험주의'라고 불린다. 과학에서 사용되는 어떠한 개념도 생득적인 것일 수 없으며, 경험으로부터 구축된 것이다. 간단히 말하면, 인간의 인식은 모두 인상의 다발이다. 흄은 다음과 같이 쓰고 있다.

인간의 마음에 나타나는 모든 지각은 두 개의 서로 다른 종류로 나누어진다. 나는 그 한편을 '인상', 또 한편을 '관념'이라고 부르기로 한다. 이들 두 가지 사이의 차이는 그것들이 마음에 작용하고 사유 또는 의식의 내용으로 될 때의 강도와 생생함의 정도의 다름에 놓여 있다. 대단히 기세 좋고 격렬하게 들어오는 지각을 인상이라고 이름 짓더라도 지장이 없을 것이다. 그리고 나는 마음에 처음으로 나타날 때의 감각, 정념, 감동의 모두를 이 명칭으로 포괄하고자 한다. 또한 관념이라는 말로는 사유와 추론 시에 강도가 없는 그러한 심상들을 제시하는 것으로 한다. (흄, 2010, 12쪽)

흄은 감각, 정념, 감동 등의 '인상'과 사유와 추론 등의 '관념'을 구별하고, 더 나아가 계속해서 각각 '단순한 것'과 '복잡한 것'으로 구별하고 있지만, '처음에 나타날 때의 단순 관념은 모두 그것에 대응하고 그것이 정확히 재현하는 단순 인상에 기인한다'(같은 책, 15쪽)는 사실이 중요하다. 요컨대 어떠한 복잡한 인식의 단서에도 반드시 인상이 존재하며, '실체'와 '본질' 등의 개념, 나아가서는 물리적 인과 법칙조차도 궁극적으로는 경험으로부터 습관적으로 구축된 것이라고 주장하는 것이다.

따라서 대상은 색, 광택, 크기, 딱딱함 등의 인상들로부터 통일적으로 구축된 것이게 되고, 대상 그 자체를 통째로 파악하고자 하더라도 쓸데없는 노력이게 된다. 대상이란 의식에 주어지는 인상의 다발로 환원해서야 비로소 고찰 가능하게 되는 그러한 무언가인 것이다. 흄처럼 대상을 (인식자와 대상의) 관계성으로 환원하는 철학은 대상을 위로부터 매몰하는 철학이라고 하여 하먼은 비판한다. 이 경우 본래 대상이 숨겨가지고 있는 고유한 실재성은 인식자나 다른 대상과의 관계성에 의해 다 드러나게 된다.

마지막으로 대상을 소홀히 하는 철학의 세 번째 유형. 그것은 '유물론materialism'이다. 일반적으로 유물론과 실재론은 궁합이 나쁘지 않기 때문에, 사변적 실재론의 대표적 논자인 하먼이 왜 유물론에 반대하는 것인가라고 의문을 제기하는 사람도 많을 것이다. 유물론이 사물의 실재를 주장한다면, 하먼의 주장과의 어긋남이 생기는 것은 어디서일까? 하먼은 다음과 같이 말하고 있다.

> 유물론은 대상을 해체함과 동시에 매몰하고, 실제로는 성질의 집합에 지나지 않는 궁극적 요소[의 모임]로서 다루게 된다. 이 점에서 유물론은 대상을 제1의적인 범주로서 인정하지 않는 모든 철학의 기본적인 몸짓을 반복하고 있는 데 지나지 않는다. (하먼, 2017, 28–29쪽)

대상은 원자로 구성되어 있다고 주장하는 원자론atomism을 예로 하여 생각해보자. 원자론은 우선 개별적인 대상으로부터 원자로 고찰의 차원을 심화시킴으로써 대상을 아래로부터 '해체'할 것이다. 왜냐하면 대상 그 자체는 학적으로 고찰할 만한 가치가 없으며, 좀 더 깊은 차원에 존재하는 '원자'가 세계 설명의 제1원리로 되기 때문이다. 그러나 원자 그 자체에 시선을 돌리면, 원자는— 그 자신도 하나의 '대상'처럼 말해지고— 성질들의 다발(딱딱함과 저항)로 구축되어 있다. 따라서 원자라는 대상은 위로부터 '매몰'되어 있는 것이다. 즉, 원자론에서 대상은 해체되는 동시에 매몰된다. 해체와 매몰의 양쪽을 사용하는 것이 유물론인 것이다.

세 가지 유형의 어느 것이든 모두 다 개별적 대상을 2차적인 것으로 하고 있다. 철학은 지금 눈앞에 있는 바로 이것을 무시하고 어느 경우에는 대상을 해체하고, 또한 어느 경우에는 대상을 매몰하고, 나아가 바로 그 두 가지를 동시에 수행하는 철학마저 존재한다. 철학사에서 객체는 언제나 등한시되어 왔던 것으로 보인다.

그렇다면 다음과 같이 될 것이다. 하먼이 객체를 지향할 때, 거기서 목표로 하고 있는 것은 모든 개별자를 보편적으로 관통하는 세계의 근본 원리를 탐구하는 것과, 여러 대상에 공통된 유개념과 본질을 확정하는 것이 아니다. 나아가서는 객체가 인간에 의해 어떻게 구축되어 있는가에 대한 해명도 아니다. 객체를 객체 그 자체로서 존중하는 것 — 이것이 객체 지향 존재론의 근본 명제인 것이다.

많은 특성을 보여줌과 동시에 숨기는 단위이기도 한 대상은 그 자체가 대상성과 성질 사이의 투쟁의 현장이어야만 한다. 치바 마사야가 '객체 각각의 절대로 불식될 수 없는 고독'(치바 千葉, 2018a, 81쪽)이라고 말하는, 결코 다 드러날 수 없는 대상의 지평 — 거기에는 객체에 대한 두려움과 배려가 병존하고 있다.

2. 쿼드러플 오브젝트

관념론과 실재론

관념론과 실재론의 기본적인 성격에 대해서는 앞장의 서두에서 간단히 언급해두었다. 다시 한 번 확인하자면, 실재론이 존재는 인간의 인식에서 독립하여 존재한다고 주장하는 데 반해, 관념론은 존재가 인간의 인식에 의존한다고 주장한다. 그렇다면 인간으로부터 떨어져 객체로 향하는 하먼은 실재론의 입장을 지지하고 있다. 그 점은 사변적 실재론이라는 명칭으로부터도 분명하지만, 하먼의 철학이 실재론에 의한 관념론 비판의 판에 박힌 유형이 아니라는 점에 주의해야만 한다.

여기서는 두 가지 점에 주목하자.

(1) 하먼의 객체 지향 존재론은 후설과 하이데거의 현상학(관념론)을 개조하여 성립했다는 점.

(2) 하먼의 근본 동기는 관념론에 대항하기 위한 — 이를테면 반동사상으로서의 — 대상의 실재성의 옹호에 놓여 있는 것이 아니라 하나의 대상을 구성하는 네 가지 요소 사이의 역학에 대한 해명에 있다는 점.

이 두 가지 점에 대해서는 하먼의 객체 지향 존재론을 구체적으로 검토함으로써 분명히 해야 할 것이다. 그러나 그 전에 일반적인 관념론 비판의 요체를 확인해두고자 한다.

실재론은 무엇보다도 우선 '상식'을 옹호한다. 어떻게 그러한 것일까? 우리가 상식적으로 지니는 감각을 묘사해보자. 예를 들어 도쿄 타워는 시바코엔에, 후지산은 시즈오카현과 야마나시현에 걸쳐 존재한다. 설사 인간이 절멸한다 하더라도, 그것들은 변함없이 존재할 것이다(머지않아 풍화해버릴지도 모르지만). 식탁, PC, 식칼, 화장실 휴지, 전구 등, 집에 있는 다양한 사물은 집으로 돌아올 때에 집을 나설 때 그대로 존재한다(만약 장소가 어지럽혀 있다면, 고양이 셸러가 장난쳤음에 틀림없다고 생각할 것이다). 그것만이 아니다. 고양이도 친구도 선생도 모두 이 세계에 실재하고 있으며, 일본이라는 나라와 맥주 효모도 역시 실재할 것이다. 그것들이 실재하지 않는다고 주장하는 것은 우스꽝스럽다는 직감을 누구나 다 지닌다. 존재는 인간의 인식으로부터 독립하여 존재한다는 명제는 우리의 상식에 합치되는 것이다.

그에 반해 관념론은 상식적인 사물에 대한 견해를 의심하는 데서 시작한다. 가장 상징적인 것은 데카르트의 '방법적 회의'다. '방법적 회의'는 '정신'을 '감각'으로부터 분리하고, 모든 선입견으로부터 사유를 해방하여 명석 판명한 의심 불가능한 근거를 확보하기 위해 수행된다. 요컨대 의심할 수 없는 것을 획득하기 위해 의심스러운 것은 모두 의심해보자는 것이다. 우선 '감각'은 의심스럽다고 데카르트는 생각한다. 환청과 환각, 환영과 착각 등, 감각을 통해 주어지는 것은 '나'를 속일 수 있기 때문이다.

계속해서 데카르트는 다음과 같이 추론한다. 이 현실 세계 전체는 어쩌면 '꿈'일지도 모른다고 말이다. 영화 <매트릭스>의 세계관처럼 현실과 가상현실을 구별하는 근거를 엄밀하게 생각하면, 리얼한 꿈의 가능성을 완전하게는 제거할 수 없다.

데카르트는 수학의 객관성만큼은 의심할 수 없을 것이라고 스스로에게 반문한다. 그러나 여기서 최후의 굳히기가 등장한다 — 교활한 악령이다. 교활한 악령이 사유 작용 그 자체를 왜곡하고 있을지도 모른다. 수학적 사유마저도 미리 왜곡되어 있다고 한다면, 이미 확실한 것은 아무것도 없는 것으로 생각된다. 그리하여 데카르트는 다음과 같은 것을 인정하지 않을 수 없다.

> 내가 이전에 참이라고 생각한 것들 가운데 그에 대해 의심할 여지가 없는 것은 아무것도 없다는 것. 그것도 사려 없음과 경솔함에서 의심하는 것이 아니라 깊이 생각된 이유에서 의심하는 것. 그런 까닭에 무언가 확실한 것을 발견하고자 한다면, 그러한 의심스러운 것들에 대해서도 분명히 허위인 것에 못지 않게 이후에는 주의해서 동의를 삼가는 것. 그러나 그러한 것들을 깨달은 것만으로는 충분하지 않으며, 그것을 기억에 새기도록 배려해야만 한다. (데카르트, 2006, 40쪽)

데카르트는 지적 유희로서 회의를 위한 회의를 행한 것이 아니다. '무언가 확실한 것을 발견한다'는 명확한 목적을 위해 **방법적으로 회의를 수행하는 것**이다. 그리하여 이전에 참이라고 생각한 것은 모두 의심스럽다는 것을 깨닫는다. 후에 근대철학 전체를 규정하게 되는 데카르트의 발견은 무언가를 의심하는 작용 그 자체는 의심할 수 없다는 것이었다. 아마도 철학사에서 가장 유명한 준칙들 가운데 하나인 '나는 생각한다, 그러므로 나는 존재한다'는 이렇게 해서 도출되었다. 결국 데카르트는 코기토의 의심 불가능성과 신의 존재 증명에 의해 일단 상실된 세계를 되찾게 되지만, 그 상세한 내용에 대해서는 더 이상 논의하지 않는다.

그런데 데카르트의 발상이 우리의 상식적인 사물에 대한 견해를 반전시킨다는 것은 분명한 것일까? 실재로서의 사물이 존재하고 그것을 '나'가 지각한다는 순서가 아니라 우선은 '나'의 의식 작용의 의심할 수 없음이 있고 그것이 사물의 존재를 증명해 보인다는 것이다. 이러한 발상을 극단적으로 추궁해가면, 존재는 의식(관념)에 의해 구성된 것이라는 생각이 귀결될 것이다.

하지만 극단적인 관념론자라 하더라도 사물의 실재를 진심으로 의심하는 것은 아니며, 어디까지나 인식론적 맥락의 내부에서 실재성의 조건을 의식의 안쪽으로부터 끄집어내고자 한다는 점에 대해 주의할 필요가 있다. 앞장의 마지막에서 논의했듯이 주객일치의 인식 문제에 대한 해명과 결부된 인식론적 자각은 특히 칸트와 후설의 초월론적 관념론에서 철저하게 되었다. 즉, 교조주의의 논리에도 상대주의의 논리에도 굴복하지 않는 방식으로 보편 인식의 가능성을 확보한다는 근본 동기가 초월론적 관념론을 관통하고 있는 것이다.

그렇다고 해서 사물의 실재성을 의식(관념)으로 환원해서 좋은 것인가— 사물과 의식은 역시 다른 것이 아닌가— 라는 의심을 실재론은 제기한다. 이와 같은 반론이 앞에서 제시한 관념론의 근본 동기에 대한 몰이해로부터 나타나는 경우도 있다(예를 들어 무어, 1960). 인식 문제에 대한 해명과 결부된 관념론의 동기를 받아들이지 않고서 그것을 비판하는 것은 철학적으로 무효이지만, 실재론은 상식 감각에 호소하는 측면을 지니기 때문에 반박하기는 쉽지 않다.

그러나 관념론의 주장 형식만을 가져와서 그것을 일방적으로 비판하는 것이 아니라 관념론의 동기를 어느 정도는 받아들인 데 기초하여 그럼에도 불구하고 여전히 실재론을 주장하는 철학자도 있다. 예를 들어 후설의 환원론에 대한 로만 잉가르덴의 비판이 이에 해당한다. 잉가르덴은 폴란드 출신의 현상학자로 괴팅겐대학과 프라이부르크대학에서 후설에게 배운 초기 현상학파의 한 사람이지만, 그는 인식론에서의 '현상학적 환원'의 유효성은 일정 정도 인정하면서 실재적 세계의 존재론(형이상학)에 대해서는 초월론적 관념론의 한계를 주장한다(우에무라植村, 2009 참조). 인식의 구조를 관념론적으로 고찰한 다음, 실재론으로 돌아오는 것도 가능한 것이 아닐까라고 잉가르덴은 말하는 것이다.

흥미로운 주장이 또 하나 있다. 힐러리 퍼트넘의 '내재적 실재론internal realism'이다(덧붙이자면, 퍼트넘은 '형이상학적 실재론metaphysical realism', '내재적 실재론', '직접적 실재론direct realism'으로 사유 과정에서 자기의 입장을 변화시키고 있다). 퍼트넘에 따르면, 본래 무엇이 사실인지를 결정하는 것은 무엇을 수용하는 것이 합리적인가 하는 것이다. 다만 거기에 불변의 규준은 존재하지 않으며, 합리성은 자연과학의 그것에 한정되지 않는다는 점에 주의해야 할 것이다.

마음이 세계를 모사하는 것도 아니고 마음이 세계를 제작하는 것도 아니다. 그러한 것이 아니라 '마음과 세계는 서로 손잡고 마음과 세계를 제작한다'(퍼트넘, 1994, viii쪽)고 퍼트넘은 주장한다. 즉, 진리에 관한 형이상학적인 견해(마음으로부터 독립한 사실이 유일한 방법으로 기술된 것)와 구축주의적인 견해(인간의 언어 실천에 의해 구축된 것)를 모두 거부하는 것이다.

　　내재주의의 관점에서 '진리'란 모종의 (이상화된) 합리적 수용 가능성rational acceptability — 우리의 신념 상호간의, 그리고 신념과 우리의 경험(다만 그것 자체가 우리의 신념 체계에서 표현되어 있는 것으로서의 경험)의 모종의 이상적 정합성coherence — 이지 마음으로부터 독립하거나 담화로부터 독립한 '사태'와의 대응이 아니다. …… 현실의 사람들이 지니는 다양한 관점만이 존재하는 것이며, 게다가 그것들은 그들의 기술과 이론이 그것에 이바지하는 다양한 관심과 목적을 반영하는 관점인 것이다. (같은 책, 79쪽)

내재적 실재론의 관점에서 진리는 이런저런 신념과 경험에 서로 비추어서 모순 없이 받아들여지는 '합리적 수용 가능성'을 의미한다. 그렇다면 세계를 기술하기 위한 유일한 방법은 존재할 수 없으며, 다양한 관심과 목적을 반영하는 관점과 그 관점 내부에서의 정합성만이 문제로 된다. 요컨대 세계의 존재에 대한 물음은 특정한 이론과 기술 내부에서만 의미를 지닌다고 생각되게 되는 것이다. 따라서 언어(기호)가 그것 자체로서 독립한 대상에 일치하는가 하는 물음(형이상학적 물음)은 무의미하다. 왜냐하면 내재주의자는 언어가 **특정한 사용자의 개념 도식 내부에서는 특정한 대상에 대응**한다고 생각하기 때문이다. 특정한 관심에 토대하여 사태를 기술하기 위한 도식을 도입할 때, 세계는 비로소 대상들로 나누어진다. 대상과 기호는 모두 기술의 틀에 내재적인 것이다.

물론 그렇다고 해서 내재적 실재론이 경험적인 입력을 부정하는 것은 아니다. 마음의 바깥쪽에 실재적 대상이 — 현상을 가능하게 하는 사물 자체처럼 — 무언가의 방식으로 존재한다는 것은 의심할 수 없다. 그러나 참다운 실재와 우리 개념의 대응 관계를 묻는 것은 아무런 소용도 없다. 그것을 확정하는 것은 원리적으로 불가능하기 때문이다. 아무런 소용도 없는 논의를 그만두고, 특정한 이론과 기술 내부에 한정하여 대상과 기호의 대응 관계를 물을 필요가 있다. 관념론—실재론 논쟁은 어느 쪽이 옳은가 하는 것이 아니다. '대상'은 발견됨과 동시에 만들어지기 때문이다.

잉가르덴과 퍼트넘은 사물(실재)이 의식(관념)으로부터 독립하여 존재한다고 소박하게 주장한다든지 하지 않는다. 그들은 종래의 관념론과 실재론의 이항대립 그 자체를 넘어서고자 한다. 어떤 종류의 문제에 대해서는 보편적인 대답이 나오지 않는다는 것을 분명히 하는 것도 철학의 일이라고 한다면, 잉가르덴과 퍼트넘의 실재론적 주장은 우리가 보편적으로 생각할 수 있는/생각해야 하는 영역을 명확히 하는 것의 중요성을 시사하는 것일 것이다. 요컨대 무엇을 생각하면 좋을 것인가에 대해 우선 생각할 필요가 있는 것이다.

그렇다 하더라도 잉가르덴과 퍼트넘의 관심의 중심은 실재(초월)이다. 우리는 의식 작용에 의해 대상을 인식하지만, 실재는 의식 작용을 초월하여 존재한다. 이러한 뒤틀린 상태를 어떻게 생각하면 좋을 것인가 하는 것으로 골치를 썩이고 있는 것이다.

그에 대해 하먼은 대상의 실재성 그 자체에는 그다지 관심이 없는 것으로 보인다. 오히려 문제인 것은 '전형적인 실재론자와 전형적인 관념론자에게는 대상이라는 중간적 수준을 완전히 건너뛰는 공통의 경향이 있다'(하먼, 2017, 53쪽)는 점이다. 전통적인 관념론—실재론 논쟁은 사물과 인간의 관계에 한정되어 있으며, 사물과 사물의 관계를 생각하려고 하지 않는다. 객체를 객체로서 존중하기 — 이것이 하먼의 근본 태도라고 한다면, 그로부터 보이는 객체란 도대체 어떠한 것일까?

현상학과 객체 지향 존재론

하먼은 현상학을 독자적으로 독해함으로써 객체 지향 존재론을 구성한다. 우선은 현상학의 기본적인 윤곽을 그려보자. 20세기 초에 후설이 제창하고 그것을 이어받은 하이데거가 발전시킨 현상학이 '사태 그 자체로'라는 표어를 내건 것은 잘 알려져 있다. 언뜻 보면 '사태 그 자체'='사물 자체'로 생각될 지도 모르지만, 현상학에서의 '사태'란 의식에 나타나는 '현상'을 가리키지 현상을 가능하게 하는 '사물 자체'를 말하는 것이 아니다. 특히 후설 현상학은 의식 체험의 본질을 분석함으로써 탐구는 인식자에 대한 대상에 한정된다. 일반적으로 말해서 현상학은 관념론인 것이다.

그러나 하먼은 이렇게 말한다 ─ '현상학에는 버클리에게서도 또는 헤겔에게서조차 발견될 수 없는 모종의 실재론적인 분위기가 있다는 것은 부정할 수 없다.'(하먼, 2017, 37쪽) 흥미로운 통찰이다. 한편으로 현상학이 관념론이라는 점은 부정하기 어렵다. 메이야수의 개념을 사용하자면, 후설만이 아니라 하이데거조차도 상관주의자이게 될 것이다. 그러나 다른 한편으로 현상학에는 '모종의 실재론적인 분위기'가 있다. 따라서 현상학의 준비된 도구들을 사용하면 객체 그 자체를 분석하는 길이 열리는 것이 아닐까? ─ 다시 말하면, 현상학을 실재론으로 향하게 하는 것은 충분히 가능한 것이 아닐까 하고 하먼은 주장하는 것이다(이것은 앞에서 언급한 현상학적 실재론이라는 잉가르덴의 모티브와도 맞닿아 있다).

나는 하먼의 현상학 해석을 전면적으로는 지지하지 않는다. 특히 후설에 대해서는 반론하고 싶은 부분도 있다. 하지만 이 책의 목적은 하먼의 현상학 해석을 음미하는 것이 아니기 때문에, ─ 또한 하먼이 현상학을 잘못 읽었다 하더라도 그것은 객체 지향 존재론에 있어서 그다지 중요한 문제가 아니기 때문에 ─ 이하에서는 하먼에 의한 후설과 하이데거 독해를 존중하면서 대상성과 성질 사이의 투쟁 현장을 생각해보자.

하먼은 객체를 구성하는 요소를 네 가지로 분류하고 있다. 대상성 측, 성질 측 각각이 '감각적인 것'과 '실재적인 것'으로 나누어지고, 그것들은 '감각적 대상'과 '감각적 성질', '실재적 대상'과 '실재적 성질'이라고 불린다. '감각적 대상'과 '감각적 성질'은 관찰자에 대해 나타나는 대상성과 성질을, '실재적 대상'과 '실재적 성질'은 관찰자로부터 독립하여 존재하는 대상성과 성질을 의미한다.

그런데 '의식의 본질학'으로서 제창된 현상학은 의식에 고유한 성질을 밝히고자 한다. 후설은 그것을 '지향성'이라고 불렀다. 후설은 브렌타노로부터 지향성 개념을 이어받고, 초월론적 현상학에 적용함에 있어 그 의미를 세련되게 다듬었지만, 형식적으로 설명하자면, 지향성이란 의식은 언제나 무언가에 대한 의식이라고 하는 것을 의미한다. 주의해야 하는 것은 주관과 객관이 미리 분열되어 있고 그것들이 인식에 의해 통일된다고 생각하는 것이 아니라, 어떠한 의식 체험도 대상으로 향해 있으며 의식은 의식에 주어지는 그때마다의 나타남으로부터 대상 전체가 무엇인지에 대한 믿음을 만들어낸다고 하는 것이다. 요컨대 의식 체험은 의식 작용(=노에시스)과 의식 대상(=노에마)이라는 두 개의 계기로 구성되어 있으며, 대상은 의식 체험의 내부에 지향적 대상으로서 이미 포함되어 있다고 생각하는 것이다.

따라서 '생각하는 것'으로서의 의식은 '생각된 것'을 스스로의 안에 동반한다. '지각하는 것'에서는 '지각된 것'이, '판단하는 것'에서는 '판단된 것'이, '사랑하는 것'에서는 '사랑받는 것'이 의식에서 지향적으로 통일되어 있다. 일반적으로 이미지화 되듯이 의식이라는 텅 비어 있는 용기에 대상이 내용물로서 들어가는 것이 아니라 의식은 무언가로 향해가는 벡터이며, 그것은 언제나 어떤 무언가에 대한 의식인 것이다. 후설은 다음과 같이 쓰고 있다.

어떠한 경우에도 한편으로 실제적인 노에시스적 내실의 다양한 여건이 있다고 한다면, 반드시 그것에 대응하여 다른 한편으로 그것과 상관적인 '노에마적인 내실' 또는 간단히 '노에마' 속에 참으로 순수한 직관에서 명시될 수 있는 여건의 다양이 있는 것이다. (후설, 1979-84, (II) 107쪽)

어떠한 의식 작용(지향 작용, 노에시스)에도 반드시 상관적으로 의식 대상(지향적 대상, 노에마)이 대응한다. 의식은 의식에 대해 주어진 것을 넘어서서 지향적 대상에로 향하고 있다. 다니 도오루의 표현을 빌리자면, '현출은 언제나 이미 현출자로 향해 이를테면 돌파되고 있다'(다니谷, 1998, 96쪽)는 것이다. 사과를 예로 취하여 생각해보자. 책상 위에 사과가 있다.

사과가 객관적으로 존재하기 때문에 사과의 상이 의식에 주어진다고 생각하는 것이 아니라, 현상학적으로는 사과의 상이 의식에 주어져 있기 때문에 '나'는 사과가 존재한다는 확신을 지닌다는 순서가 된다. 여기서 의식 체험을 반성해보면, (1) 빨강, 둥긂, 반들반들함 등의 감각 소여와 그것들을 지향적으로 정리하는 의식 작용, (2) 하나의 사과라는 의미로 통일된 의식 대상이라는 구조로 나누어 생각할 수 있을 것이다. 이것이 노에시스–노에마라는 지향적 체험의 구조이다.

여기서 주목해야 하는 것은 사과를 한 번에 전면적으로 볼 수 없음에도 불구하고, '나'는 대상을 하나의 사과라고 확신한다는 점이다. 실제로 해보면 곧바로 알 수 있듯이 어떠한 위치에 서 있더라도 사과 전체를 한 번에 보기는 불가능하다. 만약 인간의 신체가 구체이고 그 안쪽이 모두 눈이라면, 대상을 전면적으로 보는 것은 가능할지도 모른다. 그러나 그럼에도 불구하고 여전히 대상이 어떠한 대상인가에 관한 지평은 계속 남으며, 다음의 경험에로 열려 있을 것이다(예를 들어 좀 더 주의 깊게 봄으로써, 또한 다른 사과와 비교함으로써 그 사과의 산지를 특정할 수 있을지도 모른다).

사물의 지각에서 대상은 일면적으로만 주어지며, 전면적으로 주어지는 것이 아니다 — 이와 같은 사물 지각의 본질을 현상학에서는 사물은 '음영'한다고 표현한다. 사과는 보는 각도에 따라 그때마다 다양한 음영을 준다. 의식에 주어지는 사과는 차차로 변화한다. 그러나 그럼에도 불구하고 사과는 하나의 대상으로서 통일되어 있지 않을까? 의식에 주어지는 사과의 상은 시간의 계기와 더불어 변화하지만, 대상으로서의 사과는 하나의 사과로서 동일성을 보유하는 것이다.

물론 경우에 따라서는—예를 들어 뒤편을 보면 갈색으로 색이 변하고 있는 경우—사과의 의미는 썩은 사과로 수정될 것이다. 또는 소재가 플라스틱이라고 판명된 경우, 진짜라고 생각되고 있던 사과가 사실은 복제품이라는 것을 알 수 있다. 그러나 이러한 경우들에서도 의식은 분열한다든지 하지 않고 그때마다 수정을 가하면서 의식 대상은 통일성을 유지하는 것이다.

의식은 노에시스에 의해 끊임없이 노에마를 만들어내지만, 노에마가 (초월적) 대상 그 자체와 완전히 일치하는 일은 있을 수 없다(좀 더 정확히 말하면, 현상학자는 초월적 대상을 에포케epochē하기 때문에, 완전히 일치한다는 발상 자체를 물리친다). 하지만 그때마다의 노에시스-노에마는 움직이기 어려운 의심 불가능성을 지닌다. 이제 의식에 사과가 주어지고 '나'가 그 대상을 진짜 사과라고 확신하고 있다는 것—이것은 의심할 수 없으며, 움직이기 어렵기 때문이다.

앞에서 시사했듯이 나중의 체험으로—경험이 진행됨에

따라 ─ 사실은 사과가 식품 샘플의 복제품이었다고 확신의 내실이 변용하는 사태는 얼마든지 있을 수 있다. 그러면 의식의 의심 불가능성과 사물의 의심 가능성은 어떻게 설명되는 것일까? 그것은 다음과 같이 말할 수 있다 ─ 사물 그 자체가 무엇인가라고 묻는다면, 거기에는 언제나 의심 가능성이 남지만, 그럼에도 불구하고 의식에 이러저러한 것이 그때마다 주어져 있다는 명증은 의심할 수 없다. 초월적 지각(=사물의 지각)에는 의심 가능성이 남지만, 내재적 지각(=지각의 지각)은 의심 불가능성을 지니는 것이다. 따라서 내재적 지각이야말로 인식의 원천이라는 것이 후설 현상학의 요체가 된다.

하먼에 따르면, 이러한 현상학의 발상이 객체에 접근하기 위한 실마리를 준다. 어떻게 그러한 것일까? 그때마다 변화하는 음영과 통일되는 의식 대상, 그러나 의식 대상은 초월적 대상 그 자체에 일치하는 것은 아니다 ─ 하먼은 여기서 '실재론적인 분위기', 즉 의식 대상과 초월적 대상 사이에 가로놓인 심연을 보고 있는 것이다.

후설에게서 객체 ─ 감각적 대상, 감각적 성질, 실재적 성질

상세하게 생각해보자. 하먼은 '의식 대상'을 '감각적 대상'

이라 부르고, '음영'을 '감각적 성질'이라 부른다. 앞에서 말했듯이 하먼의 현상학 이해가 반드시 후설의 의도와 일치하는 것은 아니다. 특히 세계가 객관적인 방식으로 존재하고, '나'도 사물도 타자도 그 세계에 존재한다는 소박한 존재 정립을 차단하는 것(=에포케)을 하먼은 다음과 같이 비판하고 있다.

독립적인 자연계를 철학의 바깥으로 쫓아 보냄으로써 후설이 지불한 대가는 대단히 크다. 자연계를 괄호에 넣는 것은 가차 없는 관념론자의 행동이기 때문이다. 후설의 신봉자가 의식은 결코 고립된 실체가 아니라 관찰과 판단, 미움과 사랑과 같은 그 지향 작용을 통해 스스로를 언제나 이미 그 외부로 향하고 있다고 주장한 바로 그곳에서 헛된 것이다. 현상학에서 그러한 대상은 의식으로부터의 자립성을 지니지 않기 때문이다. (하먼, 2017, 40쪽)

세계의 실재성을 괄호에 넣음으로써 현상학은 관념론이 되어버린다. 의식은 의식 작용에 의해 외부의 실재와 관계한다는 현상학자의 변명은 무효다. 결국 참으로 실재하는 객체는 괄호에 넣어지고, 의식 대상으로만 현상학적 탐구가 한정되기 때문이다. 현상학의 객체는 의식으로부터의 자립성을 지니지 않는 것이다.

그러나 그렇다 하더라도 후설의 공적은 버리기 어렵다. 특히 음영과 의식 대상은 좋은 착안점이라고 하먼은 생각한다. 요컨대 다음과 같은 것이다. 대상은 다양한 음영을 통해 다른 모양으로 나타남에도 불구하고, 대상 그 자체는 통일되어 동일성을 유지한다. 그렇다면 감각적 대상과 감각적 성질 사이에는 대항이 있고, 그것들은 분열되어 있다고 말할 수 없을까? '현상적인 영역은 외계에 대한 접근으로부터 분리된 관념론자의 감옥이 아니다. 오히려 그것은 지향적 대상과 끊임없이 변화하는 그 성질과의 사이에 놓여 있는 긴장을 보여준다.'(같은 책, 47쪽)

요컨대 하먼은 노에시스와 상관적으로 노에마가 구성된다는 발상은 하지 않으며, 미리 감각적 대상이 존재하고 있고, 그것에 다양한 감각적 성질이 부착되어 의식에 나타난다고 생각하는 것이다. 역으로 말하면 대상의 동일성의 유지에 있어 우유적인 성질은 무관계하며, 다양한 성질을 치워버리더라도 대상의 핵은 남는다. 따라서 감각적 대상은 감각적 성질 아래의 것이라고 말해진다.

하먼의 추론을 구체적으로 묘사해보자. 사과는 다양한 모습으로 나타나기 때문에, 감각적 성질은 시시각각 변화한다. 그러나 감각적 대상으로서의 사과는 동일성을 계속해서 유지한다. 결국 그때마다의 모습을 제거하더라도 사과의 동일성의 핵은 계속해서 남음에 틀림없다. 감각적 대상은 우유적인 감각적 성질에 의해 '장식'되어 현전하지만, 그것은 대상의 동일성에 있어서는 필요 이상의 것이다. 그러한 것이 아니더라도 사과는 사과라는 대상일 수 있는 것이다.

감각적 대상은 감각적 성질을 치워버리더라도 남는 대상성의 핵이다. 하지만 그와 같은 핵이 모든 대상에 동일하게 공유되는, 이를테면 특징이 없는 공허한 핵이라고 한다면, 모든 감각적 대상은 동일하고, 그때마다의 대상성의 핵을 꾸미는 감각적 성질에 의해 개별화가 일어나게 된다. 장난감 인형의 본체는 동일하고 부착되는 머리칼, 액세서리, 옷 등으로 각각의 캐릭터로 개별화되는 것과 같은 이미지로 되는 것일까?

그러나 이번에 감각적 대상과 실재적 성질의 긴장 관계를 고려하게 되면, 감각적 대상은 특징이 없는 공허한 핵이 아니라는 것이 판명된다. 조금 전의 예로 말하자면, 인형의 본체 그 자체가 실재적 성질에 의해 개별화되어 있는 것이다. 그것은 후설이 '본질'(형상)이라고 부른 것 이외에 다른 것이 아니다. 일반적으로 대상의 '본질'이란 '……란 무엇인가'의 답이 되는 것이다. 사과가 (바나나나 포도가 아니라) 사과이기 위해 지녀야만 하는 고유의 성질이 우선은 사과의 '본질'이라고 생각할 수 있을 것이다.

후설은 '본질'을 '사실'과의 대비에서 규정한다. '사실'은 시간적·공간적으로 규정되고 있지만(지금 책상 위에 있는 사과), '본질'은 특정한 시간과 공간에는 구속되지 않는다(사과의 의미 본질은 지금 책상 위에 있는 사과를 먹어버리더라도 존재할 것이다). 후설에 따르면 사과의 본질은 다양하게 있을 수 있는 다른 사과들을 상상해볼 때 모든 사과가 공통적으로 지니는 성질을 가리킨다. 물론 그 성질은 하나가 아니라 복수이더라도 상관없다. 되풀이하게 되지만, 사과를 다른 과일로부터 구별하는 성질이 사과의 본질인 것이다.

후설은 책상 위의 사과를 직관(직접적으로 간취하기)할 수 있는 것과 마찬가지로 사과의 의미 본질도 역시 직관할 수 있다고 생각했다. 철학사적으로는 칸트가 직관 개념을 감성적 대상에 한정한 데 반해, 후설은 그것을 범주, 의미, 본질 등의 이념적 대상으로 확장했다고 말할 수 있다. 후설은 다음과 같이 말하고 있다.

경험적 직관, 특히 경험이라는 것은 어떤 개별적 대상에 대한 의식인 동시에 직관적 의식으로서 '대상을 소여성으로 가져오는' 것이고…… 대상을 '원초적으로' 그 '날것의 뚜렷한' 자기성에서 파악하는 의식에로 해당 대상을 가져오는 것이다. 이것과 전적으로 마찬가지로 본질 직관도 역시 어떤 것에 대한 의식인바, 요컨대 어떤 '대상'에 대한 의식이며, 다시 말하면 자신의 눈길이 그것에로 향하는 동시에 또한 자신의 직관 속에서 '그것 자신으로서 주어지는' 무언가의 어떤 것에 대한 의식이다. (후설, 1979-84, (1) 66쪽)

지각의 직관은 대상 그 자신이 — 모상이나 사본과 같은 존재방식이 아니라 — '날것의 뚜렷한' 자기성에서 존재한다는 확신을 가져온다. 본질을 직관하는 경우에도 사정은 마찬가지다. 대상의 의미는 그것 자신으로서 의식에 주어지며, 그것을 직접적으로 간취할 수 있다. '본질을 본다'는 표현에서는 위화감을 느끼는 사람도 많겠지만, 후설의 논의는 사과를 볼 때에는 사고의 지각상과 함께 사과의 의미도 의식에 주어지는바, 의식 체험을 반성해보면 지각상도 의미도 간취할 수 없을까 하는 것이다. 요컨대 지각과 의미, 이 두 가지가 대상 인식의 동근원적인 본질 계기라고 후설은 말하는 것이다.

하먼은 실재적 성질(본질)에 대해 지론을 전개한다. 후설은 본질을 직접적으로 간취할 수 있다고 주장했지만, 그것은 잘못이다. 본질은 어디까지나 실재적인 것인바, 직관을 통해 주어지는 것이 아니다. 하먼은 다음과 같이 쓰고 있다.

대상의 형상적 특징이라는 것은 결코 지성을 통해 현전되는

것이 아니라 예술이든 과학이든 단지 암시allusion라는 간접적
인 수단에 의해서만 접근 가능한 것이다. (하먼, 2017, 49쪽)

대상의 본질은 단지 간접적으로 암시될 뿐이다. 이것은 본질이
감각적 영역으로부터 숨겨져 있다고 하는 것뿐만 아니라 지성
(적 직관)에 의해서도 직접적으로 파악될 수 없다고 하는 것을
의미한다. 우유적인 감각적 성질과는 달리 대상을 근본적으로
규정하는 필연적 성질인 실재적 성질은 인간의 접근으로부터
물러나 숨어 있으며, 의식에 직접적으로 현전하는 것이 아니다.

그런데 성질을 겹쳐 쌓는 것으로는 대상성이 구성되지 않을
것이다. 우유적인 모습에서도 필연적인 본질에서도 그것들을
겹쳐가는 것만으로는 대상이 되지 않는다. 왜냐하면 대상은
'하나'인 데 반해, 성질은 '여럿'이기 때문이다. 따라서 다수의
성질이 하나인 대상과 관계함으로써 구체적인 객체가 성립하
는 것이다. 이와 같이 대상과 성질에는 '하나'와 '여럿'이라는
결정적인 차이가 존재하지만, 감각적 성질과 실재적 성질에도
크게 두 개의 다름이 있다.

(1) 대상은 감각적 성질을 필요로 하지 않는다(그것들은
    자유롭게 변경 가능한 것이다). 그러나 실재적 성질은
    필요하다.

(2) 감각적 성질은 현전하지만, 실재적 성질은 암시된다.

감각적 대상은 감각적 성질과 실재적 성질이라는 두 개의
서로 다른 성질과 관계를 결합함으로써 우리에게 나타난다.
우리에게 현전하는 감각적 성질은 변화할 수 있는 것이고,
그것이 변화했다 하더라도 대상은 동일성을 유지한다. 무언가
의 방식으로 대상의 동일성에 영향을 주고 있다고 추측되는
실재적 성질은 대상에 있어서는 본질적인 동시에 필연적인
성질이다.

마지막으로 한 가지 주의해야 할 점이 있다. 후설이 본질을
유적인 것으로 간주한 데 반해, 하먼은 그것을 개별적인 것으로
간주하고 있다는 점이다. 모든 사과에 공유되는 성질이 아니라
이 사과를 개별화하는 성질을 '본질'로 생각하는 것이다. 요컨
대 하먼은 플라톤의 이데아가 아니라 아리스토텔레스의 제1실
체의 편을 들고 있다고도 말할 수 있을 것이다. 객체를 존중한다
는 것은 객체를 일반적인 것(=보편)으로 환원하는 것이 아니라
바로 이 이것을 그대로 받아들이는 것이기 때문이다. 하먼의
객체 지향 존재론에서는 감각적 성질도 실재적 성질도 모두
객체에 개별화되어 있다는 점을 잊어서는 안 된다.

하이데거에서의 객체 — 감각적 성질, 실재적 대상, 실재적 성질

후설의 지향적 대상, 음영, 본질이라는 개념을 원용하여 하먼은 감각적 대상, 감각적 성질, 실재적 성질을 각각 도출했다. 그러나 실재적 대상은 후설 현상학으로부터 끄집어낼 수 없다. 후설은 원칙적으로 의식에 나타나는 것에 탐구를 한정했기 때문이다.

그에 반해 하이데거가 보는 세계에는 감각적 대상이 아니라 실재적 대상이 존재하고 있었다고 하먼은 생각한다. 하이데거에게서는 감각적 대상이 배경으로 물러나고, 감각적 성질, 실재적 대상, 실재적 성질의 세 가지 요소가 분석된다고 하는 것이다. 동일한 현상학임에도 불구하고 후설과 하이데거의 견해는 그 정도로 다른 것일까?

그러한 것이 사실이다. 하이데거의 현상학 이해의 특징은 예를 들어 다음의 구절에 잘 나타나 있다.

현상학의 현상 '배후에'는 본질상 다른 아무것도 자리하고 있지 않지만, 현상해야 할 바로 그것이 비밀스럽게 감추어져 있는 것이라면, 확실히 있을 수 있다. 더욱이 현상이 당장은 대개 주어져 있지 않다는 바로 이 이유에서 현상학이 필요해지는 것이다. 은폐성은 '현상'의 반대 개념이다. (하이데거, 1980,

112쪽)

무언가가 의식에 주어진다. 하지만 그 무언가는 신뢰할 만한 것일까? 후설은 의식에 주어지는 지각상과 의미를 신뢰하여, 즉 개별적 직관과 본질 직관을 모든 인식의 정당성의 원천으로 간주함으로써 보편학으로서의 철학의 가능성을 추구했다. 그러나 하이데거는 현상으로 되어야 할 것이 비밀스럽게 감추어져 있는 일은 있을 수 있다고 말한다. 숨겨져 있는 것을 볼 수 있도록 하는 것 — 은폐되어 있지 않다는 것이 현상의 본의라고 해석하는 것이다.

이 책에서는 후설과 하이데거의 대결에 대해서는 상세하게 논의하지 않지만, 하이데거 현상학 전체의 분위기는 앞의 구절에서 느껴질 수 있을 것이다. 진리는 은닉되어 있고, 개시되어야 할 본체는 숨겨져 있다 — 이러한 관념이 하이데거 철학의 통주저음이다(후설이 본질은 직관된다고 논의하고 있었던 것을 생각하면 두 사람의 차이는 좀 더 분명해진다). 의식에 주어지는 것을 그대로 받아들이는 것이 중요하다고 하는 후설과, 숨겨져 있는 것을 폭로하는 것의 중요성을 강조한 하이데거. '후설이 현전의 철학자라고 한다면, 하이데거는 부재의 사유자'인 것이다(하먼, 2017, 59쪽).

하먼은 하이데거 현상학을 독자적으로 독해함으로써 객체

로 향한다. 후설의 경우와 마찬가지로 여기서도 하먼의 독해는 독특한 것이고, 학문적인 하이데거 연구자에게서는 많은 점에서 반론이 있을 것으로 예상된다. 그러나 이하에서는 하이데거 해석에는 끼어들지 않고 하먼 논의의 요점을 될 수 있는 한 간결하게 제시하고자 한다.

앞에서 논의했듯이 하이데거는 사물이 염려에 대한 도구라고 분석한다. 즉, 주위의 세계에 배치된 이런저런 사물은 '나'의 관심에 대한 수단성, 유용성, 이용 가능성의 연관으로서 나타나는 것이다. 통상적으로 우리가 실천적으로 관여하고 있는 사이에는 사물의 존재가 특별히 의식되지 않는다. 요컨대 차례차례로 사물을 잘 사용하는 과정에서는 사물이 확장된 신체성의 일부로서 기능하고, '나'는 목적의 달성에 몰두하고 있는 것이다.

사물이 의식되는 것은 사물이 잘 기능하지 않는다든지 부서져 있다든지 알맞지 않다든지 할 때이다. PC가 Wi-Fi에 잘 연결되지 않고, 책상 조명이 켜지지 않고, 드라이버가 나사에 맞지 않고…… 이러한 경우에 우리는 사물을 의식하기 시작하고, 그것을 잘 살펴본다든지 점검한다든지 확인한다든지 함으로써 상황에 대처하고자 한다. 요컨대 사물의 사물성은 그것이 도구로서의 역할을 수행하지 못하는 경우에 의식되는 것이다.

여기서 하먼은 각각의 개별적 존재자가 도구 연관 전체에

연루되는 것은 대상을 해체하는 것이라고 비판한다. 하이데거의 도구 존재 분석의 진의는 다른 데 있다고 말하는 것이다. 실천적 염려에 부응하여 각각의 도구가 의미 연관의 전체로 녹아들어감으로써 오히려 도구는 사용되고 있을 때에는 의식되지 않는다는 것 쪽에 주목해야만 한다. 요컨대 사물의 실재적인 본성이 인간으로부터 숨겨져 있다는 것이야말로 중요하다고 주장하는 것이다.

> 도구 분석은 일원적인 존재의 덩어리를 주는 것이 아니라 다양한 개별적 대상이 서로 거의 관계될 수 없는 비밀스러운 내면에로 물러나 숨어 있다고 하는 광경을 주는 것이다. (같은 책, 60쪽)

> 사물의 통상적인 존재방식이라는 것은 현상으로서 나타나는 것이 아니라 사람 눈에 띄지 않는 지하 영역으로 물러나 숨는 것이다. (같은 책, 65쪽)

평상시에 친숙해져 있는 도구가 부서짐으로써 사물이 의식되게 되는 것. 그것이 의미하는 것은 사물의 실재가 우리의 실천적 삶으로부터는 숨겨져 있다고 하는 점이다. 나아가 사물을 과학적으로(이론적으로) 분석하는 것도 — 과학도 역시 양적 관계를 객관적으로 특정하고자 하는 하나의 실천적 관심이기 때문에 ─ 사물의 존재를 남김없이 다 드러낼 수 없다. 이러한 사정들을 일반화하면 다음과 같이 말할 수 있을 것이다 ─ 사물의 실재는 결코 현상하지 않는다고 말이다.

요컨대 사물은 대개 우리로부터 숨겨져 있다는 것이 아니다. 사물이 의식되고 그것을 좀 더 상세하게 조사하는 작업도 ─ 그것이 구체적인 동시에 실천적인 것이든 추상적인 동시에 이론적인 것이든 ─ 어떤 특정한 관점으로부터 다른 도구 연관을 생겨나게 할 뿐이며, 사물의 실재는 그로부터 무한히 후퇴하는 것이다.

물론 사물이 도구로서 우리에게 나타나 있다는 것은 의심할 수 없다. 하지만 그것은 사물의 실재가 아니다. 참된 객체는 실재적 대상인 것이다. 또한 하이데거의 도구 존재 분석에서 도구는 상호적으로 구별되는 존재이기 때문에, 실재적 성질이 전제로 되어 있을 것이다. 나아가 도구가 무언가의 방식으로 의식에 나타난다는 것에서는 감각적 성질도 그로부터 끄집어 낼 수 있다. 따라서 실재적 대상은 실재적 성질 및 감각적 성질과 관계를 맺고 있으며, 거기에는 긴장 관계가 존재한다 (후설은 감각적 대상과 감각적 성질 및 실재적 성질의 관계를 문제로 삼았던 것이다). 이상의 것이 하먼의 사변적 추론이다.

하먼의 해석은 어느 것이든 독특한 것이지만, 우선은 객체의 구조를 다음과 같이 정리할 수 있다.

(1) 객체는 감각적 대상, 감각적 성질, 실재적 대상, 실재적 성질이라는 사방四方 구조에 의해 성립한다.
(2) 대상은 하나인 것, 성질은 여럿인 것이다.
(3) 감각적 대상과 감각적 성질은 현전하지만, 실재적 대상과 실재적 성질은 숨겨져 있고, 그것들 모두가 밝혀지는 것은 아니다.
(4) 적어도 감각적 대상–감각적 성질, 감각적 대상–실재적 성질, 실재적 대상–감각적 성질, 실재적 대상–실재적 성질에는 각각 독자적인 긴장 관계가 있다.

3. 사물의 초월

객체의 광경

객체의 사방 구조는 인간과 객체의 관계에만 한정되는 것이 아니다. 지금까지는 편의적으로 의식에 주어지는 감각적 대상과 감각적 성질, 의식으로부터 숨겨져 있는 실재적 대상과 실재적 성질에 대해 말해 왔지만, 여기서 메이야수의 상관주의 비판이 사변적 실재론의 기둥이 되고 있다는 점을 상기하자. 인간으로부터 본 객체의 분석에서는 인간과 세계 관계의 우위를 주장하는 칸트 이후 철학의 틀을 유지하게 된다는 것이다. 하먼은 다음과 같이 쓰고 있다.

> 사물의 존재가 모든 이론과 실천의 배후에 숨어 있다는 주장은 인간적 현존재가 지니는 무언가의 귀중한 장점과 단점에서 유래하는 사태가 아니라 어떠한 관계도 — 무생물적인 관계조차도 — 그것이 관계하는 것을 번역 내지 왜곡한다는 사실에서 유래하는 것이기 때문이다. …… 솜의 존재는 그것이 불살라지고 파괴되는 경우에도 불꽃으로부터 물러나 숨어 있다. 솜=존재는 현상학자나 직공뿐만 아니라 그것과 접하는 어떠한 존재자로부터도 숨겨져 있다. (하먼, 2017, 73–74쪽)

모든 대상의 실재는 다른 모든 대상으로부터 물러나 숨어 있다. 대상의 실재를 통째로 파악할 수 없는 것은 인간의 인식 능력이 불충분하고 제한된 것이기 때문이 아니라 대체로 관계 일반의 본질이 그러한 것이기 때문이다. 여기에 이르러서야 비로소 겨우 상관주의가 해체된다. 인간의 인식과는 무관계하게 사물 자체와 사물 자체의 관계가 주제화되고 있기 때문이다.

따라서 앞에서 제시한 감각적 대상, 감각적 성질, 실재적 대상, 실재적 성질이라는 네 개의 요소는 하나의 객체에서 서로 긴장 관계에 있을 뿐만 아니라 다른 객체와의 관계에서도 긴장 관계에 놓여 있다. 그리고 세계에는 무수한 객체가 존재하는 한에서, 그것들의 관계도 셀 수 없을 만큼 존재한다. 그러나 그야 어쨌든 객체는 그 모든 관계와 상호성으로부터 자유로워야 하며, 그것은 스스로의 구성 요소로도 다른 사물과의 외적 관계로도 환원될 수 없다. 이러한 점이 초래하는 광경은 어떠한 것일까?

서로 고립된 무수한 객체가 존재한다. 하나의 객체는 사방 구조의 투쟁의 현장이다. 인간도 동물도 그와 같은 객체에 둘러싸여 있다. 그러나 각각의 객체는 고립해 있으며(라이프니츠의 모나드론을 상상해볼 수 있을 것이다), 인간에 대해서도 또는 다른 객체에 대해서도 그 전모를 보여주지 않는다. 확실히 객체는 감각적인 것을 매개로 하여 다른 객체에 관계하지만, 그 실재는 어디까지나 물러나 숨어 있는 채로인 것이다. 인간은 객체에 관심을 비추고, 그 의미를 받아들인다. 그러나 인간의 시선이 객체의 비밀스러운 곳에 닿지는 못한다. 객체 지향 존재론이 그리는 이미지는 이상과 같은 것이다. 각각의 긴장 관계에 대한 구체적 분석에 대해서는 하먼의 『쿼드러플 오브젝트』의 후반 부분을 참조해주길 바란다.

메이야수가 상관주의라고 부른 철학을 하먼은 '접근의 철학'이라고 부른다. 메이야수의 논점은 "거대한 외부"의 회복이었지만, 하먼은 객체 그 자체에서 인간 중심주의의 외부를 감지한다.

> '접근의 철학'은 스스로의 위신의 모든 것이 '우리는 누메나에 대해 생각할 때 그것들을 페노메나로 변환하고 있으며, 그런 까닭에 철학이 다룰 수 있는 것은 현상적인 것일 뿐이다'라는 원리에서 인정되는 확실성과 명석함에 관계된다고 주장한다. 그렇게 함으로써 이 철학은 무생물적 대상 사이의 모든 관계를 인간이 그 관계를 목격하기 위한 조건으로 환원한다. 철학에게는 실재 전체를 알아야 할 책무가 있음에도 불구하고 '접근의 철학'은 바로 그 실재를 인간이 직접 이용 가능한 극히 얼마 안 되는 부분으로 환원한다. 이리하여 '접근의 철학'은 그 불충분함을 드러내고 얼마 안 있어 찾아올 자기의 파멸의 씨앗을 뿌리게 된다. (같은 책, 103쪽)

세계가 인간적 질서로 완전히 삼켜지게 되면 초월성은 상실된다. 그뿐만 아니라 만약 세계에 불투명한 것이 아무것도 없게 되고 그 구조와 힘이 완전히 밝혀지게 되더라도 여전히 우리가 기대한 것이 거기에 무엇 하나 없다고 한다면? 하먼의 '접근의 철학' 비판은 인간이 관여할 수 없는 객체의 초월성을 암시하고 있다. 도구성의 배후에 놓여 있는 객체는 '높이'를 예감케 하는 것이다.

'접근의 철학'의 변명

솔직하게 말해서 하먼의 주장에는 의문도 남는다. 후설과 하이데거 독해의 타당성은 불문에 부치더라도, 특히 인식론에 친숙해져 있는 독자는 하먼이 제멋대로의 것을 주장하는 것으로 생각할 수 있을 것이다. 나로서는 다음의 두 가지를 말해두고자 한다.

(1) 방법론 문제. 후설은 현상학의 방법으로서 본질 직관을 제창했다. 간단히 말하자면, 본질 직관이란 다양한 개념과 사항들의 핵심적인 의미를 스스로의 체험을 반성함으로써 끄집어내는 방법이다. 따라서 후설은 본질을 '대상'으로 간주했다. 사과와 마찬가지로 사과의 의미를 우리는 통찰할 수 있다. 그뿐만이 아니다. 사회와 문화의 의미를 추구할 가능성도 원리적으로는 그 연장선상에 있으며, 거기에는 인간적 삶의 본질을 보편적으로 고찰할 가능성도 놓여 있다.

본질 직관에 대해서는 지금까지도 많은 반론이 현상학의 안과 밖으로부터 제기되어 왔지만, 후설이 구체적인 방법론을 제시함으로써 본질학으로서의 현상학의 가능성을 구현하고 자 했다는 점은 움직이기 어려운 사실이다. 즉, 의미와 가치의 보편적 구조는 기술될 수 있다는 것이다. 그 원리와 방법은 현상학적 환원과 본질 직관이다. 현상학은 원리와 방법을 실제로 제시함으로써 보편성 창출을 위한 구체적인 계획을 밝히고 있는 것이다.

그에 반해 하먼은 본질 직관을 부정하고, 본질은 암시될 뿐이라고 주장한다. 실재적 성질은 결코 나타나는 것이 아니다. 하지만 암시된다는 것은 어떠한 사태인 것일까? 암시될 뿐인 것을 사방 구조의 하나로 간주해도 좋은 것일까? 또한 서로가 서로에 대해 물러나 숨어 있는 사물의 실재를 기술하는 구체적인 수단은 무엇인가? 구체적인 방법론이 없다면 실재는 기술될 수 없으며, 또한 설사 기술된다 하더라도 그 타당성을 확인할 수단은 없게 된다(메이야수와는 달리 하먼은 사물 자체에 직접 접근할 수 없다는 것을 인정하지만, 그렇다고 한다면 사물 자체와 사물 자체의 기술은 어떻게 해서 상상이나 허구와 구별되는 것일까?).

따라서 칸트는 사물 자체를 인식할 수 없다고 말했으며, 후설은 사물 자체에 대한 판단을 보류했던 것이다. 객체 지향 존재론자의 입장에서 보면, 방법론에 구애되는 것 자체가 시대에 뒤처진 오랜 표상의 일부일지도 모른다. 하지만 관념론에 어느 정도의 공감을 지니는 자에게 있어 방법론의 행방은 커다란 문제가 될 것이다.

(2) 객체와 객체의 관계. (1)의 논점과도 관계되지만, 객체와 객체의 관계를 기술하는 주체가 지성을 지니는 인간인 한에서, 객체와 객체의 관계의 기술에는 인간과 객체의 관계가 반영되어 있지 않을까?

예를 들어 겨울날의 PC와 책상의 관계를 생각해보자. 그렇게 하면, 책상은 PC의 따뜻함을 느끼고서 안심하고 있을지도 모르고 PC가 내는 열을 괴롭게 느끼고 있을지도 모른다고 생각하게 된다. 또는 PC도 책상도 감각 기관을 지니고 있지 않기 때문에(그러나 객체 지향적으로 생각하면, 왜 그것들이 감각 기관을 지니지 않는다고 단언할 수 있을까?), 좀 더 무기적으로 PC와 책상은 찰싹 달라붙어 평면끼리 사이좋게 접하고 있음에 틀림없다고 상정할 수도 있을 것이다. 하지만 그 묘사들은 모두 다 너무나 인간적이다.

우리는 생활 속에서 상황과 정동의 (인간적) 연관을 자연스럽게 축적하고 있다. 신체성이 복잡화함에 따라 유원지에서 절규 머신에 올라탔을 때의 폭신한 저 느낌을 쓰레기통에 던져진 휴지에서 느낄 수도 있다. 교통사고에서 골절된 팔의 고통을 팔이 굵은 교사가 부러뜨린 백묵에서 예감할 수도 있다. 이러한 상황에서는 이렇게 느낀다는 연관을 사물과 사물의 관계에 투영하는 것이다.

조금 더 생각해보자. 고양이 셸러는 PC의 스크린 뒤쪽에서 낮잠을 자는 것이 좋다. 셸러는 아마도 PC의 따뜻함을 상쾌하게 느끼기 때문에, 일부러 여기서 자는 것이라고 나는 추측한다. 그래도 나라면 책상 위는 너무 딱딱해서 자지 않을 것이라고도 생각한다. 그렇게 생각하면서 셸러를 보고 있으면, 그의 온몸이 부드럽다는 것을 깨닫는다. 그런가, 몸이 부드러워서 책상의 딱딱함이 느껴지지 않는 건가라고 생각해보기도 한다.

이것들은 모두 나의 신체 감각을 토대로 하여, 또는 그것을 변양함으로써 예감되고 추측되는 것일 터이다. 셸러로부터 PC가 물러나 숨어 있다, PC로부터 책상이 물러나 숨어 있다 — 동물과 사물, 사물과 사물의 관계의 일반화의 원천은 대단히 인간적인 냄새가 나는 것으로 되어 있는 것이다.

하기는 객체 지향 존재론이 그와 같은 인간과 사물의 일반 관계를 투영하는 것은 아니라고 하는 반론이 제기될 수도 있다. 그러나 그것은 일반 관계는 아니라 하더라도 인간과 사물의 일반 관계를 자유롭게 변양시킨 것을 투영하는 데 지나지 않는 것이 아닐까? 인간을 떠나는 동시에 인간의 말로 객체를 기술할 가능성이 물어져야만 한다. 하지만 그렇게 된다면, 철학은 한없이 시적인 영위, 나아가서는 비언어적인 명상에 가까워질지도 모른다.

따라서 상관주의 비판을 어디까지 근본적인 것으로 만들 것인가 하는 것이 하나의 논점이 된다. 그리고 그것은 객체를 기술하기 위한 구체적 방법과 밀접한 관계에 놓여 있다. 이 점에서 객체 지향 존재론에는 개선의 여지가 있을 것이다. 그 개선 가능성의 하나는 어쩌면 현상학적인 것으로의 회귀일 지도 모른다— 즉, '나'(인간)가 사물과 사물의 관계를 기술한 다는 것을 자각하는 방식으로 말이다. 다른 관점에서 보자면, 객체의 실재에는 명상에 의해서만 접근할 수 있다는 발상도 생겨날 것이다. 좀 더 근본적인 것을 말하자면, 객체를 위해 인간은 자취를 감추어야 한다는 사고방식도 가능하다(예를 들어 나는 인간을 위한 환경 보호에는 찬성이지만, 환경 보호의 근본주의가 왜 인간의 사멸을 요구하지 않는 것인지 언제나 의문스럽게 생각한다).

객체 지향 존재론의 의의를 생각한다

그렇긴 하지만 객체 지향 존재론이 제시하는 상에는 확실히 새로운 것이 있다. 그 새로움을 다음과 같이 말해보자— 우리는 보통 사물의 의미를 관심과의 상관성에서 파악하지만, 그 상관성을 뒷받침하는 것은 인간이 살아가기 위한 일반 관심이다. 관심이 일반적인 방식으로 구조화되는 것, 이것은 인간의 물리적 신체의 공통성, 나아가서는 인간이 사회적인 공동존재라는 점에 그 근거를 지닐 것이다. 그러나 어느 사이엔가 사물을 일반 관심과의 상관성에서 파악하는 것이 자명하게 여겨지고 사물의 사물성에 배려하지 않게 되었다면 어째서일까? 일반 관심에 갇혀 그 외부가 보이기 어렵게 되었다면? '인간으로부터 객체로'라는 제언은 지금까지의 사물에 대한 견해에 중지를 요구하고, 사물의 초월, 요컨대 '높이'를 열어 보이는 것이다.

그렇다면 이렇게 된다. 객체 지향 존재론은 인간 중심주의로부터 벗어남을 지향하지만, 그것은 인식론적 담론에서 주관을 지워버리고자 하는 시도가 아니다. 오히려 인식론적 문제들은 일단 뒤로 미루어두고 객체 그 자체를 생각해보자는 제안인 것이다. 그리고 그때 객체로 향한 사유는 객체(의 초월)에서 다시 튀어 올라 사유 그 자신에게로 돌아온다. 객체를 완전히 정복하는 것은 가능하지 않다. 그것은 도구성만으로는 남김없이 드러나지 않는 동떨어진 구현성인 것이다.

따라서 객체 지향 존재론을 인식론적으로 비판하는 것에는 그다지 의미가 없을지도 모른다. 물론 앞에서 시사했듯이 인식론적 관념이 객체 지향 존재론을 개선할 여지는 있다. 그러나 객체 지향 존재론의 모티브를 받아들이고 싶다면, 인식론적 관점으로부터의 비판은 나중에 할 필요가 있다. '그렇게 말해도 인식론적으로는 불합리다'라고 단죄하는 것이 아니라 객체 지향 존재론을 '인간과 사물의 일반적 관계를 다시 묻는 작업'으로서 파악해야만 하는 것이다.

치바는 객체 지향 존재론의 전개를 '생태 비평'과 '물체의 호러'라는 두 가지 관점에서 정리하고 있다(치바千葉, 2018a, 106쪽 이하).

우선 그것은 환경 철학과 결부된다. 즉, 도구성으로는 환원되지 않는 자연의 의미를 생각하고자 하는 것이다. 환경을 인간 존재로부터 독립된 객체의 총체로 간주해보자. 그렇게 하면 자연은 인간에게 파괴되든가 보호되든가의 양자택일이 아니라 오히려 인간을 초월한 존재로서 인간이 생존하기 훨씬 이전부터 존재하는 메타 조건으로서 다시 파악되게 될 것이다. 시노하라 마사타케는 다음과 같이 쓰고 있다.

산업혁명 이래로 인위적으로 배출되는 이산화탄소 양이 증대하고, 1945년의 핵 실험과 원자폭탄 투하(히로시마・나가사키) 이래로 방사성 물질의 양도 증대했지만, 그것뿐만 아니라 도시 교외의 신도시 건설, 고속도로의 건설, 댐의 건설과 같은 사건은 산의 모습과 하천의 흐름을 변화시켰다. ……

그럼에도 불구하고 인간의 생활 영역 안에서 인간과 함께 인간을 중심으로 한 생활을 영위하고 있는 한에서, 자신들의 활동이 인간이지 않은 것의 영역, 요컨대 인간을 넘어선 것이 깃들이고자 하는 영역에까지 미치고, 더욱이 그 존재방식을 변화시키고 있다는 것에 의식이 향하지는 않는다. (시노하라篠原, 2018, 16쪽)

인간은 다양한 도구를 만들어내고 자연을 일방적으로 이용함으로써 인간을 초월한 사물의 총체, 즉 인간의 메타 조건을 변화시키고자 하고 있다. 거기에는 무언가 정체를 알 수 없는 것이 놓여 있다. 환경 파괴라는 개념으로 우리는 무엇을 말하고 있는 것일까? 결국 무엇을 부수고 있는 것일까? 그것은 인간에 대한 환경인가 — 아니면 인간과 환경의 상관성 그 자체를 초월하여 그것을 위로부터 규정하는 메타 조건인가? 객체 지향 존재론은 환경 철학에 새로운 시점을 제공한다.

다음으로 객체 지향 존재론은 사물의 괴이한 모습을 폭로한다. 이 점에 대해서는 「다른 모양의 '사물'의 경험」에서 말한 대로이다. 인간과 사물 관계의 일반성으로부터 벗어난 경우, 요컨대 사물의 의미가 과잉되게 된 경우나 반대로 사물의 의미가 박탈되어 사물의 존재가 노골적으로 드러나는 경우 — 그러한 경우에 일반적 의미의 건너편에서 사물의 높이가 개시된다. 맥락에 따라서는 사물 측이 인간을 보고 있다거나 사물이 인간에게 무관심하다고 하는 심상을 만들어낼지도 모른다.

사물의 초월화, 아니 거기에 그치지 않고 인간의 힘이 만들어낸 사물이나 시스템이 물신화하고 그것의 자율적인 힘을 숭배하는 전도된 상황도 일어날 수 있다. 브뤼노 라투르의 표현을 빌리면, '우리의 활동 하나하나에서 우리가 만들어내는 것은 우리를 넘어선다'(라투르, 2017, 59쪽)는 것이다. 예를 들어 AI에게 인간이 멸망당한다는 상상력 ― 우리는 우리 자신이 만들어내는 사물에 어째서인지 겁내고 있다. 힘을 부여하는 것은 인간이지만, 힘을 부여받은 사물은 그 한계를 넘어서서 존재하기 시작한다. 인간은 그 힘을 숭배하고 두려워한다. 다른 동물이 본다면 그 상황은 우스운 것임에 틀림없다. 스스로가 만들어낸 것에서 스스로를 초월하는 힘을 간취하고 있는 것이기 때문이다.

그러나 이러한 상황들은 인간이 객관적 사물의 질서만을 살아가는 존재가 아니라는 것을 역설적으로 보여준다. 즉, 인간은 공간과 시간에 규정된 사물의 인과적 질서를 살아갈 뿐만 아니라 높이를 예감하고 그것을 지향하려고 하는 변화된 생물인 것이다. 물론 높이는 간단히 만들어낼 수 있는 것이 아니라 보통은 우선 주어지는 것이다. '좋아하지도 않는 것을 좋아해라', '평범한 것을 동경해라'고 말하는 것은 무리한 상담일 것이다. 우리는 어느 사이엔가 좋아하게 되고 예기치 못하게 동경하게 된다. 따라서 멜랑콜리스트는 초월의 도래가 없다는 것에 곤란을 겪는 것이다.

인간만이 '높이'를 만들어내고 초월성을 욕망한다. 아니, 인간적 욕망의 본질이 초월성으로 향하는 역동성이다. 세계에 의미가 부재한 것이 아니라 사실은 세계에서 의미를 발견하지 못하는 것이다. 따라서 멜랑콜리스트가 참으로 생각해야 하는 것은 정동의 가능성이지 세계의 가능성이 아니다. 정동이야말로 의미를 만들어내는 바로 그것이기 때문이다. 세계를 보는 것이 아니라 정동의 흔들림을 주의 깊게 보는 것 — 이에 대해서는 이 책의 마지막에서 생각해보고자 한다.

어쨌든 객체 지향 존재론, 그리고 그것을 포함하는 사변적 실재론의 조류는 모두 다 높이의 담론을 형성한다는 점에서 의의가 있다. 근대철학은 (신을 대신하는) 넓이의 창출과 관련해서는 열심히 노력했지만, 높이에 관한 원리는 제기할 수 없었다. 그 넓이에서조차 포스트모던 사상에게 격렬하게 공격당했지만, 내 생각에 현대철학은 새로운 보편성을 확보하기 위한 준비를 — 실재론의 맥락에서는 테일러와 드레이퍼스가 — 이미 가다듬고 있다.

어려운 문제는 역시 높이인 것이다. 정체해 있던 높이의 담론에 다시 한 번 시동을 거는 것이 사변적 실재론의 커다란 공적 가운데 하나라고 말할 수 있다. 요컨대 사변적 실재론의 등장에 의해 현대철학의 물음의 소재가 분명해진 것이다 — '높이'의 가능성과 '넓이'의 가능성은 구별되어야만 하며, 보편성이 반드시 초월성을 동반하는 것은 아니라는 것, 바로 이것이다.

사변적 실재론에 대한 맺는 말

사변적 실재론은 철학 운동으로서는 이미 수그러들고 있다. 지금까지 나는 사변적 실재론의 '새로움'을 강조해왔지만, 새로운 것은 언젠가는 낡아질 것이다. 그리고 철학의 역사를 돌이켜보면, 철학자의 작업은 수많은 시대를 통과하지 않으면 평가가 정해지지 않는 것이 통례다. 따라서 사변적 실재론이 단순한 유행 사상에 지나지 않는 것인지, 그렇지 않고 시대의 평가를 견뎌낼 수 있는 것인지는 앞으로가 돼보지 않으면 알 수 없다.

그러나 나로서는 현대 실재론의 하나로서 사변적 실재론이 등장한 것에는 철학적인 의의가 있다고 생각한다. 앞에서 논의했듯이 그 하나는 메이야수와 하먼이 넓이가 아니라 높이에 대해 생각했다는 점이다. 그리고 그것은 메이야수와 하먼에 한정된 것이 아니다.

예를 들어 브래시어는 태양의 소멸과 인류의 절멸을 도마 위에 올림으로써 상관주의 비판을 행하고 있다(브래시어, 2015). 이것은 메이야수의 '선조 이전성'과는 반대 방향의 '사후성'이라는 시점으로부터의 상관주의 비판이다. 일반적으로 말해서 인간이 만들어내는 의미, 목적, 가능성과 같은 계열은 미래 지평과의 관계에서 만들어진다. 역으로 미래가 없으면, 의미도 목적도 가능성도 필요가 없다. 왜냐하면 그것들은 미래의 있을 수 있음을 향해 기투되기 때문이다.

삶의 의미를 자각적으로 묻고 그것을 만들어내는 노력을 하는 것은 인간뿐이다. 그런 까닭에 인간은 존재론적으로 특권적인 지위에 있다고 생각되기도 한다. 그러나 인간의 삶은 태양에 절대적으로 의거하고 있고, 태양의 소멸은 인류의 절멸을 초래한다. 그렇다면 태양의 소멸은 인간으로부터 그 특권적 지위를 박탈하고 상관주의를 타파하는 초월론적인 가능성이게 된다. 절멸에 대해 사유하는 것, 즉 사유의 죽음에 대해 사유하는 것은 상관주의를 타파하고 모든 상관성으로부터 해방된 세계의 실재를 시사한다. 브래시어는 이와 같이 사후성으로부터 상관주의를 비판하고, 인간적 의미를 지워버리는 '높이'의 사유를 논의하고 있다.

내 생각에 사변적 실재론은 초월성을 되찾는 시도의 현대판이다. 일반적으로 '실재론'이라는 명칭에서 상기하는 것은 세계의 실재와 그 인식 가능성을 옹호하는 인식론 또는 존재론의 입장이며, 사변적 실재론의 경우에도 칸트 이후의 관념론을 철저하게 비판한다는 점에서는 지금까지의 관념론과 실재론의 논쟁에 깊이 관계하고 있다.

그러나 사변적 실재론을 현대의 '실존론'의 관점에서 독해하게 되면, 다른 의의를 발견할 수 있다. 그것은 사변적 실재론에서 느껴지는 모종의 '해방감'의 본질을 밝혀주는 것이다. 요컨대 '높이'에 접촉하는 감각이다.

나의 근본 가설은 다음과 같다. 현대의 멜랑콜리스트는 동경을 동경한다. 사물 자체는 멜랑콜리의 외부이며, 도래해야 할 신과 객체는 새로운 높이의 가능성이다. 인간적 의미의 저편에 있는 의미를 사변하기 — 사변적 실재론의 중심적 모티브를 그렇게 말해볼 수 있을 것이다.

그렇지만 사변적 실재론은 인식론으로부터의 비판에 응답할 의무가 있다. 그것은 칸트를 통렬하게 비판했지만, 역으로 칸트의 『순수 이성 비판』으로부터 한 구절을 인용해보자.

일단 경험의 범위를 넘어서게 되면, 이제 경험에 의해 반박될 우려가 없다. 또한 우리의 인식을 확장하려고 하는 매력은 대단히 크기 때문에, 명백한 모순에 부딪치지만 않는다면 우리의 발길을 멈출 수 없다. 게다가 모순이라는 것은 경험을 넘어선 인식의 확장을 신중하게 꾸며내면 어떻게든 회피될 수 있는 것이다. 그러나 그렇게 했다 하더라도 그 꾸며낸 것은 여전히 꾸며낸 것임에 변함이 없다. (칸트, 1961-62, (상) 63-64쪽)

사변적 실재론은 단순히 사변적으로 꾸며낸 것이 아니라 '높이'의 철학일 수 있을 것인가? 그럴 수 있기 위해서는 실재를 둘러싼 복수의 사변이 이설들의 대립으로 귀착되지 않기 위한 인식론적인 정비가 필요해진다.

제 3 장

보편성을 탈환하다
— 찰스 테일러와 휴버트 드레이퍼스

  포스트모던 사상은 '보편성'을 기피했다. 그것을 믿은 근대
의 귀결은 폭력의 지배와 인간성의 패배였기 때문이다. 누구에
게나 타당한 넓이의 탐구 그 자체에 폭력성이 내재한다고까지
의심되었다. 그렇다면 넓이는 이미 필요하지 않은 것일까?
  확실히 보편성을 소박하게 주장하는 것은 위험하다. 그것에
꼭 들어맞지 않는 인간을 무리하게 보편의 틀 속으로 밀어
넣는다든지 아니면 역으로 그로부터 배제한다든지 할 가능성
이 있기 때문이다. 국가가 체제를 유지하기 위한 보편성을
일방적으로 주장하는 경우를 생각해볼 수 있을 것이다. 그
보편성은 '전체성'이며, 손쉽게 전체주의의 폭력으로 반전될
것이다. 나아가서는 사회의 대다수 사람들의 의견과 소수 사람

들의 의견에 타협이 만들어지지 않는 경우에는 어떠할 것인가? 보편적인 것은 대다수 사람들에게 편드는 것이 아닐까? 그렇다면 다수파의 의견을 정당화하는 것이 보편주의인 것으로도 보인다.

그러나 어떠한 보편성도 존재하지 않는다면, 폭력을 비난하는 근거조차 상대화되고 만다. 예를 들어 도쿄에서 테러가 발생하여 몇 천 명의 생명을 **빼앗**아갔다고 해보자. 그때 테러의 폭력을 비난하는 근거를 어떻게 말할 수 있을까? '언어의 논리'로는 테러리즘을 비판할 수 없고 그것을 억지하는 것은 '힘의 논리'뿐이라고 한다면, 결국 힘이 강한 자가 이길 뿐이다. 우리는 그러한 사회를 선택하지 않았다. 따라서 우리에게는 **올바름**의 감각이 살아 있는 것이다.

보편성을 탈환하는 것은 포스트모던 이전의 사회로 다시 돌아가는 것을 의미하지 않는다. 그러한 것이 아니라 포스트모던 사상이 제기한 근대에 대한 반성을 포함하여 새로운 '넓이'의 형상을 모색해야만 한다. 찰스 테일러(1931년생)와 휴버트 드레이퍼스(1929–2017년)의 전략은 다음과 같다. 우선 실재에 접근하는 방법의 복수성을 승인하기. 그리고 보편성을 언제나 열린 상태로 해두기. 한 마디로 말하자면, 통일성 없는 보편성의 **가능성** ― 이것이 테일러와 드레이퍼스가 제기하는 '다원적 실재론'이다.

1. 자연과학과 인문과학의 넓이

자연과학의 객관성

자연과학이 광범위한 객관성을 창출하는 것에서 성공한 이유를 생각해본 적이 있을까? 예를 들어 물은 수소와 산소의 화합물이며 동식물의 생명 유지에 불가결하다는 것, 알칼리 금속과 격렬하게 반응한다는 것 — 보통 우리는 이러한 과학적 사실들을 의심할 동기를 지니지 않을 뿐만 아니라 직관에 의해 주어지는 지각 세계에 비해 과학적 세계상이 좀 더 정밀하게 규정된 객관성을 지니며, 따라서 과학자의 언명은 신뢰할 만하다는 확신을 지니고 있다.

그뿐만이 아니다. 우리는 물리학과 화학의 지식이 실제로 생활을 풍요롭게 한다는 것도 알고 있다. 자연과학은 객관적일 뿐만 아니라 인간의 삶에 있어 유용하기도 하다. 설사 과학 기술에 의해 야기되는 해결되지 않은 문제들(환경/자원의 유한성, 전쟁과 과학, 복제 기술의 윤리적 문제 등)이 있다 하더라도,

상식적으로는 과학 기술 없는 생활은 거의 불가능하며, 과학의 발전에 수반되는 위험과 폐해를 고려하여 대처하기만 하면, 과학은 생활을 개선하는 '좋은' 것이라고 생각하고 있다. 이 점에 대해서는 나도 같은 의견이다.

하지만 과학의 객관성의 근거란 무엇인가? 이것이 일단 물어지면, 그에 대답하기는 그렇게 간단하지 않다. '학교에서 과학은 객관적이라고 가르쳤다', '과학 기술이 응용된 제품이 사회에는 많이 있고, 그것들은 실제로 잘 기능하고 있다', '과학을 뒷받침하는 수학은 세계 공통 언어다'……. 천차만별의 대답이 돌아올 것이다.

과학의 객관성의 근거에 대해 엄밀한 방식으로 고찰하는 학문을 '과학적 실재론Scientific Realism'이라고 부른다. 과학 철학자인 도다야마 가즈히사는 '과학적 실재론'을 '상식적 실재론'과 구별하여 그 다름을 다음과 같이 설명하고 있다.

과학적 실재론 논쟁에서 물어지고 있는 것은 관찰 가능한 중간 크기의 물적 대상의 존재가 아니다. 과학에는 다양한 대상이 등장한다. 우선 인체·공·달 등의 관찰 가능한 대상이 있다. 이것들이 마음과 독립적으로 존재한다는 것은 과학적 실재론 논쟁에 관계하는 어떠한 입장도 인정한다. 이 논쟁은 상식적 실재론을 불문에 부친 다음의 대립인 것이다. (도다야

戸田山, 2015, 4쪽)

　관찰 가능한 중간 크기의 물적 대상(인체, 공, 달 등)이 마음으로부터 독립하여 존재한다고 생각하는 것은 상식적 실재론이다. 즉, 상식적 실재론은 자연스러운 사물에 대한 견해를 반영한 입장으로, 사물은 마음과는 독립하여 존재한다고 생각하는 것이다. 그에 반해 과학적 실재론은 상식적 실재론의 입장을 전제한 다음, 직접 눈으로 본다든지 만진다든지 할 수 없는 이론적 대상(전자장, 원자, 원자핵, 전자, 쿼크, 광자 등)의 실재성을 논의한다(같은 책, 4쪽 이하). 자연에서 살아가는 사람으로서는 이론적 대상을 눈으로 본 적이 없으며, 그것을 직접 만진 적도 없다. 그러나 과학 이론에서는 '이론적 대상이 실재하는가 아닌가' 하는 것은 중대한 문제가 된다. 원자와 전자가 허구에 지나지 않는다면, 자연과학은 허구를 대상으로 하는 학문이 되기 때문이다.

　도다야마 자신은 '과학적 세계상을 우리의 인지 자원과 실재의 존재방식, 양자로부터 제약을 받아 양자가 합작하여 만들어내고 있는 **공동 작품과 같은 것으로서 생각해보기**'(같은 책, 302쪽)를 제안하고 있다. 요컨대 자연과학의 세계상은 세계의 존재를 그대로 모사한 사진이 아니며, 세계와는 무관계한 인간 인식의 구축물도 아니다. 존재인가 사유인가의 양자택

일이 아니라 세계와 인간의 인지의 공동 작품이 과학적 세계상의 본질이라고 도다야마는 말한다.

기존의 이설들의 대립을 조정하면서 과학적 실재론의 새로운 차원을 발견하고자 하는 도다야마의 모티브는 이 장에서 살펴보는 테일러와 드레이퍼스의 '다원적 실재론', 또한 다음 장에서 다루어지는 마르쿠스 가브리엘의 '새로운 실재론'과도 겹쳐진다. 그러나 여기서 주의해야 하는 것은 현대의 실재론자의 다수는 교조적인 과학적 실재론에 대해서는 비판적이라는 점이다.

예를 들어 하먼은 원자론이 대상을 해체하는 동시에 매몰하는 전략이라고 비판했다. 또한 드레이퍼스는 AI가 인간과 같은 심적 의미 세계를 지니는 것의 불가능성을 현상학적으로 논증하고 있다(드레이퍼스, 1992). 나아가 가브리엘은 인간적 인식의 모든 것을 뇌로 환원하는 '신경 구축주의'에 대해 강하게 반대한다(Gabriel, 2017).

물론 현대 실재론은 과학의 객관성을 의심하지 않는다. 오히려 역으로 자연과학이 만들어내는 보편성을 기본적으로는 인정한다. 그렇다면 어떠한 조건 하에서 과학적 실재론은 문제시되는 것일까? 문제의 본질은 다음과 같다 — 자연과학이 넓이를 만들어내기 위한 방법을 지니는 것이라면, 인간과 사회의 의미를 다루는 인문과학도 자연과학과 실증주의를 추종해야 하는가 아닌가 하는 것이다. 이것을 굳이 뇌 과학의 맥락에서 말하자면, '마음'은 '뇌'의 물리적 인과 연관으로 환원되는가 하는 것으로 된다.

요컨대 자연과학이 배타적 시스템이 되어 유일한 세계상으로서 숭배될 때, 현대 실재론은 다름을 주창하는 것이다. 그러나 과학적 세계상을 절대시하는 과학주의는 부당한 월권행위를 범하고 있고, 정말로 인간의 미래를 어둡게 만드는 것일까? 그리고 현대철학은 그것을 비판할 뿐만 아니라 대안을 준비하고 있는 것일까?

과학과 삶

현대 과학적 실재론의 하나의 예를 살펴보자. 심적 현상을 설명하는 심리학적 개념은 신경 과학의 개념으로 치환 가능하다(=소거적 유물론)고 하는 폴 처칠랜드는 자연과학이 세계의 실재적 질서를 가장 잘 표현하는 이론 체계라고 한 다음, 지각에 대해 우리가 사용하는 일련의 개념을 과학적 개념으로 치환할 수 있다면, 지각 그 자체의 구조가 참다운 실재적 질서에 좀 더 가까워질 수 있다고 하고 있다. 처칠랜드는 다음과 같이 말한다.

우리의 지각 판단은 이미 무엇이 세계에 존재하는가라는 것에 관해 독립적이고 이론 중립적인 결정자라는 특권적인 자격을 부여받으려고 하지 않는다. 이론의 우수함이 존재론 전체를 결정하는 근본적인 척도가 된다. 따라서 과학의 기능이란 지각 차원에서조차 세계에 대한 좀 더 탁월한, 그리고 (긴 안목에서 보면) 아마도 근원적으로 다른 구상을 우리에게 제공하는 것이라고 생각된다. (폴 처칠랜드, 1986, 13쪽)

아주 흥미로운 구절이다. 우선 지각 판단이 그대로 대상의 실재성을 근거짓는다고 말하지 않는다는 점에 주의가 필요하다. 지각 판단은 본래 중립적이 아니라 배경에 놓여 있는 이론들에 의해 구축되기 때문이다(=이론 적재성). 그런 의미에서 처칠랜드의 과학적 실재론은 논리 실증주의 이래의 과학적 실재론의 발전과 좌절에 입각하고 있는 것이자 결코 소박한 것이 아니지만, 그럼에도 거기서 두 가지 암묵적인 전제를 지적할 수 있다.

(1) 세계는 실재적 질서로서 존재하고, 최신의 과학 이론은 그 질서를 정확히 반영한다.

(2) 인간의 지각은 이론 적재적이다. 따라서 실재의 구조와

내용을 좀 더 깊이 파악하기 위해서는 인간의 인식에 가장 좋은 이론을 부여해야 한다. 그것이 자연과학의 이론이다.

세계의 실재의 질서는 과학적 영위에 의해 기술된다. 과학이란 적절한 전문 용어로 기술되는 이론 체계이지만, 그 개념은 일상 개념보다 정밀하게 정의되며, 따라서 좀 더 신뢰할 수 있다고 생각된다. 지각은 발생적으로는 이론 적재적으로 구조화되는 것이기 때문에, 그것은 과학의 언어 게임을 통해 좀 더 올바른 구조로 방향을 바꿀 수 있을 것이다. 처칠랜드의 추론은 대체로 이러하다.

하지만 그의 추론은 근본적으로 전도되어 있는 것이 아닐까? 내 생각에 과학의 질서에 삶의 질서를 밀어 넣는다고 하는 것은 불합리이며, 처칠랜드의 주장은 삶과 인식의 근원적 관계를 뒤집고 있다. 예를 들어 어린 아이들이 물을 마실 것으로서 인지하고, 또한 더럽혀진 손을 씻어내기 위한 것으로서 인지하는 것은 어린이가 '물은 물 분자의 집합체다'라는 과학적 사실을 일상 언어로 반영할 수 없기 때문이 아니라 어린이의 살아가는 관심을 중심으로 물의 의미와 목적이 만들어져 있기 때문일 뿐이다.

여기서 중요한 것은 삶의 현장이 수학적 정밀성을 반드시 요청하지는 않는다는 점이다. 어린이에게 있어 물은 마실 것으로서 인지되는 것으로 충분하지 그 이상으로 세세하게 규정될 필요는 없다. 물 분자의 집합체로서의 물이 정확한 인식이고 투명한 마실 것으로서의 물은 모호한 인식이며, 따라서 과학적 언어가 일상 언어를 대체할 수 있다고 하는 발상은 삶과 인식의 순서를 완전히 전도시키는 것이다.

과학을 정밀하게 규정하는 개념이 삶의 모든 장면에서 쓸모가 있는 것은 아니다. 따라서 과학은 삶을 일방적으로 규정할 수 없다. 오히려 실정은 그 반대이며, 자연과학이란 삶과 언어(기호)와 존재의 하나의 형태에 지나지 않는다고 말하는 것도 가능할 것이다. (상관주의적으로는) 자연과학도 역시 삶의 관심과의 상관관계에 놓여 있다. 처칠랜드의 논의는 많은 점에서 뛰어나지만, 삶의 근본 기제를 완전히 과학화=수학화할 수 있다고 생각하는 것은 과학의 형이상학화로부터 나타나는 표상의 오류인 것으로 보인다.

그런데 과학적 실재론에는 인간과 사회의 가치의 근거를 신경 과학적으로 근거짓고자 하는 시도도 존재한다(패트리샤 처칠랜드, 2013). 그 혁신적인 시도는 지금까지 논의되어 온 개념의 윤리학에 실증적 증거를 덧붙인다는 점에서 의의가 있을 것이다. 또한 패트리샤 처칠랜드 자신도 과도한 과학주의의 폐해에 대해서는 자각하고 있는 듯하다. 그러나 현대 사상에서 다루어지는 몇 가지 중요한 문제 ― 예를 들어 다양한 가치관이나 감수성을 지닌 사람들이 민족, 언어, 종교, 인종, 출신, 성 등의 특정한 귀속 의식에 의해 차별받지 않고서 공생하기 위한 원리를 발견하는 것 ― 는 윤리와 뇌 메커니즘의 인과적 대응 관계로는 해결될 수 없다는 사실을 분명히 의식하고 있지 못하다. 뒤에서 상세하게 살펴보겠지만, 이것은 과학과 문화가 빚는 마찰의 핵심에 닿아 있는 문제다.

사회적–문화적 차이를 상호적으로 승인하면서 공통의 이해를 창출하기 위해서는 유일한 객관 인식이라는 것을 전제해서는 안 되며, 한편으로는 공통 인식이, 다른 한편으로는 다양한 세계 인식이 나타나는 조건과 구조에 대한 철학적 고찰이 필요로 된다. 과학적 인식이 자주 문화적 인식과 대립하는 것은 한 마디로 말하면 과학이 유일한 객관 인식의 권리를 주장하기 때문일 뿐이다.

교조적인 과학주의에 대항하기 위해서는 자연과학과 실증 과학의 인식을 상대화해야만 한다. 그러나 그렇다고 해서 자연과학의 객관성이 손쉽게 기각되는 것도 아니다. 노에 게이이치가 지적하듯이 과학철학의 교조성을 해체한 다음, 새로운 합리성을 위해 그것을 재구성하는 것이야말로 현대 과학철학의 긴급하고도 중요한 과제 가운데 하나인 것이다(노에野家, 2013,

52쪽 이하). 요컨대 자연과학을 논리적으로 상대화하는 것만으로는 자연과학과 인문과학의 새로운 학문적 가능성을 열 수 없는 것이다.

되풀이하는 것이지만, 나는 자연과학의 객관성과 유용성에 의심을 지니고 있지 않다. 그러나 과학적 세계상이 유일한 절대적 진리로 간주되고, 물리적 인과 연관으로 환원되지 않는 질서는 모두 허구로 간주된다면, 그와 같은 상은 전도되어 있다고 말하지 않을 수 없다. 자연과학의 이론도 역시 구체적인 동시에 실천적인 삶의 장면으로부터 나타난 하나의 이론 체계이며 — 그것이 세계의 '실재적 질서'를 반영하는 것인지, 인간의 '상호 주관성'으로 환원되는 것인지, 세계와 인간의 '공동 작품'인 것인지에 대해서는 논의가 나누어진다 하더라도 — 자연과학이 삶의 모든 것을 남김없이 해명하는 것은 결코 가능하지 않은 것이다.

실증주의도 만능의 방법이 아니라 적용 가능한 영역은 제약되어 있다. 또는 이렇게도 말할 수 있을 것이다. 자연과학은 의도적으로 고찰의 대상을 사실에 한정함으로써 인류 역사상 드물게 보는 객관성의 창출에 성공했다고 말이다. 우리는 살아가기 위해 인식하는 것이지 결코 그 역은 아닌 것이다.

자연의 수학화

자연과학의 객관성의 근거에 대해서는 '자연의 수학화'라는 표현으로 후설이 특별히 언급해야 할 견해를 내놓았다. 또한 초월론적 관념론이 자연과학의 객관성을 어떻게 생각하는지를 미리 해명해두는 것은 관념론과 — 테일러와 드레이퍼스의 말로는 '매개설'과 — 비교한 실재론의 특징을 좀 더 명확히 해줄 것이다.

오해를 피하기 위해 미리 말해두자면, 뒤에서 보게 되는 테일러와 드레이퍼스의 입장은 '다원적이고 완강한 실재론'이다. 따라서 그들은 자연과학의 인식이 상호 주관성으로 환원된다고는 생각하지 않는다(또한 자연과학은 삶과 상관적이라고도 말하지 않는다). 테일러와 드레이퍼스에 따르자면, 자연과학의 대상은 '어디에도 없는 곳으로부터의 바라봄'에 의해 규정되는 자체 존재이다. 다만 테일러와 드레이퍼스는 교조적인 과학주의에 대해서는 반대하며, 문화의 다원성을 옹호하고 있다는 점도 덧붙여두어야 할 것이다.

그러면 수학의 연구로부터 출발한 후설의 논의를 참조하면서 관념론 입장에서의 자연과학의 객관성 조건을 확인해보자.

후설에 따르면 근대 자연과학의 제1조건은 수학의 개조다. 근대 이전의 유클리드 기하학과 고대 수학 일반은 공리적인 기초 개념과 원리로부터 연역적으로 도출되는 수학적 전체성이라는 이념을 지니고 있었긴 하지만, 여전히 '유한'의 관념에 결부되어 있었다. 그에 반해 해석 기하학과 대수학으로 대표되는 근대 수학은 존재하는 것의 '무한'한 전체는 수학적인 합리성에 의해 통일되어 있다고 하는 새로운 이념을 발견했다. 즉, 우주 전체는 수학적 질서에 따라서 구성되어 있다고 생각한 것이다.

수학자이기도 했던 데카르트와 라이프니츠가 이러한 보편 수학의 이상을 자각적으로 떠맡은 것은 잘 알려져 있지만, 자연과학의 영역에서도 자연의 본질은 수학에 의해 철두철미하게 밝혀진다고 하는 수학적 자연과학의 이념이 만들어진다. 시대적으로는 데카르트보다 조금 앞서지만, 르네상스 시기의 천재 갈릴레오 갈릴레이가 달성한 것은 근대 자연과학의 선언이라고 부를 수 있는 것이다. 갈릴레이는 '자연의 수학화'에 의해 자연 그 자체를 수학의 질서로 치환한다 — 어떠한 것일까?

우리는 사물을 수학적인 정밀함에서 경험하지 않는다. 수학적 의미에서의 순수한 직선, 순수한 점, 순수한 평면 등은 일반적으로 이념적인 것이고, 현실 세계에서 그것들을 직접 경험하는 것은 가능하지 않기 때문이다. 그 대신에 우리는 '똑바르다', '둥글다', '날카롭다' 등으로 사물의 형태를 표현한다. 그러한 표현들은 우리의 물리적 신체에 대해 상대적인 것이다. 그러면 자연과학은 수학적 정밀함과 어떻게 결부되는 것일까?

여기서 원시사회에서의 실천적 삶의 장면을 생각해보자. 그렇게 하면 물체의 형태에 대한 표현은 정도 문제라는 것이 쉽게 상상될 수 있다. 예를 들어 그들은 '동물을 사냥하기 위해 날카로운 돌이 필요하다', '집을 짓기 위해 똑바른 나무를 준비한다'와 같은 방식으로 다양한 자연물을 이용하고, 필요에 따라 적절히 가공했음에 틀림없다. 하지만 날카로운 돌이나 똑바른 나무라는 단계에서는 아직 거기에 수학적인 정밀함은 들어와 있지 않다.

경우에 따라서는 돌을 좀 더 날카롭게 한다든지 목재를 좀 더 똑바르게 다듬는다든지 할 필요가 생긴다. 이를 위해 기술 개량이 행해질 때마다 물체를 측정한다든지 가공한다든지 하기 위한 이론과 실천은 조금씩 정확해져간다. 즉, **생활의 필요로부터 기술 개량이 점차적으로 진전되어 가는 것이다.** 그렇지만 그것은 어디까지나 생활의 필요를 채우기 위한 것이지 수학적 정밀함은 요청되고 있지 않다. 그러나 이러한 되풀이되고 점차적으로 진전되어 가는 과정은 물체의 인식에 그때까지는 없었던 관점을 덧붙이게 된다. 좀 더 날카롭게 하기, 좀 더 똑바르게 하기를 반복해서 실현해가는 과정의 끝에는 완전히 날카로운 것, 완전히 똑바른 것이라는 극한의 형태의 이념이 놓여 있기 때문이다. 물체에 이념이 겹쳐지는 순간이다.

극한의 형태라는 이념에 관심을 지니는 것은 수학이다. 수학은 경험적인 실천이 결코 도달할 수 없는 정밀함을 획득하고 있기 때문에, 실천적인 측량술은 필연적으로 수학과 결부된다. 자연은 수학적으로 규정 가능한 이념으로서도 파악되게 되고, 그것이 '자연의 수학화'의 단서가 된다.

근대에 들어서면, 참된 객관 인식이란 수학적인 것이라고 하는 확신이 점점 더 시대를 지배하게 되었다. 주목해야 할 것은 근대 자연과학의 수학화 이상은 양적인 것뿐만 아니라 질적인 것에도 적용되었다는 점이다(=간접적 수학화). 질적인 것도 양적인 것으로 변환됨으로써 객관화=수학화된다 ― 자연은 가능한 한 수학화되고, 물리적인 인과 연관의 질서로 기술될 수 있는 것이 되는 것이다.

여기까지라면 과학과 철학 사이에는 아무런 알력도 생겨나지 않는다. 그렇기는커녕 자연의 수학화는 인류의 위대한 성과의 하나라고까지 말할 수 있을 것이다. 그러나 갈릴레오가 수학적 관계의 체계만이 객관적이며 그 밖의 인식은 모두 주관적이라고 했을 때, 삶과 인식의 관계의 전도가 일어났다고 후설은 말한다.

갈릴레이는 기하학과 감성적으로 나타나는 동시에 수학화

될 수 있는 것으로부터 출발하여 세계로 눈길을 향함으로써 인격적 생활을 영위하는 인격으로서의 주체를, 또한 모든 의미에서의 정신적인 것을, 나아가 인간의 실천에 의해 사물에서 생겨나는 문화적인 성질들을 모두 사상한다. 이와 같은 사상의 결과, 순수한 물체적인 사물이 남고, 그것이 구체적 실재로서 받아들여져 그 전체가 하나의 세계로서 주제화된다. 갈릴레이의 손에서 비로소 그 자체에서 실재적으로 완결된 물체 계로서의 자연의 이념이 나타난다고 말할 수 있을 것이다. (후설, 1995, 108쪽)

요컨대 문제의 본질은 다음과 같이 되는 것이다. 갈릴레이는 자연을 수학화함으로써 정밀한 객관 인식을 수립했지만, 수학적 인식을 절대화함으로써 그 이외의 정신적 및 문화적 대상을 학문적 탐구의 무대로부터 끌어내렸다. 삶의 관심은 배후로 방치되고, 수학과 손잡은 자연과학이 홀로 걸어가기 시작했던 것이다. 따라서 후설은 다음과 같이 말한다 — '갈릴레이는 발견하는 천재임과 동시에 은폐하는 천재이기도 하다.'(같은 책, 95쪽)

후설의 입장에서는 자연과학의 객관성도 역시 삶의 구체적인 동시에 실천적인 관심과 상관성을 지니며, 상호 주관적인 경험의 공유, 즉 누구에게나 똑같이 확실하게 납득될 수 있다는 것에 의해 성립한다. 하지만 그것이 배타적인 역학을 지니기 시작하면, 수학화하는 것이 학문의 지상명제가 되고, 결과적으로 삶, 정신, 도덕, 가치, 문화, 정동과 같은 수치화될 수 없는 사태는 탐구의 대상으로부터 제외된다. 후설 자신은 '본질학'이라는 슬로건 하에 의미와 가치를 탐구하는 보편학으로서의 철학의 부흥을 기도했지만, 그 이념이 동시대의 현상학자들에게 충분한 방식으로 받아들여지지 않은 것은 철학사에서의 비극 가운데 하나다.

실증주의 대 철학

자연과학의 객관성을 승인하면서 인문과학의 보편성도 동시에 옹호하는 것, 이 과제는 후설을 비롯한 19세기 후반부터 20세기 초의 유럽 철학이 몰두한 것이다. 앞에서 보았듯이 후설은 '자연의 수학화'라는 개념으로 자연과학의 객관성의 본질을 알아맞힌다. 하지만 실제로는 수학화의 영향은 자연과학에만 머물지 않았다.

설명해보자. 19세기에 심리학, 사회학, 역사학의 각 영역에서 자연과학의 방법을 기초로 하는 '실증주의'가 융성하고, 철학은 철학 고유의 방법을 근거지을 필요에 압박당했다. 예를 들어 프랑스의 사회학자 콩트는 『실증 정신론』(1844년)에서 인간 사유의 단계를 '신학적 단계', '형이상학적 단계', '실증적 단계'의 셋으로 구별하고 다음과 같이 말하고 있다.

> 관찰이야말로 인간의 현실적 욕구에 올바르게 합당한 지식, 참으로 추구 가능한 지식을 위한 유일한 기초가 될 수 있는 것이기 때문이다. …… 실증적 단계에서의 사유의 논리는 개별적이거나 일반적인 어떤 사실의 단순한 서술로 엄밀하게 환원될 수 없는 것과 같은 모든 명제에는 현실적이고 이해 가능한 어떠한 의미도 없다고 하는 것을 '근본 원칙'으로서 인정한다. (콩트, 1980, 156쪽)

과학의 명제는 사실로 환원되어야만 한다. 사실로 환원될 수 없는 근본 원인을 탐구하는 형이상학은 철학 및 사회학의 발전을 방해한다. 관찰 가능한 사실을 관통하는 '법칙'을 발견하는 것이 '과학'이며, 그것은 실증 정신에 기초하여 탐구가 수행되는 경우에만 가능해진다 — 철학은 형이상학과 헤어져 사실의 탐구로 향해야 한다. 콩트는 사회학에 실증 정신을 가지고 들어왔다. 그리고 그 탐구의 모범은 자연과학이었다. 이것은 이를테면 '사회의 수학화' 선언과 같다.

물론 실증주의의 압력에 대해 철학도 그저 조용히 보고만 있지는 않았다. 헤겔 사후에 가치의 문제를 다시 세우고자 한 로체의 신플라톤주의, 나아가 그로부터 칸트 철학에로 회귀하는 운동이 생겨나 코헨, 나토르프, 카시러 등의 마르부르크학파는 과학적 인식론의 근거짓기를 시도하고, 빈델반트, 리케르트, 라스크 등의 서남학파는 인문과학에 고유한 방법의 근거짓기와 가치의 문제에 다시 접근할 가능성을 모색했다.

주류 아카데미즘으로부터는 소외되어 있었긴 하지만, 19세기는 니체를 옹립하는 철학 세대이기도 했다. 삶의 자기 긍정을 중심에 놓은 모든 가치의 총체적 전환 시도는 새로운 가치 철학의 가능성을 개척할 것이었다. 자연과학의 방법에 대한 딜타이의 삶의 해석학을 여기에 덧붙일 수도 있을 것이다.

나아가 20세기에 들어서면 현상학이 앞무대에 등장한다. 현상학자는 의식에의 '나타남'을 제1원리로 삼아 체험으로부터 출발함으로써 보편학으로서의 철학을 근거짓고자 했다. 예를 들어 초기 현상학파의 셸러는 '철학적 세계관'과 '과학적 세계관'을 구별하고, 후자의 특징을 다음의 두 가지로 정리하고 있다(셸러, 1978, 343쪽).

(1) 기호의 의미와 사용에 대한 규약을 확립하고, 기호를 사용하여 세계를 일의적으로 설명한다.

(2) 가능한 한 적은 기호로 될 수 있는 한 많은 현상을 간결하

게(경제적으로) 설명한다.

자연과학은 우선 기준이 되는 단위를 정하고, 단위화된 자연에 적용 가능한 수식을 적용한다. 그때 자연과학은 좀 더 간결한 기호의 결합에 의한 방정식으로 좀 더 광범위한 현상을 설명하는 이론과 모델의 구축을 지향한다. 요컨대 '과학적 세계관'의 근본 원리는 '약속'과 '경제'라고 셸러는 생각했다.

그에 반해 '철학적 세계관'은 다양한 영역의 본질을 해명해야만 한다. 인위적인 기호의 매개를 벗어나 세계는 '직관'을 통해 직접적으로 '체험'된다. 그리고 그 체험을 기술하는 것이 셸러에게 있어서의 현상학인 것이다. '현상학적 철학은 순수하고 무전제이며 절대적인 인식을 줄 것을 요구한다'(같은 책, 355쪽)는 것이고, 세계 인식을 지향하는 '철학적 세계관'과 비교하면 '과학적 세계관'은 상대적인 것에 지나지 않는다.

셸러는 실제로는 좀 더 정교한 방식으로 논의를 전개하고 있지만, 그럼에도 '순수하고 무전제이며 절대적인 인식' 등등이 정말로 가능한가라는 의문은 남을 것이다. 더 나아가 철학도 기술하기 위해 개념을 사용하는 한에서 인위적인 기호에 사로잡혀 있는 것이 아닌가 하는 것이나 또한 직관은 순수한 동시에 절대적이라고 말할 수 있는가 등등, 납득이 되지 않는 점도 적지 않다. 현대철학에서도 자연과학과 인문과학의 관계는 다시 물어지고, 해결되지 않은 채로 미루어지고 있다.

정리해보자. '실증주의에 어떻게 대항할 것인가'라는 철학적 과제는 19세기부터 20세기에 걸친 철학의 초미의 물음이며, 셸러와 유사한 노력은 도처에서 이루어졌다(삶의 철학, 신칸트학파, 현상학). 그러나 그 과제는 결정적인 해결을 보지 못한 채로 현재에 이르고 있다. 그뿐만 아니라 더 나아가서는 철학이야말로 오만하고 교조적이라는 이의제기가 철학의 안팎으로부터 차례로 제기되었다(포스트모던 사상, 젠더 이론, 문화연구). 지금부터 살펴보는 테일러와 드레이퍼스의 노력은 바로 이 점에 관계된다.

나쁜 본질주의

이후의 논의를 위해 또 하나의 보조선을 그어두자. 그것은 '보편성', '본질', '진리', '실체', '실재'를 주장하는 철학에 대한 위화감이 자리 잡고 있는 곳이다. 즉, 포스트모던 사상, 젠더 이론, 문화 연구가 근대철학의 도그마에 반대하는 그 중심적인 동기를 확인해두고자 하는 것이다.

과학적 실재론은 이론적 대상의 실재성을 논의하는 경우는 있어도 어느 이데올로기를 지지해야 하는가에 대해 논의한다든지 하지는 않는다. 설령 마음과 뇌의 동일론자가 올바르고 의미와 가치가 궁극적으로 뇌로 환원된다고 하더라도, 그렇다고 해서 사회적–문화적 차이가 직접 억압된다든지 하지는 않는다. 요컨대 실증주의와 과학적 실재론의 계보는 인간적 삶의 본질을 다루고자 하는 철학에 대해 숙적이긴 하지만, 그것 자체가 억압의 원리로서 기능한다는 것은 그다지 생각되지 않는다.

여기서 자연과학의 '객관성'에 대해 인문과학의 '보편성'을 대치시키면 모든 것이 다 잘 되는 것일까? 즉, 본질(의미와 가치)의 보편성으로 사실의 객관성에 대항할 수 있을까? 예를 들어 무한한 동시에 완전한 신으로 하여금 본질의 근거를 보증하도록 하거나 '사실은 존재한다'에 대해 '가치는 타당을 요구한다'고 주장하고, 또는 본질 그 자체를 실체화하는 등, 몇 가지 방법이 있다. 그러나 근대철학이 주장하는 '보편성'은 실증주의와 과학적 실재론으로부터 뿐만 아니라 철학의 내부로부터도 격렬하게 비판되었다. 거기에는 대체로 두 가지 이유가 있다.

(1) 본질의 보편성은 사회적-문화적 다양성을 제대로 설명할 수 없다. 철학이 믿는 가치의 보편성은 유럽 지역적인 것이다.

(2) 본질의 보편성은 전체주의로 귀결된다. 선악의 근거가 교조적인 것으로 되고, 그 전체성에게 적대시된 자가 경험하는 처참한 말로는 대량 학살과 인체 실험을 포함하여 많은 역사적 사실이 증언한다.

요컨대 본질의 보편성은 위험하다. 왜냐하면 그것은 사회적–문화적 다양성을 하나의 틀로만 밀어 넣고자 하는 것이고, 그와 같은 틀을 전제하는 유럽적 발상이야말로 모든 악의 근원이기 때문이라는 것이다. 노예제, 식민지 지배, 세계 대전, 나치즘, 스탈린주의 — 인간성의 패배를 상징하는 비참한 사건들은 진리란 보편적이어야 한다는 교조성 그 자체로부터 나타난 것이 아닐까? 인문과학의 보편성이 잘 창출되지 않는 이유의 하나는 보편성과 폭력의 인연에 놓여 있는 것이다.

플라톤 이래의 전통으로서 철학에는 '본질주의'라는 입장이 있다. 일반적으로 본질주의란 '대상은 그것이 무엇인지를 규정하는 본질을 지니며, 본질은 대상에 부수되는 우연적인 성질과는 구별된다'고 하는 입장을 가리킨다. 예를 들어 페트병, 물통, 포트에 대해 생각해보자. 모두 다 마실 것을 담는 용기라는 점에서는 동일한 성질을 지니지만, 각각을 구별하는 본질을 우선 다음과 같이 규정해보자.

페트병 — 가지고 다니기 쉬운 마실 것을 담는 용기

물통 — 가지고 다니기 쉬운 보온 기능이 있는 마실 것을 담는 용기

포트 — 보온 기능이 있는 마실 것을 담는 용기

페트병, 물통, 포트에 있어 메이커, 색깔, 디자인, 광택 등은 우연적인 성질이고, 그것들의 본질이라고는 말할 수 없다. 물통이 빨간지 검은지, 맵시가 나는 것인지 아닌지와 같은 것은 그 밖의 색깔이나 디자인으로도 물통은 물통일 수 있다는 의미에서 우연적인 성질이기 때문이다. 다른 한편 가지고 다니기 쉬움이나 보온 기능은 본질적인 구분이 될 것이다. 우리가 페트병, 물통, 포트를 서로 구별하는 근거, 요컨대 그것이 그것이기 위해 필요한 성질이 본질인 것이다(물론 잘 생각해보면 가지고 다니기 쉬운 보온 기능이 없는 물통과 같은 불분명한 영역도 있지만, 여기서는 논의를 알기 쉽게 하기 위해 단순화한다).

다음으로 플라톤의 이데아론을 모방하여 본질은 이 세계의 건너편에 실체로서 존재하며, 모든 대상은 본질을 분유함으로써 동일성을 획득한다고 생각해보자. 그리고 실험적으로 명확한 악의를 지니고서 이 본질주의를 '남자'와 '여자'에 적용하면 어떻게 되는 것일까?

남자— Y 염색체와 선거권을 지니고, 마음껏 밖에서 활동하
　　는 자
여자— Y 염색체와 선거권을 지니지 못하고, 집을 지키는
　　정숙한 자

　남자는 밖에서 활동해야 하고, 여자는 집에서 아이를 길러야
한다. 남자는 자기 마음대로 있어야 하고, 여자는 얌전해야
한다— 성적 차이는 사회적으로 구축된 것이라고 주장할 것까지
도 없이 이제 와서 보면 이러한 차별적 관념들은 논외이지만,
여성의 참정권이 세계적으로 겨우 인정된 것은 20세기에 들어
선 이후의 일이다(세계 최초의 여성 참정권은 뉴질랜드의
1893년). 그리고 현재도 역시 '젠더 평등'을 실현하기 위해
많은 양식 있는 사람들이 부당한 성 차별과 계속해서 싸우고
있다.
　이와 같이 운용의 방식을 잘못하게 되면 본질주의는 쉽사리
폭력으로 반전된다는 것을 알 수 있다. 여기서 부당한 차별과
억압을 초래하는 본질주의를 '나쁜 본질주의'라고 부르기로
하자. 나쁜 본질주의는 본질 그 자체를 대상의 절대적인 규정성
으로 간주한다. 인식은 단순화되어 알기 쉽게 되지만, 본질
범주가 권력 관계와 결부되는 경우에는 위험한 사상이 된다.
대다수의 사람이 소수의 사람을, 힘 있는 사람이 힘없는 사람을

일방적으로 범주화하고 교조적인 규정을 강요한다 — **저놈들**은 본질적으로 열등한 자들이라고 말이다.

보편주의와 본질주의에 대한 혐오감은 그것들이 폭력이나 차별과 어딘가에서 결부되어 있다는 직감에 그 원천을 지닌다. 실제로는 플라톤과 라이프니츠로 대표되는 전통적 본질주의의 근본 동기가 오히려 역으로 선의 근거를 담보하기 위해 본질의 실체성을 논의한 것이지만, 우리는 적어도 보편주의와 본질주의를 소박하게 주장할 위험성을 이해하지 않으면 안 된다.

권력 다툼에 이용되는 나쁜 본질주의는 사회와 문화의 다양한 영역에서 마찰을 불러일으킨다. 문제의 소재를 구체적으로 제시하기 위해 에드워드 사이드의 『오리엔탈리즘』의 유명한 구절을 인용해보자.

> 오리엔탈리즘 안에서 나타나는 오리엔트는 서양의 학문과 서양인의 의식, 나아가 시대가 아래로부터는 서양의 제국 지배 영역, 이것들 안으로 오리엔트를 끌어들인 일련의 총체적인 힘의 편성에 의해 틀지어진 표상의 체계다. (사이드, 1993, (하) 14쪽)

어떠한 의미에서도 오리엔트 그 자체는 있을 수 없다. 오리엔탈리즘의 '오리엔트'라는 것은 이국정서에 대한 호기심을 지닌 시선에 의해 일방적으로 구축된 표상의 체계다. 정치적인 권력 위계질서가 오리엔트라는 개념의 규정성에 이미 들어와 있다. 자기 중심주의적으로 대상을 규정하는 본질주의적인 사유야말로 악의 원흉이며, 본질이란 상대적으로 구축된 것이라는 점을 철저하게 폭로해야만 한다. 그렇지 않으면 학대당하는 자의 정치적 해방은 있을 수 없다. 사이드의 본질주의에 대한 반대는 나쁜 본질주의의 죄과를 보여주고 있는 것이다.

문화 연구의 대표적 논객이기도 한 테일러는 의미, 가치, 진리, 본질, 보편성과 같은 개념의 위험성과 예상되는 사회적—문화적 소수자로부터의 반발을 잘 알고 있었다. 그럼에도 가치의 보편성은 무언가의 방식으로 옹호되어야만 한다고 테일러는 생각한다. 선악의 가치 질서에 어떠한 근거도 없다고 한다면, 폭력에 대항할 방법이 없기 때문이다.

2. 매개설로부터 접촉설로

매개설이라는 일반적 표상

테일러와 드레이퍼스의 전략은 다음과 같다. 각각의 문화에 특유한 관점으로부터의 인식이 실재를 기술할 수 있다는 것을 인정하면서, 자연에 대한 '어디에도 없는 곳으로부터의 바라봄'(=자체 존재)도 옹호한다. 요컨대 자연과학의 이론뿐만 아니라 문화적 인식도 실재에 관여한다고 생각하는 것이다.

하지만 이를 위해서는 통속적인 관념론의 전통을 파괴하고, 철학을 실재론으로 방향을 돌리게 할 필요가 있다. 테일러와 드레이퍼스는 철학에 폭넓게 만연해 있는 사물에 대한 견해를 '매개설'이라고 부른다. 매개설이란 '인식하는 자는 관념, 표상, 의미 등의 (심적) 매개를 통해서만 외적 실재(사물)에 관계할 수 있다'고 생각하는 입장이다. 그와 같은 틀에서는 지식이란 외적 세계의 올바른 표상이라고 간주된다.

예를 들어 사과를 인지하는 경우, 그 실재성의 근거는 사과의 상이 의식에 주어져 있다는 점에 놓여 있다고 매개설은 주장한다. 빨갛고 둥근 사과가 보이고 있기 때문에, 사과가 현실에 존재한다는 것을 인지한다. 역으로 말하면, 의식에 대한 현출 없이는 사과를 인지할 수 없다. 우리는 실재하는 사과에 사과의 상을 매개로 해서만 접근할 수 있으며, 그런 까닭에 사과에 대한 지식이란 사과 그 자체의 올바른 표상이다. 이것이 매개설의 사물에 대한 견해다.

근대철학에서 매개설의 대표적인 옹호자는 데카르트와 로크이며, 따라서 그것은 절대로 의심할 수 없는 인식의 기초 단위를 획득하고자 하는 '정초주의'와도 관련되어 있다. 예를 들어 로크는 『인간 지성론』에서 다음과 같이 말한다.

> 감관의 대상은 그 대부분이 우리가 바라든지 바라지 않든지 상관없이 개개의 관념을 마음에로 밀어붙이며, 마음의 작용은 우리에게 이 작용을 적어도 어렴풋이 사념하지 않을 수 없게 하기 때문이다. …… 우리를 둘러싼 물체가 기관들을 다양하게 감촉할 때, 마음은 인상을 좋든 싫든 받아들여 이 인상에 결부된 관념의 지각을 피할 수 없는 것이다. (로크, 1980, 84쪽)

감관의 대상인 외적 사물은 '나'의 의식의 건너편으로부터 다양한 관념을 부여해준다. 다케다 세이지의 탁월한 표현을 사용하자면, 지각상은 의식에 도래하는 것이다(다케다竹田, 2017a, 343쪽). 그 소여는 의식이 자유롭게 할 수 있는 것이 아니지만(그것은 좋든 싫든 보이게 되기 때문에), 무언가의 관념이 주어짐으로써 '나'는 외적 사물의 존재를 인지할 수 있다 — 아니 그보다는 오히려 의식이 자유롭게 할 수 있는 것이 아니라는 사실이야말로 외부 세계가 확고하게 실재한다는 것을 확신하는 조건이 될 것이다. 로크에게서는 관념을 지니는 것과 지각하는 것은 동일하며, 감각적 경험에 의해 비로소 관념을 지니게 된다(=생득 관념의 부정).

자연을 비추는 거울로서의 마음이라는 구도, 마음은 실재를 비추는 거울이며 '거울을 점검하고 복원하며 갈고 닦음으로써 좀 더 정확한 표상을 손에 넣고자 하는 전략(로티, 1993, 31쪽)은 후에 로티나 콰인 등의 프래그머티스트에게서 통렬하게 비판당하게 된다. 그러나 매개하는 것이 '표상'이 아니라 '언어'('언어론적 전회')나 '물리적 자극'('자연화된 인식론')으로 되었다 하더라도 무언가의 '매개'에 의해 외적 실재에 접근하는 것이라면 그것들도 매개설을 변주한 것에 지나지 않는다.

위와 같은 것을 토대로 하면, 전래의 '심신 이원론'을 전제로 한 철학만이 매개설은 아니게 된다. 거기에는 '언어론적 전회' 이후의 분석철학이나 사실의 인식을 중시하는 과학철학도 포함된다. 참으로 존재하는 것이 물적 질서인지 심적 질서인지는 문제가 아니며, 사물과 마음이라는 틀 그 자체를 암암리에 전제하는 철학은 모두 매개설에 휘말리게 될 가능성을 지닌다.

테일러와 드레이퍼스에 따르면, 매개설의 본질적 특징은 네 가지로 정리될 수 있다(테일러+드레이퍼스, 2016, 16쪽 이하).

(1) '매개해서만'이라는 구조 — 마음/생물 개체의 무언가의 특징을 매개해서만 외부 세계에 접근할 수 있다.

(2) 명시적인 요소 — 지식의 내용은 명확히 정의되는 명시적인 요소로 분해된다.

(3) 신념의 정당화 — 신념은 명시적인 요소로 구성되기 때문에, 신념을 정당화하는 경우에도 명시적인 요소의 배후로 돌아갈 수 없다.

(4) 이원론적 분류 — 심적–물적이라는 구별. 심적인 것은 모두 사물의 질서로 환원될 수 있다고 생각하는 경우에도, 환원되어야 할 심적인 것이라는 범주를 전제한다는 점에서, 이원론적 분류의 영향 아래 있다.

이러한 네 가지 특징을 염두에 두면, 뇌가 디지털 컴퓨터와 같은 활동을 한다고 생각하는 '컴퓨터 모델'에서조차 사실은 그렇다고 깨닫지 못한 채로 '매개설'의 전통을 답습하고 있다는 것을 알 수 있을 것이다. 각각의 대응 관계는 다음과 같이 된다(같은 책, 24쪽).

(1) 이 모델에서는 마음이 환경으로부터 '입력'을 받아들여 '출력'을 산출하는 것이라고 말해진다.

(2) 계산은 처리를 받는 명확히 정의된 정보의 모임을 기초로

하여 나아간다.

(3) 컴퓨터로서의 뇌는 순수하게 '구문론적인 엔진'이며, 계산이 세계에 대한 '지시'를 획득하는 것은 이러한 '입력'들을 매개로 해서이다.

(4) 이러한 마음의 활동들에 대한 설명은 물리주의적인 기반 위에서 이루어지며, 심적 조작은 그 기초가 되는 엔진인 뇌의 물리적 작용에 의해 설명된다.

입력을 매개로 하여 출력을 산출하는 컴퓨터 모델의 발상, 그리고 그 입력된 데이터에는 명확한 기초 단위가 있다는 생각은 분명히 매개설의 그것이다. 요컨대 이렇게 말할 수 있을 것이다. 언뜻 보면 데카르트와 로크 등의 전통적인 관념론과 결별하고 있는 것으로 보이는 철학도 매개설이라는 관점에서 다시 보는 경우에는 여전히 전통의 내부에 머물러 있다고 말이다.

데카르트는 '정신'과 '물체'의 본질을 각각 다른 것으로 생각하고, '심신 이원론'의 아포리아를 산출했다. 그것은 지금까지 많은 식자들로부터 비판받아 왔다. 그러나 데카르트를 비판하고, 마음을 사물로(또는 사물을 마음으로) 환원하는 일원론의 시도도 — 마음과 사물이 무언가에 의해 매개되어 있다고 생각하는 점에서 — 마음과 사물의 구별을 변함없이 답습하고 있다. '매개설'이라는 일반적 표상은 그 정도로 뿌리 깊게 현대의 인지과학에서조차 이러한 전통의 일부가 되어 있는 것이다.

따라서 좀 더 정확히 말하자면, 관념론이든 실재론이든 이러한 네 가지 본질적 특징을 지니는 철학은 모두 매개설이게 된다. 그리고 그 도식에서는 우리가 체험하고 있는 세계의 실재성을 제대로 설명할 수 없다고 테일러와 드레이퍼스는 말한다. 하지만 매개설 이외에 유력한 사유방식이 있을 수 있을까?

매개설의 동요

순서를 따라 설명해보자. 관념을 통해 외적 실재에 접근한다는 매개설의 원형을 처음으로 동요시킨 것은 칸트이다. 왜냐하면 칸트는 감각적인 인상에 대해 '……에 대해'라는 성격을 이미 인정하고 있었기 때문이다. 요컨대 (안쪽의) 감각 소여도 이미 (바깥쪽의) 무언가의 대상에 대한 감각이라고 함으로써 마음과 사물의 이항대립이 흔들리기 시작했던 것이다.

테일러와 드레이퍼스에 따르면, 칸트를 이은 것은 하이데거, 메를로퐁티, 비트겐슈타인이다. 세 사람에게 공통된 것은 세계에 대한 실천적인 관여를 강조한 것이다. 현존재는 세계에 토대하여 친숙해져 살고 있으며(하이데거), 신체의 본질은 가능성을 지향하여 세계에 관여하는 실존이고(메를로퐁티), 세계 분절이란 '언어 게임'에 휘말려 그 규칙에 친숙해지는 것이다(비트겐슈타인)…… 모두 다 매개 없이 관여한다는 것이 요점이다.

실천적으로 세계에 관여하는 장면에서는 매개 없이 실재와 직접 접촉하고 있다. 그때 우리는 직접적인 동시에 무매개적으로 또는 아주 친숙해진 것으로서 주위 세계의 다양한 사물을 솜씨 좋게 처리하고 있다. 그렇다면 세계의 여기저기를 돌아다니고 대상에 작용하는 실천적 활동에서는 내부와 외부라는 이항 대립이 존재하지 않는다. 요컨대 실천적 행위에서 신체는 세계에 직접 접촉하고 있다는 것이다. 신체가 행위를 자동적으로 최적화하는 것이다. 스포츠를 예로 들면 이해하기가 쉽다.

예를 들어 럭비에서 볼을 받아 상대방을 피해 우리 편에게 패스를 연결함으로써 트라이를 하는 장면. 선수의 신체는 필드의 라인, 상대방과의 거리감, 우리 편의 위치를 선행적으로 이해하고 있다. 그래서 선수는 특정한 무언가를 의식하는 것이 아니라 볼을 받기 이전에 이를테면 필드와 게임 전체를 이해한다. 상대 선수와 어떤 거리감으로 스텝을 밟고, 어떤 방향으로 상대방을 피하며, 그 순간 어느 위치에서 우리 편이 달려가고 있는지, 어느 정도의 스피드로 패스를 하면 우리 편 선수가 받을 수 있는지. 실천적인 대처 과정에서 그러한 것들은 관념을 빼놓고서 직접 느껴진다. 이성에 앞서 신체가 가장 적절한 판단을 하는 것이다. 오히려 쓸데없는 관념에 사로잡힐 때 일련의 플레이가 잘 되지 않는 경우가 많다. 멋진 플레이는 게임에 열중하여 자신을 잊을 정도로 빠져 있을 때 생겨난다. 이 점은 많은 선수의 체험에 공통될 것이다. 테일러와 드레이퍼스는 매개설을 넘어설 가능성을 이와 같은 신체성에서 간취한다.

물론 실천적 행위에는 이론적인 반성적 대상화에 의해 쌓인 지식이 반영되어 있다. '저 장면에서는 차라리 이렇게 하는 게 좋았다', '나중에 영상을 보면 우리 편 선수가 여기로 와 있었다' 등, 실천적인 대처 활동을 나중에 돌아보고, 그것을 또한 다음 실천에서 활용하는 것이 의의를 지닌다는 것은 틀림없다. 대처 활동에서의 비개념적인 선행 이해에는 확실히 개념적인 파악이 살려지고 있는 것이다. 그러나 그럼에도 불구하고 테일러와 드레이퍼스는 실천적인 대처 활동의 우위를 강조한다.

어떠한 반성적, 개념적 사유 활동의 경우에도 그것들이 지닐 수 있는 내용은 배경적 이해에 의해 성립하는 맥락 안에

사유 활동이 자리매김 되어온 것에 한정된다. 그리고 바로
그 배경적 이해는 일상적인 대처 활동의 기반임과 동시에
일상적 대처 활동 속에서 산출되는 것이다. (테일러+드레이퍼
스, 2016, 89쪽 이하)

반성적으로 무언가를 파악하는 경우, 거기서 파악되는 것은
일상적인 대처 활동을 뒷받침하는 배경의 맥락에 한정된다.
하이데거의 술어를 사용하자면, 이 배경은 — 보통은 그것으
로 의심하지 못하고서 — 염려에 상관하는 의미 연관으로서
나타난다고 말할 수 있을 것이다. 그때마다의 관심과 상황의
맥락에 의존하는 이러한 배경적 이해는 일상적 실천이 쌓여가
는 가운데 서서히 그 엮임이 바뀐다(반성이 살려진다). 그러나
그야 어쨌든 실존적 신체의 실재 세계에 대한 직접적 접촉이
선행하는 것이며, 관념, 표상, (개념적) 의미를 매개로 한 반성적
활동은 사후적인 것에 지나지 않는다.
　배경적 이해에 대해서는 다케다가 제창하는 '욕망론'이 좀
더 명확한 비전을 제공해준다. 다케다는 '의미'의 본질에 대해
다음과 같이 쓰고 있다.

대상의 인식이란 단지 그 형상의 지각이 아니라 대상이라는
목표에 도달하기 위해 이루어져야 할 것의 총체가 그 순서성과

우선성, 중요성이라는 질서에서 분절적으로 파악되는 것이다. 생물이 대상을 인지한다는 것은 기투되어야 할 목적성이라는 '원근법'의 중심으로부터 대상을 직관적으로 파악하는 것이며, '의미'란 이러한 과정에서 목적 상관적인 행해져야 할 것에 대한 분절적인 이해 가능성일 뿐이다(지각이 일별적인, 즉 직관적 구조로서 구성되는 것은 생물에게 있어 필수적인 생존 조건이기도 할 것이다). (다케다竹田, 2017a, 460쪽)

'의미'란 '목적 상관적인 행해져야 할 것에 대한 분절적인 이해 가능성'이며, 더욱이 그것은 일별되는 가운데 직관적 구조로서 구성되고 파악된다. 트라이를 한다는 목적에 대해 우리 편과 상대편의 흩어지는 방식, 자신과 필드의 위치 관계, 비어 있는 공간 등이 일별되는 가운데 이해되고, 신체는 목적 달성을 위해 행해져야 할 것에 대해 우선순위를 정하는 것이다(이리하고 저리하고 이렇게 하면 트라이를 할 수 있다). 실존적 신체는 욕망이 움직임과 동시에 가능성(……할 수 있다)을 지향하여 실천적으로 목적을 기투하고, 그렇게 함으로써 지각 장 전체는 순서성, 우선성, 중요성의 질서로서 분절된다. 신체는 그때마다의 맥락의 한계에 따라, 그러나 또한 목적에 대한 최선의 결과를 이룰 수 있도록 대처하는 것이다.

정리해보자. 인식의 구조에 대해 이론적으로 반성하면, 마치 무언가의 기초적 요소를 매개로 하여 외적 실재에 대한 판단과 지식이 구성되는 것처럼 보인다. 그러나 실천적으로는 그렇지 않으며, 신체는 외적 실재에 직접 접촉하고 있다. 이론은 실천에서의 배경적 이해를 전제로 하는 한에서, 관념론에 의해 실재론이 무효화되는 것은 우스꽝스럽다. 오히려 실재론이야말로 옹호되어야 하는 것이다.

매개설/접촉설을 좀 더 생각한다

매개설은 실천적인 대처 활동을 제대로 설명할 수 없다. 따라서 매개설이라는 그림은 포기되어야만 한다. 나아가 중요한 문제가 있다. 매개설은 상대주의로 변모한다. 철학적으로는 이것이야말로 가장 우려해야 할 사태다. 다음의 구절은 다시 '넓이'(보편성)를 탈환하는 것이 테일러와 드레이퍼스의 근본 동기라는 것을 엿보게 해준다.

매개설은 반동에 의해 회의주의, 상대주의, 그리고 다양한 형식의 비실재론과 결부된다. 일단 진리를 확립하기 위한 정초주의의 논의가 잘 되지 않는다는 것이 분명해지면, 자기에게 틀어박혀 초월적인 세계와의 접촉을 상실한 주관이라는 이미지가 남게 된다. ⋯⋯ 논쟁의 당사자들 각각이 자신의 상 안에 푹 들어가 있는 것이라고 한다면, 그들은 어떻게 해서 자신의 논의를 공통적으로 입수 가능한 요소에 기초지을 수 있는 것일까? (테일러+드레이퍼스, 2016, 91-92쪽)

매개설은 유아론적인 상대주의가 된다. 왜냐하면 각각의 '나'가 '나'에 고유한 렌즈로 세계를 바라본다는 이미지를 가져오기 때문이다. 그리하여 '나'는 초월적인 세계와의 접촉을 상실하고, 주관적인 소여와 객관적인 실재와의 거리가 강하게 의식되게 된다. 누구나 동일하게 볼 수 있는 실재라는 공통항을 잃고, '나'와 '타자'의 공통 이해의 가능성은 닫히고 만다. 또는 이렇게도 말할 수 있다. 실재적 세계와의 직접적인 접촉에서 '나'는 사물에게 촉발되면서 사물에게 작용을 가하는 '수동성'과 '능동성'의 상호 침투를 살아가고 있지만, 거기서는 바로 '나'와 실재가 분열되어 있지 않기 때문에, 누구나 동일한 세계에서 살아가고 있다는 공통 감각의 기반이 유지된다고 말이다.

어떤 전체론적인 배경 안에서 자신의 방향을 잡음으로써 그 전체론적인 배경을 열어 보일 때, 우리는 독립한 객관적 실재를 올바르게 붙잡고자 노력하는 주관이 아니라 오히려

지시 전파가 보여주는 항로에 따르고자 하는 조종사처럼 우리
를 끌어들여 진행 중인 대처 활동을 계속하게 하는 힘의 장에
몰입하고 있다. 그와 같은 활동에서는 마음과 세계 사이의
거리가 없기 때문에, 관념적 내용이 마음과 세계의 관계를
매개할 필요도 없다. (같은 책, 137쪽)

데카르트 이후 철학의 노력은 주관과 객관을 어떻게 일치시
킬 것인가 하는 것에 기울어져 왔다. 어떠한 신념이라면 대상
그 자체와 합치하는 것일까, 어떠한 조건이 있으면 의견은
지식이 될 수 있을까, 요컨대 진리는 대상의 본질에 일치해야만
한다고 생각되어온 것이다. 그 노력의 배경에는 진리의 불가능
성을 주장하는 상대주의와의 대결이 있었다.

그러나 이 구도 그 자체가 불합리하다면 어떠할까? 그 경우
지금까지의 쟁점은 어긋나 있었던 것이 된다. 매개 없이 세계를
직접 각지하는 것이라면, 본래 주관과 객관의 일치는 문제가
되지 않는다. 적어도 우리가 공통의 세계에서 살아가고 있다는
사실을 철학의 출발점으로서 확보할 수 있을 것이다. 그리하여
그로부터 새로운 철학을 시작하면 될 것이다.

그런데 '매개설로부터 접촉설로'라는 인식론의 구조 전환이
지금까지의 관념론—실재론 논쟁에 일정한 전망을 준다는 것
까지는 이해할 수 있다. 하지만 그것만으로는 문제의 본질적

해결이 이루어지지 않는다. 접촉설은 시작이지 끝이 아니며, 자연과학과 인문과학을 조정하는 새로운 모델을 제기하는 것이 참된 문제이기 때문이다.

우선 우리가 필요로 하는 '넓이'를 분명히 해보자. 탈환해야 하는 넓이란 크게는 자연과학의 객관성과 선악의 질서의 보편성이다. 요컨대 다음과 같다 — 모든 인식이 상대적인 것에 지나지 않는 것이라면, (1) 자연과학이 수립한 광범위한 인식의 객관성을 설명할 수 없으며, (2) 선악의 보편적 근거를 발견할 가능성도 무너지고 만다. 그러나 앞에서 시사했듯이 상대주의적 매개설의 반대의 극에는 교조적인 과학적 실재론과 나쁜 본질주의가 놓여 있으며, 그것들의 논리에도 대항할 수 있는 철학을 구상해야만 하는 것이다.

단적으로 말하자면, 여기서는 고대 그리스로부터 존재하는 상대주의와 교조주의의 대립이 재연되고 있는 것이다. 후설이라면 모든 존재를 초월론적 주관성에서 구성된 것으로 간주하고(교조주의에 대한 대항), 상호 주관적 확증을 창출하기 위한 공통의 조건을 탐구함으로써(상대주의에 대한 대항), 상대주의와 교조주의의 대립을 극복하고, 보편학으로서의 철학을 수립하고자 할 것이다. 이것은 신념 대립 극복을 위한 관념론적 전략이다.

그에 반해 테일러와 드레이퍼스는 다른 선택을 한다. 그것은 다양한 신념을 공존시키기 위한 실재론적 전략이라고 부를 수 있는 것이다. 관념론적 전략과 비교한다면, 이 전략의 특징은 (1) 과학의 객관성을 상호 주관성으로 환원하지 않고 '어디에도 없는 곳으로부터의 바라봄'을 옹호하는 것, (2) 각각의 문화에 특유한 관점으로부터의 실재에 대한 접근도 인정하고, 문화적 다양성을 옹호하는 것이다. 요컨대 과학과 문화, 쌍방의 설명을 배려하면서 실재론을 구성하고자 하는 것이다.

크립키의 '과학적 본질주의'와 로티의 '수축적 실재론'에 맞서 테일러와 드레이퍼스는 스스로의 입장을 '다원적 실재론'이라고 부른다.

3. 새로운 넓이의 행로 — 다원적 실재론

크립키의 과학적 본질주의

우선은 크립키의 과학적 본질주의에 대해 살펴보자. 크립키에 따르면 과학적 언명은 어떠한 가능 세계에서도 타당한 필연적 진리다. 여기서 '가능 세계'란 현실 세계와는 다른 우주에 — 예를 들어 평행 세계와 같은 방식으로 — 존재하고, 언젠가 발견되는 그러한 것이 아니라 우리가 반사실적 상황에 대해 말할 때에 약정되는 것이다. 간단히 말하면, 가능 세계는 우리가 그것을 말함으로써 생성한다고 말할 수 있을 것이다.

예를 들어 '2009년에 민주당이 정권을 탈취하지 않았다면, 일본 경제는 더욱더 회복되었음에 틀림없다'라는 언명을 생각해보자. 현실 세계에서는 2009년의 중의원 선거에서 민주당이 자민당을 깨트리고 하토야마 내각이 발족했기 때문에, '민주당이 정권을 탈취하지 않았더라면'이라는 반사실적인 상정은 가능 세계의 하나를 가리키는 것이 된다. 그 가능 세계는 자민당이 정권을 계속 장악한 세계다. 민주당이 정권을 탈취하지 못하고 자민당 정권이 계속되었더라면, 좀 더 이른 단계에서 아베노믹스가 추진되고 일본 경제는 지금보다 더욱 회복해 있었을지도 모른다. 하지만 그와 같은 세계에서 제2차 아베 내각이 탄생했을 것인가, 오자와 이치로는 민주당에 머물러 있었을 것인가……라고 다양한 상정을 쌓아 올릴 수 있다.

이리하여 가능 세계를 기술하는 것이 그대로 가능 세계를 조건짓는다는 것을 알 수 있다. 물론 우리는 다른 상정을 하는 경우도 있다. '2009년에 민주당이 정권을 탈취하지 않았더라면, 비정규 고용자는 더욱 늘어나 있었음에 틀림없다'라는 식으로 말이다. 그렇게 하면 새롭게 조건지어진 또 하나의 가능 세계가 생성될 것이다. 가능 세계는 우리가 그 세계를 상정하고 기술함으로써 성립하는 것이다. 따라서 상정과 기술의 수만큼 가능 세계는 존재할 수 있다.

크립키는 모든 가능 세계에서 동일한 대상을 가리키는 말을 '고정 지시자'라고 불렀다. 여기서 주의해야 하는 것은 '고정 지시자'는 모든 가능 세계에서 대상이 실제로 존재한다는 것을 의미하지 않는다는 점이다. 즉, 아베 신조가 존재하지 않는 세계를 상정하는 것이 가능하다 하더라도 (우리가 사용하는) 말('아베 신조')이 언제나 동일한 대상을 가리키는 경우, 그것은 고정 지시자가 된다. 어떤 가능 세계에서 아베 신조는 총리가 아니라 배우일지도 모른다. 그러나 그렇더라도 '아베 신조'라는 고유명은 특정한 생물학적 기원으로부터 태어난 그 사람을 직접 가리킬 것이다. 따라서 '아베 신조'는 어떠한 가능 세계에서도 동일한 대상을 지시하는 고정 지시자인 것이다.

크립키의 설명은 다음과 같다. 어떤 언명이 필연적 진리이기 위해서는 현실 세계에서 그것이 참일 뿐만 아니라 상정될 수 있는 모든 가능 세계에서도 그 언명이 참이어야만 한다. 이미 논의했듯이 크립키는 '고유명'을 고정 지시자라고 생각하지만, 이 책에 대해 중요한 것은 과학의 발견도 고정 지시자라고 간주된다는 점이다. 즉, 과학적 규정성은 모든 가능 세계에서 타당한 필연적 진리라고 크립키는 말하는 것이다.

이 소재(금)가 무엇인가에 관한 과학적 발견을 표현하는 언명은 우연적 진리가 아니라 가능한 한에서 엄밀한 의미에서 필연적 진리다. …… 물론 우리는 그것이 성립하지 않는 세계를 상상할 수 있다. 그렇지만 이 성질들이 그 물질이 무엇인가 하는 것의 기반을 이루는 한에서, 이 성질들을 지니지 않는 물질이 상상되는 세계는 어느 것이든 금이 아닌 물질이 상상되는 세계인 것이다. 그렇다면 특히 현재의 과학 이론에서 원자 번호 79의 원소라는 것은 우리가 이해하는 한에서 금의 본성의 일부인 것이다. 그런 까닭에 원자 번호 79의 원소라는 것은 필연적이지 우연적이지 않다는 것이 될 것이다. (크립키, 1985, 147−148쪽)

어떤 소재가 무엇인지를 규정하는 과학적 언명, 예를 들어 '금의 원자 번호는 79다'와 같은 언명은 어떠한 가능 세계에서도 보편적으로 성립한다. 물론 이 세계와는 전적으로 다른 과학 법칙이 지배하는 세계를 상상할 수 있다. 하지만 거기서 원자 번호가 108인 금과 같은 물질을 발견한다 하더라도 우리는 그것을 금이라고는 부르지 않는다. 왜냐하면 원자 번호가 79라는 물질적 구조가 금이라는 것의 근본 조건이기 때문이다. 과학은 대상의 기본적인 구조적 특질을 확정함으로써 대상의 필연적인 본질을 발견한다. 요컨대 자연과학은 대상의 본질을 규정한다고 정리할 수 있다는 것이다(=과학적 본질주의).

상식적으로 말해서 이것은 그렇게 엉뚱한 주장이 아닐 것이다. 자연과학은 객관적이며, 거기서 발견되는 법칙은 우주를 관통하여 타당하다 — 이것의 무엇이 문제인 것일까? 실제로 자연과학의 객관성 그 자체에는 아무런 문제도 없다.

그러나 앞에서 말했듯이 교조적인 과학주의는 다양한 문제를 불러일으킨다. 하나는 과학적 세계상이 자주 문화에 고유한 인식과 대립한다는 사실이다. 또는 생물학적인 기원이 그 사람의 본질을 규정한다는 주장은 젠더의 다양성과 충돌하는 측면을 지닌다. 요컨대 문제의 본질은 다음과 같이 된다. 자연과학이든 인문과학이든 사람들의 삶의 방식의 다양성을 억압해서는 안 된다. 여기서 과학적 본질주의에 대항하기 위해서는 과학이 세계의 존재를 기술하기 위한 특권적인 언어가 아니라 수많은 기술들 가운데 하나에 지나지 않는다는 것을 보여주어야 할 것이다. 이와 같은 사유방식의 하나로 '구축주의'가 있다.

로티의 수축적 실재론

구축주의에 따르면, 무릇 인식이라는 것은 모두 반드시 모종의 방식으로 구축되어 있고 조건지어져 있다. 따라서 진리란 세계의 실재에 대응하는 것이 아니라 인간에 의해 만들어진 것에 지나지 않는다. 굳이 니체의 표현을 사용하자면, 진리란 날조된 것이다.

중요한 것은 구축주의가 문화 연구나 젠더 이론과 연동된다는 사실이다. 구축주의적인 다원주의는 사회적—문화적 다양성과 궁합이 맞고, 자주 그 이론 구축 기반으로서 원용되어 왔다. 구축주의의 논리는 사회가 강요하는 보편타당성이 절대적 진리가 아니라 어디까지나 특정한 관점에 의해 — 많은 경우 다수자의 폭력적 관점으로 — 기술된 것이라고 하는 주장을 가능하게 하기 때문이다. 사회에서 다수자의 인식과 소수자의 인식이 대립하는 경우, 보편성의 이름 아래 다수자의 인식이 우대받아 왔다(따라서 보편성을 추구한 근대철학은 폭력의 철학이게 된다). 그러나 구축주의적인 관점에서 보면 어느 쪽의 인식도 권리 상으로는 대등한 구축물이다. 그리하여 다수자의 인식을 상대화할 수 있다. 요컨대 구축주의는 폭력과 결부된 언설을 상대화하기 위한 중요한 무기가 되는 것이다.

다만 구축주의의 기초 이론에는 몇 가지가 있다. 예를 들어 비트겐슈타인의 '언어 게임'을 원용하면, 어떠한 인식도 특정한 지역적 언어 게임에서 생성되는 것이라고 표현할 수 있으며, 넬슨 굿맨의 '버전'을 사용하면, 세계를 기술하는 방식에는

다양한 목적에 따라 제작된 많은 버전이 있을 뿐이라고 말할 수 있다. 비트겐슈타인이나 굿맨 자신은 단순한 구축주의자가 아니지만, 그들의 철학은 구축주의의 이론 기반으로서 사용된 다. 나아가서는 슈츠, 루크만, 버거 등의 현상학적 사회학의 계보도 있다. 그러나 그야 어쨌든 구축주의는 유일한 진리나 절대적인 보편성에 대해 대단히 회의적이다(예를 들어 거겐 *ガーゲン*, 2004를 참조).

프래그머티즘 전통 속에 있는 로티를 구축주의자로 만들어 낼 의도는 없지만, 그의 철학은 많은 점에서 구축주의와 닿아 있다(로티 자신도 구축주의를 지지한다). 특히 실재에 대응하 는 진리라는 관념을 거부하고, 세계를 기술하는 방식은 복수가 있고, 그것들은 유용한 도구로서 그때마다의 환경에 대처해가 는 과정에서 서서히 도태되어 간다는 로티의 생각은 구축주의 적인 발상을 포함한다. 로티의 입장은 '수축주의'(존재론은 세계의 구조가 아니라 사용되는 언어 실천에 결부되어 있으며, 또한 존재를 기술하기 위한 기초적인 동시에 특권적인 언어는 존재하지 않는다고 생각하는 입장)와 관련되어 '수축적 실재 론'이라고 불린다. 로티의 생각을 개관해보자.

로티에 따르면, 프래그머티즘은 '실재'–'현상'이라는 구분 을 '유용한 것'–'유용하지 않은 것'이라는 구분으로 바꿔 놓는 다. 현상을 돌파하여 실재 그 자체를 인식하는 것을 목적으로 하는 것이 아니라 환경에 대처하기 위한 유용한 도구들을 구축하는 것이 철학의 일이라고 프래그머티스트는 주장한다. 프래그머티즘에서 '언어'는 환경에 대처하기 위한 '도구'로 간주되는 것이다.

주의해야 하는 것은 로티가 '실재'를 부정하는 것은 아니라는 점이다. 오히려 로티가 요구하는 것은 인간이 실재를 인식할 수 있는가 하는 문제권역 그 자체로부터 떠나는 것이며, 테일러와 드레이퍼스의 말을 빌리자면 "'마음'과 "세계"의 관계 문제를 우리는 남김없이 어쨌든 잊어버리는 것이 가장 좋다'(테일러+드레이퍼스, 2016, 65쪽)고 말할 뿐인 것이다. 예를 들어 다음의 구절에서는 프래그머티스트로서의 로티의 사상이 잘 표현되어 있다.

도구에 의해 실재와의 접촉이 단절되는 일은 있을 수 없다. 도구 사용이라는 것은 망치든 총이든 무언가의 신념이나 언명이든 유기체와 환경의 상호 작용의 일부다. 언어의 이용을 환경의 내재적 본성을 표상하고자 하는 영위가 아니라 환경에 대처하기 위한 도구 사용으로 간주하는 것은 인간의 마음이 실재에 닿아 있는가 아닌가라는 문제 — 인식론적 회의주의자에 의해 물어지는 문제 — 와 연을 끊는 것이다. (로티, 2002, 23쪽)

사유가 실재에 이르는가라는 물음을 도마 위에 올린다 하더라도, 올바른 대답에 도달할 희망은 거의 없다. 현상—실재라는 인식론적 문제는 중요하지 않으며, 철학은 환경에 더 잘 대처하기 위한 도구인 것이다. 그렇다고 해서 실재가 존재하지 않는다는 것은 아니다. 환경에 작용하는 가운데 도구는 실재에 접촉하며, 인간도 생물도 실재에 닿고 있다. 하지만 동물과 비교하여 인간이 좀 더 실재에 접촉한다는 것은 아니며, 자연과학도 마찬가지 이유에서 특권적이 아니다. 어떤 관점으로부터 구축된 언어—인지 체계에서 '실재'라는 개념이 유용하게 기능하게 되면, 그것으로 충분한 것이다. 한 마디로 말하자면, 프래그머티즘의 목적은 진리와 합치하는 것이 아니라 사람들의 생활에 도움이 되는 것이다.

이리하여 '실재'는 '현상'을 가능하게 하는 자체 존재가 아니라 유용성이라는 가치를 반영한 도구로서 재구성된다. 사유가 실재에 일치하는 것은 증명할 수 없다고 해도— 그 시도에는 본래 희망이 없다— '실재'라는 개념은 프래그머티즘의 프로그램에 의해 충분히 보장된다고 로티는 말한다.

로티의 주장에는 일정한 설득력이 있다. 철학은 철학 내부에서 생겨난 수수께끼를 푸는 것을 그만두고 현실적이고 실천적인 문제에 몰두해야 한다. 인식 문제를 원리적으로 해명하기 위해 논문을 양산하는 것이 아니라 인간의 고통을 줄이는 것에 철학의 노력이 할애되어야 한다. '프래그머티즘에 의해 비로소 실천이 이론의 열등화로 간주되는 것이 아니라 이론이 실천을 위한 도움으로서 다루어지게 된다'(같은 책, 88쪽)는 것이다. 이것이 로티가 지니는 설득력의 핵심이다.

그런데 다른 관점에서 보면, 로티는 반본질주의 입장이라고 말할 수 있다. 대상이 무엇인가를 규정하는 본질은 존재할 수 없으며, 그때마다의 언어 실천에서 대상은 구축된다고 생각하기 때문이다. 거기서 사용되는 논리는 실재─현상의 틀을 비판하는 경우와 동일하지만, 이 책에 대해서는 중요한 부분이기 때문에 조금 더 살펴보자.

프래그머티스트에게 있어 다른 것과의 관계를 빼놓은 X의 모습은 존재하지 않으며, X의 내재적 본성, 요컨대 X의 본질과 같은 것도 존재하지 않는다. 그런 까닭에 인간의 필요성과 의식과 언어와의 관련을 벗어나서 X가 참으로 있는 존재방식에 합치하는 기술과 같은 것도 있을 수 없다. (같은 책, 120쪽)

대상을 규정하는 본질은 인간의 필요성, 의식, 언어와의 함수다. 인간이 관여하지 않는, 그 자체에서 절대적으로 자립하는 본질이라는 것은 원리적으로 있을 수 없으며, 인식이 대상의 내재적 본성에 적용할 수 있는가 하는 물음, 또한 그것과 비슷한 모든 인식론적인 물음은 난센스라고 말하지 않을 수 없다. 대상 X는 반드시 다른 대상과의 관계에서 나타나는 것이며, 많은 경우 거기에는 특정한 가치가 반영되어 있기 때문이다.

반본질주의에서의 '객관성'은 '대상의 내재적 모습과의 관계에 의해서가 아니라 오히려 연구자들 사이의 합의 달성의 상대적 용이함을 기준'으로 정의된다(같은 책, 120쪽 이하). 즉, 무엇이 주관적이고 무엇이 객관적인지를 묻는 것이 아니라 어떤 사태에 대해 좀 더 넓은 합의를 끄집어낼 수 있는가라고 생각하는 것이다. 그렇다면 종래에 '객관'이라는 개념으로 불리고 있었던 것은 연구자들 사이에서의 합의 달성의 정도 문제로 치환된다. 그 합의가 명시적인 것이든 암묵적인 것이든 자연과학이 준비하는 일정한 절차에 따라서 재현 가능한 동시에 합의 가능한 것을 우리는 '객관적'이라고 부르고 있을 뿐이다.

이와 같은 사유방식에 대한 일반적인 반응은 그것이 너무나 인간 중심주의적이라고 하는 것일 터이다(사변적 실재론의 상관주의 비판을 떠올려볼 수 있을 것이다). 사물의 실재가 인간의 필요성에 의해 규정되어 있다는 것은 무엇보다도 우선 우리의 상식적 감각에 반하며, 인간 측에 지나치게 의지한 일방적인 해석이 아닐까 하는 것이다.

프래그머티즘의 응답은 급진적이다— '상식'이란 일정한

기술의 틀을 사용하는 '습관' 이외에 아무것도 아니다. 요컨대 우리가 친숙해 있는 일군의 기술 체계가 '상식'이라고 불리고 있는 데 지나지 않는다. 따라서 상식도 특정한 관점으로부터 구축된 것이라는 것은 의심할 수 없다. 더 나아가 프래그머티스트의 입장에서 보면, 현상–실재의 구분을 파기하더라도 여전히 세계의 실재 — 여기서 말해지는 '실재'는 언어 실천 속에서 그 의미를 획득한다 — 에 접하는 것은 가능하며, 세계를 좀 더 제대로 이해하는 데는 아무런 지장도 초래되지 않는다.

조금 전의 논점을 반복하자면, 프래그머티스트는 사물의 실재를 의심하지 않는다. 현상과 실재의 구분을 그만둔 곳에서 세계가 상실되는 것은 아니다. 세계를 기술함에 있어 그 구분은 오직 불필요할 뿐이다.

나무와 별에 대한 언명이 존재하기 이전에 나무와 별이 존재했다는 것을 반본질주의자는 조금도 의심하지 않는다. 그러나 선행하는 존재를 끌어낸다 하더라도, '나무와 별은 다른 사물과의 관계로부터 벗어나게 되면, 요컨대 그것들에 대한 우리의 언명으로부터 벗어나게 되면, 무엇인가'라는 물음에 의미를 부여하는 데 아무런 도움도 되지 않는다. (같은 책, 132쪽)

실체, 실재, 본질과 같은 개념을 사용할지 아닐지를 결정하는 것은 그것이 도움이 되는가 아닌가 하는 것이며, 도움이 되지 않는 개념은 사용하지 않는 것이 좋다. 그뿐만 아니라 유해한 경우마저 있다. 참다운 실재에 대한 철학 수수께끼가 무수히 나타나고, 쓸데없는 논의가 끊임없이 쌓여갈 뿐이기 때문이다.

찬성과 반대는 나누어지겠지만, 프래그머티즘의 주장은 수미일관하다. 특히 간호학, 교육학, 심리학 등, 실천적 사태를 다루는 영역에서는 일정 정도 이상의 설득력을 지닐지도 모른다. 솔직히 말해 『순수 이성 비판』과 『이념』은 지나치게 어려우며, 도움이 되는지 여부도 보통은 판단이 되지 않는다. 실천에서 사용되는 이론이 필요하다는 로티의 선언은 이론과 실천의 괴리에 고뇌하는 자에게 있어 모종의 복음으로서 들릴 수 있을 것이다.

여기서 테일러와 드레이퍼스가 문제로 삼는 것은 자연과학의 객관성이 언어 실천에로 환원될 수 있는가 하는 것이다. 프래그머티즘의 논리에서는 어떠한 객관성도 합의 달성의 정도 문제가 된다. 하지만 자연과학에서 다루어지는 실재는 '어디에도 없는 곳으로부터의 바라봄'에 대응하는 자체 존재가 아닌가? 테일러와 드레이퍼스는 이 견해를 지지한다.

네오프래그머티즘의 대표적 논객인 콰인은 분석적 진리와 종합적 진리의 구별을 비판하고 물리학과 신화 사이에는 정도의 차이가 있을 뿐이라고 논의한다.

인식론적 신분이라는 점에서 물리적 대상과 신들 사이에는
정도의 차이가 있을 뿐이지 양자가 종류를 달리하는 것은
아니다. 어느 쪽 부류의 존재자도 문화적으로 정립된 것으로서
만 우리의 사유방식 안에 등장하는 것이다. 물리적 대상의
신화가 많은 다른 신화보다 인식론적으로 뛰어난 것은 경험의
흐름 속에서 다루기 쉬운 구조를 발견하는 방도로서 그것이
다른 신화보다 효율이 좋다는 것이 이해될 수 있기 때문이다.
(콰인, 1992, 66쪽)

프래그머티즘의 논리를 끝까지 추적하게 되면 물리학과
신화 사이에조차 결정적인 인식론적 차이는 없어진다. 로티든
콰인이든 모든 인식은 동일평면 위에서의 정도 문제로 환원된
다. '신이 세계를 창조했다'는 언명과 '빅뱅이 우주의 기원이다'
라는 언명은 어느 것이든 언어 실천의 안쪽에서 나타나는, 인간의
세계 인식과 자기 인식에 있어 유용한 것에 지나지 않는 것이다
(물론 신화보다 물리학 쪽이 경험의 구조를 다루기 쉬운 것으로
만든다는 점에서 우월하다). 어떠한 인식도 구축된 것이다
— 테일러와 드레이퍼스는 이것을 어떻게 넘어서는 것일까?

다원적 실재론 — 상대주의와 교조주의를 넘어서서

문제의 소재를 분명히 해두자. 자연과학과 인문과학은 각자가 다루는 대상이 분명히 다르며, 따라서 당연히 객관성 또는 보편성을 창출하기 위한 조건과 구조도 다르다. 그러나 과학주의는 '과학적이라는 것은 실증적이라는 것이다'를 지상 명제로 하여 의미와 가치의 철학적 탐구가 비과학적이라고 단죄한다. 또는 의미와 가치를 사실 수준(예를 들어 뇌)으로 환원한다. 그에 반해 인문과학은 의미와 가치의 보편성을 담보하기 위해 본질을 실체화하지만, 논리적으로는 그 자신이 '나쁜 본질주의'로 전화될 가능성을 부정할 수 없다.

그러면 구축주의나 프래그머티즘처럼 자연과학과 인문과학을 연속성 속에서 파악하고 모든 인식과 존재를 사회적—문화적으로 구축된 것으로서 처리하면 되는 것인가? 그러나 그렇게 하면 아무래도 최종적으로는 상대주의에 빠지고 만다. '모든 것은 사회적—문화적으로 구축된 것이다'라는 테제로부터는 다양한 사회와 문화의 경계를 넘어서서 타당한 객관성과 보편성을 옹호한다는 발상은 생겨나지 않기 때문이다. 본래 근대철학 비판으로서 시작된 구축주의는 '보편성'과 '본질'과 같은 개념을 꺼려하는 경향에 있는 것이다.

요컨대 다음과 같다. 자연과학이든 인문과학이든 특정한 인식을 절대화하면, 거기서 배타적인 역학이 작동하고, 그 절대성과 전체성으로부터 벗어나 있던 사람들의 생각과 의견을 짓밟고 만다. 그러나 반대로 모든 인식은 구축된 것에 지나지 않는다고 생각하게 되면, 이번에는 상대주의에 빠져 사람들을 학대하는 폭력에 대항하기 위한 근거까지 상대화된다. 더 나아가서는 자연과학의 객관성을 어떻게 설명할 것인가 하는 과제도 남는다.

어쩌면 본질주의 진영도 구축주의 진영도 그러한 점에 대해서는 잘 알고 있을지 모른다. 하지만 거기에 선택지는 크게 두 가지밖에 없다 — 절대적인 것이 단 하나 존재하든가 아니면 문화적 다양성이 존재할 뿐이든가 하는 것이다. 대개의 경우 어느 쪽 입장에 참여할 것인가 하는 것은 각각의 인간의 초기 조건에 따라 느슨하게 결정된다. 자기 자신이 배후에 짊어진 조건을 정당화할 수 있는 진영에 가담하는 것으로 끝나는 것이다. 그러나 그것으로는 철학하는 것이 될 수 없다. 자신이 배후에 짊어진 것의 현실에 어떻게 대항할 수 있을 것인가 — 철학이 진정한 의미에서 시도되는 것은 바로 그 장면인 것이다. 그것이 가능하지 않다면, 사상은 현실을 추종할 수밖에 없을 것이다.

테일러와 드레이퍼스가 제기하는 것은 제3의 선택지다. 그것은 '다원적이고 완강한 실재론'이라고 불리며, 세 개의 특징을 지닌다(테일러+드레이퍼스, 2016, 252쪽).

(1) 실재를 조사하는 방법은 복수로 존재할 수 있다(이것이
    '다원론적'인 부분이다).
(2) 그러한 방법들은 우리로부터 독립한 진리, 요컨대 그것들
    을 파악하는 우리의 사유 쪽을 개정하고 조정할 것을
    요구하는 그러한 진리를 드러낸다(이 부분은 완강한 실
    재론이다).
(3) 실재를 조사하기 위한 다양한 방법을 하나의 양식의
    물음으로 정리하고 통일적인 그림과 이론을 산출하는
    시도는 모두 실패로 끝난다(따라서 그러한 방법들은 다
    원론에 머문다).

  자연과학의 성과를 적절히 평가하기 위해서는 우선 자연과
학이 '어디에도 없는 곳으로부터의 바라봄'을 획득하고 있다
는 것을 인정해야만 한다. 크립키의 과학적 본질주의에 따르면,
금의 원자 번호 79는 어떠한 가능 세계에서도 타당한 금의
본질이다. 그렇다면 이와 같은 금의 과학적 규정만이 진리이고,
예를 들어 고대 이집트인들이 금을 신성한 대상으로 간주했던
것은 잘못이었을까? 과학적 본질주의자에게 있어 그와 같은
견해는 단적으로 잘못이다. 하지만 그렇게 생각해버리면 자연

과학은 문화적 다양성을 억압할지도 모른다. 고대 이집트인은 확실히 금을 신성한 실재로 간주하고, 그렇게 분절된 현실 세계를 살아가고 있었을 것이다. 그러면 어떻게 생각해야 할 것인가?

결론부터 말하자면, 실재에 접근하는 방법을 복수로 인정하는 것이다. 근대 유럽은 닫힌 공동체의 한계를 넘어서서 타당한 보편적 진리의 기술을 목표로 하는 독자적인 프로젝트를 추진했다. 이 프로젝트의 첫째 적자인 자연과학의 객관성은 움직이기 어렵다. 한 마디로 말하자면, 자연과학은 '어디에도 없는 곳으로부터의 바라봄'을 가능하게 하는 것이다. 그것을 상대적 구축물로 간주하고, 신화와 물리학 사이에는 정도 차이밖에 없다고 생각하는 것은 자연과학의 정체성으로서는 적절하지 않다.

하지만 동시에 — 이것이 가장 중요한 것이지만 — 그것만이 실재를 기술하기 위한 유일한 방법이라고 간주할 필요는 없다. 다양한 문화적 실천에 따라 실재가 나타난다고 하면, 자연과학의 이론은 문화적 상대성을 넘어선 보편적 진리의 획득을 목표로 하는 특수한 하나의 형식이라고 생각할 수 있다. 즉, '그것 자체 그대로의 사물에 대한 "어디에도 없는 곳으로부터의 바라봄"조차도 사물을 열어 보여주는 한정된 방식의 하나일 뿐인' 것이다(같은 책, 249쪽).

우리는 '매개설'이라는 그림에 사로잡힘으로써 관념론과 실재론의 어느 쪽이 올바른 것인가에 대해 논쟁을 거듭해왔다. 매개설이야말로 이 논쟁에 마음의 안쪽과 바깥쪽이라는 논의의 틀을 부여해왔던 것이다. 이미 보았듯이 '접촉설'은 이 이원론 그 자체를 넘어서서 우리가 실재에 직접 관여한다는 견해를 가능하게 한다.

'관념론'과 '다원주의'가 하나로 되는 것이 '구축주의'라고 한다면, '다원적 실재론'은 '실재론'과 '다원주의'가 하나로 된 것이다. 자연과학이 도달한 '어디에도 없는 곳으로부터의 바라봄'을 긍정하면서 문화적인 다양성도 존중하기. 그것들을 양립시키는 것이 '다원적이고 완강한 실재론'인 것이다. 테일러와 드레이퍼스는 다음과 같이 쓰고 있다.

> 우리는 우주가 기능하는 단독의 양식은 존재하지 않을 가능성을 열어두어야만 한다. 실재성의 시금석으로서의 통일성이라는 생각에 헌신하지 않는 한, 그와 같은 분리된 복수의 실재가 의미하는 것이 실재에 대응하는 기술은 아무것도 없다는 것일 필요는 없으며, 그러한 기술이 몇 가지 있다는 것인 것이다. (같은 책, 260쪽)

우주는 복수의 관점으로부터 기술될 수 있으며, 그것들 모두를 통일하는 단독의 양식은 존재하지 않는다. '통일성'이라는 개념에 의거하지 않더라도 '실재'를 옹호하는 것은 가능하다. 관점의 복수성이 상대주의라는 결과로 귀착되는 것은 아니기 때문이다. 각각이 실재에 접촉하고 있으며, 실재에 대한 복수의 기술이 존재한다. 즉, 관념론이 아니라 실재론과 다원주의가 결부될 때, 거기서 새로운 철학의 가능성이 창출되는 것이다.

하지만 마지막으로 가장 중요한 문제가 남아 있다. 그것은 문화적 다양성이 아니라 상호 문화적 보편성이다. 다원적 실재론이 문화적 다양성을 제대로 이해하게 해준다는 것은 떠올리기 쉽다. 복수의 문화적 관점(그 가운데는 자연과학이라는 특수한 하나의 형태도 있다)이 실재를 바라보고 있고, 각각에게 보이는 것을 기술한다. 다양한 문화가 공존하는 상태이다. 그러나 각각의 문화에 고유한 관점이 있는 것만으로는 선과 악을 근거짓는 기초가 될 수 없다. 예를 들어 여성 멸시를 허용하는 문화를 그저 인정하는 것으로 좋은가 하는 물음이 제기되기 때문이다.

문화적 다양성의 경계를 넘어서서 타당한 보편성은 존재하는 것일까(물론 문화의 모든 측면이 동일성으로 회수되어야 한다고 주장하는 것은 아니다. 여기서의 문제는 보편성을 필요로 하는 영역이 있다는 점이다)? 강제하지 않고서 다양한 관점이 자발적인 동시에 점차적으로 어떤 점으로 수렴되어 가는 것은 가능한 것일까?

　　우리 시대의 세계는 대단히 다양한 문화가 밀접하게 관계하
게 됨으로써 서로 뒤섞임을 강요받는 세계다. 그러한 세계가
우리를 데려가는 곳으로 할 수 있는 것은 다름을 이해하는
것이지 우리의 선조라면 타자의 '색다른' 습관으로 간주했을
사항을 업신여기는 것이 아니다.

　　그럼에도 여전히 무엇이 선인가에 대해 모든 문화의 분별이
똑같이 수용 가능한 것처럼 생각할 수는 없다. …… 인간에게
있어 무엇이 본질적인가에 관한 다양한 문화적 이해에 순위를
매기고, 우리의 개별적인 문화적 관점으로부터 벗어나 비판할
수 있는 그러한 길은 과연 있는 것일까? …… 또는 적어도
예를 들어 몇 개의 후보를 소거한다든가 몇 개의 요소는 인간의
본질의 어떠한 정의에 있어서도 본질적이라는 일반적인 합의
에 이른다든가 함으로써 조촐한 수렴을 달성할 희망은 있는
것일까? (같은 책, 266–267쪽)

　　과학적 본질주의와 수축적 실재론의 대립을 지양한 끝에는
인문과학의 보편성을 어떻게 창출할 수 있을 것인가 하는
현대철학의 절박하고도 중요한 과제가 존재한다. 그 보편성을
교조적으로 — 예를 들어 본질을 실체화하여 — 정립하는 것

은 금지되어 있는 한에서, 보편성 창출의 조건은 근본적으로 다시 물어질 필요가 있다. 여기서 첫 번째로 고려해야 하는 것은 어느 영역에서 보편성이 필요하며, 어떠한 요소라면 보편적인 합의에 도달할 희망이 있는가에 대한 합의를 만들어내는 것일 터이다. 가치관과 감수성, 문화적 습관과 종교, 출신과 민족······ 삶의 방식의 내실은 다르다 하더라도, 인간의 본질에 대해서는 합의하는 것.

결코 낙관할 수는 없지만, 그 가능성에 전망을 부여하는 징후는 이미 간취된다. 예를 들어 생존권을 정당화하는 근거를 생각해보자. 신의 비슷한 모습으로서 만들어진 인간, 살생을 금하는 불교의 원리, 인간의 존엄이라는 칸트의 원리, 고통을 피하는 공리적 원리······ 생존권을 긍정하기 위한 원리는 몇 가지가 준비되어 있다. 그것들은 전적으로 다른 이치로 생존권을 정당화한다. 어느 주장이 가장 올바른지 묻게 되면, 문화는 상호적으로 서로 반발하고, 항쟁은 끝을 볼 수 없을 것이다. 따라서 우리는 우선 절대적인 올바름을 묻기를 그만두어야만 한다. 다양성을 유지한 채로 보편적인 합의에 도달할 가능성을 모색하는 것이다. 인권, 남녀의 평등, 어린이의 권리, 대량 학살에 대한 비난······ 아직은 여전히 완전하지는 않다 하더라도, 어떠한 문화에도 꼭 들어맞는 인간성의 징후는 곳곳에서 보인다. 테일러와 드레이퍼스는 인문과학의 보편성의 가능성

조건을 쇄신하고자 하는 것이다.

종합의 가능성을 열어놓은 채로 두기 — 문화적 다양성을 하나의 틀로 밀어 넣는 것이 아니라 문화적 다양성을 존중하면서 상호 문화적 보편성에 대한 희망을 방기하지 않는 것. 이것이 다원적 실재론이 준비하는 새로운 '넓이'의 철학이다.

지금 '넓이'를 철학하기의 의미

우리는 어지러이 뒤섞인 사회에서 살고 있다. 따라서 거기에는 다양한 사람들을 공존시키기 위한 규칙이 필요해진다. 원리적으로 선택지는 두 가지뿐이다 — 규칙으로 결정할 것인가, 힘으로 결정할 것인가? 동물의 사회는 기본적으로 '힘'으로 모든 것이 해결되지만, 인간 사회에서는 말의 '규칙'으로 공존하고 있다. '인간성'이란 '폭력의 게임'에 대항하여 '관계의 게임'을 만들어내는 능력이다. 힘으로 모든 것이 결정된다면, 철학은 필요 없다. 아니, 힘으로 모든 것을 결정하기를 우리가 선택하게 된다면, 그때 철학은 무력하다. 하지만 만약 우리가 '함께 살아가기' 위한 규칙을 찾는다면, 이를 위한 철학 원리가 필요해질 것이다.

철학적으로 처리해야 할 문제의 본질은 그렇게 복잡하지

않다 — 상대주의와 교조주의라는 두 가지 주장을 어떻게 조정할 것인가, 바로 이것이다. 다양한 감수성과 가치관을 인정하고자 한다면, 어떻게 하더라도 상대주의 편에 서게 된다. 왜냐하면 현실 사회에서의 '다양성'은 공정하지 않은 것이 실정이기 때문이다. 대개의 경우 거기에는 위계질서가 존재하며, 소리 없는 소리는 묵살되고 만다. 따라서 사물에 대한 견해는 상대적인 것이 좋다고 주장하며 다수파의 권력을 상대화하고자 한다. 이것이 구축주의의 중심적인 동기다.

그러나 모든 것을 논리적으로 상대화하고자 하는 시도는 선악의 근거까지 망가트리고 만다. 폭력에 대항하기 위해 채택된 상대주의가 폭력에 대항할 수 없게 된다. 그것은 어떠한 폭력도 특정한 사물에 대한 견해에 뒷받침되어 있기 때문이다. 상대주의는 폭력의 존재 이유를 부정할 수 없다. 폭력을 지지하는 것도 사회적–문화적으로 구축되어 있다면, 폭력을 견제하기 위해서는 적어도 '폭력을 그만두고 규칙으로 결정하는 틀을 만든다'고 하는 최초의 보편적 합의가 필요할 것이다. 그 합의가 가능하지 않다면, 자유와 평등, 인권과 시민성 그 모두가 존재하지 않는다. 언제나 강자가 승리한다. 그것뿐이다.

상대주의에 대항하는 종래 철학의 전략은 본질(의미와 가치)을 실체화 또는 객관화하는 것이었다. 몇 가지 변형은 있지만, 미리 본질을 객관적인 것으로 정립해두고, 그것을 어떻게 인식할 것인가 하는 것만을 묻는다면, 상대주의를 회피할 가능성이 생겨날 것이다. 하지만 이러한 전략에는 — 그 근본 동기는 '좋다'고 하더라도 — 나쁜 본질주의로 전화할 염려도 계속 남는다. 더 나아가서는 결국 어떠한 본질이 객체화되어야 할 것인가 하는 점과 관련해 복수의 이설이 대립하게 되고, 교조주의도 역시 실질적으로는 상대주의로 변하지 않을 수 없게 된다.

가장 중요한 것은 보편성이 어디서 필요해지는지를 음미하는 것이다. 모든 영역에서 보편성이 필요한 것은 아니다. 예를 들어 맛의 좋음이나 좋은 색깔은 상대적이어도 좋으며, 스테이크가 좋은 사람과 불고기가 좋은 사람이 전쟁을 벌일 필요는 없을 것이다. 오히려 상대적이라는 것이 그 영역들의 본질이다. 그뿐만이 아니다. 젠더, 민족, 종교, 언어, 인종······ 이러한 영역들에서는 마땅히 차이가 강조되어야 한다. 여성다움의 본질을 절대적으로 확정하는 것 따위는 있을 수 없다. 그러한 것을 하려고 하기 때문에 나쁜 본질주의가 생겨나는 것이다.

그러나 그러한 차이들을 공존시키기 위한 원리는 보편적일 필요가 있다. 즉, 젠더, 민족, 종교, 언어, 인종 등의 귀속 의식에 의해 차별받지 않는 틀은 보편적일 필요가 있는 것이다. 자유, 평등, 인권, 시민성, 공공성과 같은 개념은 모두 차이가 공존하기 위한 보편적 원리를 제시하고자 하는 것이다.

테일러와 드레이퍼스가 제기하는 다원적 실재론은 바로 이 과제에 답하고자 하는 것이다. 내 나름대로 한 마디로 말하자면, 다원적 실재론은 '본질'과 '차이'라는 두 개의 벡터를 배려하는 가운데, 상대주의에 대항하기 위한 '실재론'을 만들어내는 시도다. 실재를 기술하는 방법은 복수이더라도 좋지만, 그 복수성이 상대성으로 귀결되는 것은 아니다. 그러한 방법들은 우리의 사유로부터 독립한 진리를 밝히고자 하기 때문이다.

다원적 실재론의 가장 흥미로운 장면은 보편성이 열려 있다는 점에 놓여 있다. 닫힌 보편성은 그 외부를 만들어낸다. 외부로 내몰린 목소리는 보편성에 이르지 못한다. 따라서 보편성은 열린 채로 놓아둘 필요가 있다. 상호 주관적인, 그리고 상호 문화적인 검증에 언제나 열려 있는 보편성 — 이것이 '넓이'의 새로운 형태이며, 그것은 어디까지나 다원적이다.

지금 '넓이'를 철학하는 경우, (1) 무엇을 위해 넓이가 필요한 것인지, (2) 넓이의 폐해는 무엇인지의 두 가지 점에 대한 합의를 우선 끌어낼 필요가 있다. 이 책의 맥락에서 나의 제안은 (1) 차이를 공존시키기 위해 보편성은 필요하다, (2) 본질과 보편성이 닫힌 경우, 본질주의는 나쁜 본질주의로 전화한다는 것이다. 물론 각 영역에서 필요한 사유방식은 변해갈 것이다. 그러나 동시에 내가 강조해두고 싶은 것은 넓이를 체념하고 그것을 던져버리게 되면, 폭력만이 모든 것을 결정하는 사회 — 나아가 그것은 '사회'라고 말할 수 없는 무언가의 '상태'이지만 — 로 되돌려진다는 점이다. 말의 규칙으로 결정할 것인가, 폭력으로 결정할 것인가? 철학에서 양자택일은 경계해야 할 물음의 형식이지만, 이것만은 양자택일 이외에는 있을 수 없다.

폭력에 대항하기 위해 넓이는 있다. 그것은 폭력에 결부되지 않기 위한, 즉 전체주의로 되지 않기 위한 원리이기도 하다. 새로운 '넓이'의 원리란 끊임없이 미래의 타자의 검증에 열린 상호 주관적-문화적 보편성인 것이다.

제4장

새로운 실재론=현실주의
― 마르쿠스 가브리엘

멜랑콜리스트는 어떻게 살아가는 것일까? 지금까지와 같은 '높이'와 '넓이'가 없더라도 살아가기 위해 철학에게는 무엇이 가능한 것일까? 그 가능성의 하나가 가브리엘의 '새로운 실재론=현실주의'다.

새로운 실재론은 포스트모던 사상을 비판한다. 포스트모던 사상이 주장한 것은 현실이란 모종의 방식으로 구축된 것에 지나지 않는다는 것이었다. 현실의 모든 것은 환상일지도 모르며, 우리는 장대한 꿈을 보고 있다 ― 포스트모던 사상은 이와 같은 관념을 사람들에게 불어넣었다.

그러나 포스트모던 사상도 장대한 꿈의 일부이며, 논리적으로는 그 자체도 구축된 것이기 때문에, 철학은 상대주의라는 막다른 골목에 들어서서 정체했다. 그뿐만 아니라 현실 사회에서는 정보와 이미지를 조작하는 포퓰리즘이 생겨나고, 인기와 힘만 있으면 현실은 조작—구축 가능하다고 하는 확신이 점점 더 시대를 지배하게 되었다. 그러한 막연한 시대 분위기는 경제적으로도 정치적으로도 이용되고 있다.

또한 실존 감각에서는 니힐리즘적인 허무감이 아니라 멜랑콜리적인 권태감으로 괴로워하고, 무엇을 한다고 해도 정열적으로 몰두하지 않으며, 그렇다고 해서 아무것도 하지 않아도 좋다고는 생각하지 않는 기묘한 욕망 상황이 나타나 있다. 어찌됐든 떨어질 데까지 떨어져보자는 타락에 대한 '역 로망'도 갖고 있지 않고, 실존으로부터 빛을 빼앗아간 타자를 규탄하여 세계에 대해 '원한'을 품는 것도 아니다. 좌우간에 욕망이 움직이지 않는 것이다. 거기서는 '기대'와 '불안'이 동시에 사라졌다.

바야흐로 우리는 '의미'의 의미를 근저로부터 생각해야만 한다. 무언가에서 의미를 발견할 수 없다, 세계에 의미는 존재하지 않는다고 말하는 경우, 본래 거기서 말해지는 '의미'란 무엇을 나타내는 것일까? '의미'의 의미를 탐구하는 것은 '현실'의 의미를 되찾는 작업이기도 하다. 새로운 실재론은 '의미'와 '현실'의 철학을 쇄신함으로써 '멜랑콜리 시대'에 전망을 부여한다.

1. 세계는 존재하지 않는다

새로운 실재론 선언

이 장에서 다루는 것은 마르쿠스 가브리엘(1980년생)에 의해 제창된 '새로운 실재론New Realism'이다. 처음에 말해두어야 하는 것은 '새로운 실재론'이 '새로운 현실주의'이기도 하며, 그것은 관념론–실재론 논쟁에서의 입장의 다름을 넘어서서 현실 세계로 마주 향하기 위한 새로운 실존의 본보기를 제시하는 것이라는 점이다. 그러함에 있어 가브리엘은 철학의 전통에서 자명한 것으로 여겨져 온 높이와 넓이의 근거를 다시 한번 무로부터 생각한다. 또는 본래 어느 정도의 높이와 넓이가 가능한 것인지, 바로 이것을 생각한다.

물론 가브리엘은 그것들을 무의미한 것으로 생각하는 아나키스트가 아니다. 오히려 철학적으로 고민해야 할 문제와 이미 그러할 필요가 없는 문제의 구별을 단호히 해나간다. 불필요한 것은 불필요하지만, 필요한 것은 필요하다. 필요한 것이라도 손에 넣을 수 없는 것이 있고 손에 들어오는 것이 있다. 뒤에서 보는 '세계는 존재하지 않는다'는 가브리엘의 주장은 언뜻 보면 극단적인 테제로 보일지도 모르지만, 가브리엘이 세계의 비존재를 말하는 것에는 그 나름의 현실적인 이유가 있는 것이다.

그렇지만 가브리엘은 개념의 유용성을 중시하는 프래그머티스트도 아니다. 그는 '의미의 장의 존재론'이라고 불리는 새로운 철학 모델을 제시하는 실재론자다. 우리는 사물 및 사실 그 자체를 인식할 수 있다 — 가브리엘은 어디까지나 '실재'를 옹호하고, 인간의 인식이 '사실 그 자체'에 닿아 있다고 주장한다.

좁은 의미에서의 '새로운 실재론'은 가브리엘의 철학을 가리키지만, 가브리엘이 편집한 『새로운 실재론*Der Neue Realismus*』이라는 논문집에는 움베르토 에코, 폴 보고시안, 존 설, 힐러리 퍼트넘 등 다채로운 면면들이 모여 있다. '새로운 실재론'이라는 명칭은 이탈리아의 밀라노에서 가브리엘과 마우리치오 페라리스가 점심 식사를 함께 할 때에 현대철학의 근본적인 성격을 둘러싼 국제회의의 명칭으로서 페라리스가 가브리엘에게 제안한 것이라고 한다. 그리고 그것은 포스트모던 이후의 시대를 나타내는 명칭으로서 유포되어 가게 된다.

포스트모던 사상 비판으로서의 새로운 실재론의 성격에

대해 페라리스는 이렇게 말하고 있다. 포스트모던 사상은 '모든 현실은 사회적으로 구축되어 있고 무한히 조작 가능하며, 연대가 객관성보다 중요하기 때문에 진리라는 것은 무익한 생각이다'(Ferraris, 2014, p. xv)라고 주장했지만, 포스트모던 사상이 믿은 현실의 강제력으로부터의 완전한 자유 따위는 있을 수 없으며, 그것은 결국 힘만 있으면 무엇이든 사람들에게 완전하게 믿게 할 수 있는 상황, 즉 규범 없는 포퓰리즘의 대두를 초래했다. 페라리스는 말한다 — '재구축 없는 탈구축은 어떠한 것이든 무책임하다.'(같은 책, p. xiv)

지금까지 우리는 메이야수의 '사변적 유물론', 하먼의 '객체 지향 존재론', 테일러와 드레이퍼스의 '다원적 실재론'이 상관주의와 구축주의에 대해 행한 비판을 살펴보았지만, 현대 실재론 가운데서도 '새로운 실재론'은 구축주의=포스트모던 사상 비판을 전면에 내세우고 있으며, 포스트모던 사상의 종언과 현대철학의 '존재론적 전회'의 인상을 강하게 풍긴다. 그 비판의 발판이 되는 것이 '실재'라는 핵심어인 것이다. 가브리엘의 논의에 들어가기 전에 다시 한 번 조금만 더 페라리스의 주장을 살펴보자.

페라리스는 포스트모던 사상을 구축주의로 규정하여 다음과 같이 쓰고 있다.

실재론자는 현실이 존재한다는 것을 그저 말하고 있는 것이 아니다. 실재론자는 구축주의자가 부정하는 테제를 지지한다. 즉, 존재하는 것과 인식하는 것은 동일하다는 등은 참이 아니며, 실제로는 존재론과 인식론 사이에 몇 가지 본질적인 차이가 존재하지만, 구축주의자는 그러한 차이들에 주의하지 않는다. (같은 책, p. 32)

실재론자는 현실이 존재한다는 것을 주장할 뿐만 아니라 존재론과 인식론의 차이에 주의한다. 구축주의자에게 있어 존재는 사회적 제도와 언어적 실천에 의해 구축된 것이고, 존재가 인식으로부터 분리된 것이 아니다. 메이야수의 표현으로 말하자면, 구축주의는 상관주의인 것이다. 그러나 '존재하는 것'과 '인식하는 것'에는 몇 가지 점에서 본질적인 다름이 있다.

가장 중요한 다름은 인식론이 수정 가능한 데 반해 존재론은 수정 불가능하다는 점이다. 어떤 존재를 인식하는 경우 확실히 우리는 그것을 개념의 틀에 의해 인식한다. 그리고 그 틀은 대개의 경우 미리 사회 측으로부터 주어진 것이다.

예를 들어 개와 고양이를 구별하여 인식하기 위해서는 개와 고양이가 어떤 것인지에 대해 미리 알고 있을 필요가 있다. 그리고 그 구분은 부모(사회)와의 사이에서 행해지는 언어 게임에 의해 분절된다. '이쪽은 멍멍이고, 저쪽은 야옹이야'라고 부모에게 가르침을 받아 아이는 조금씩 언어의 분절을 복잡하게 만들어간다.

그러나 어떤 고양이가 현실 세계에 존재한다는 사실과 그 고양이를 인식하는 것이 동일시될 수 있을까? 멍멍이만을 알고 있는 아이가 고양이를 보고서 '멍멍이가 있다'고 엄마에게 말한다고 해보자. 엄마는 '저거는 멍멍이가 아니라 야옹이야'라고 아이에게 가르칠 것이다. 그렇게 하면 아이는 '저거는 멍멍이가 아니라 야옹이다'라는 것을 알게 되고, 그 경험이 겹쳐 쌓이면 멍멍이와 야옹이를 구별할 수 있게 된다(이리는 멍멍이 무리에, 사자는 야옹이 무리에 등등).

여기서 중요한 것은 어떤 고양이에 대한 아이의 인식이 '멍멍이'로부터 '야옹이'로 수정될 때, 그것은 어디까지나 현실 세계에 존재하는 동일한 고양이에 대한 수정이라는 점이다. 고양이가 존재하는 것과 고양이를 인식하는 것에 다름이 있다는 것은 그러한 것이다. 그렇다면 존재론과 인식론은 동일시되어서는 안 된다고 하는 것이게 될 것이다.

새로운 실재론은 구축주의=포스트모던 사상을 비판하고, 그것을 실재론이라는 입장에서 넘어서려고 하지만, 이 도식 자체는 이 책에서 지금까지 보아온 실재론과 비슷한 것일 뿐이며, 어디까지나 형식적인 것에 머문다.

한 가지 주의해야 할 것이 있다. 일반적으로 관념론과 구축주의는 반실재론과 관계지어지지만, 정확하게는 그것들 모두가 완전히 반실재론인 것은 아니다. 관념론이라고 불리는 철학에도 실재론과 모순되지 않는 것도 존재한다(예를 들어 초월론적 관념론은 어떤 의미에서 경험적 실재론과 모순되지 않는다. 경험적인 실재의 의미를 초월론적으로 해명한 것이 초월론적 관념론이라고 말할 수 있기 때문이다).

　그러면 실재론과 반실재론을 가브리엘은 어떻게 구분하는 것인가? 그것은 다음과 같이 이루어진다. 반실재론의 본질적 특징은 '그것이 이해된다는 이유에서 또는 그것이 이해됨으로써 어떤 대상 영역에서 생겨나는 모든 것은 오직 존재할 뿐이라는 것이 적어도 하나의 대상 영역에 타당하다'(Gabriel, (hrsg.) 2014, S. 172)는 생각에 놓여 있다. 즉, 존재는 이해(인식)에 의해 가능해진다는 견해를 지지하는 것이 반실재론이다. 새로운 실재론은 역으로 '무언가가 존재한다는 것이 의미하는 것을 완전히 이해하기 위해 우리는 일반적으로 존재를 이해한다는 것에 대해 무언가를 이해할 필요는 없다'(같은 책, S. 174)고 주장한다. 존재의 이해를 이해함이 없이 존재의 의미를 이해하기. 요컨대 존재의 인식에 대한 해명을 경유하지 않고서 존재의 의미를 획득하기. 다시 말하면 존재론은 인식론과는 따로 탐구되어야만 한다는 것 — 우선은 새로운 실재론의 선언을 이렇게 정리해둘 수 있다.

형이상학 · 구축주의 · 새로운 실재론

새로운 실재론은 구축주의뿐만 아니라 전통적 형이상학도 비판의 대상으로 한다. 구축주의는 모든 존재를 사회적–문화적으로 구축된 것으로 간주함으로써 관찰자에 대한 나타남 이상의 것을 말할 권리를 우리로부터 박탈한다. 반대로 형이상학은 나타남의 배후에 실재를 정립함으로써 관찰자에 대한 나타남과는 근본적으로 다른 것으로서 세계의 참된 모습을 그려낸다. 결론부터 말하자면 형이상학은 현상–실재의 대립에 사로잡힌 오랜 실재론인 것이다.

형이상학의 특징은 또 하나 있다. 형이상학은 존재자의 총체를 포괄하는 '세계'를 발명하고, 세계 전체의 궁극적 근거에 다가가고자 한다는 점이다. 세계 전체의 본성은 무엇인가—이것을 사유하기 위해 형이상학은 언제나 '전체성' 또는 '총체성' 개념에 결부된다. 그리고 존재자의 총체인 세계 전체는 인간에 대한 나타남과는 다른 본성을 지녀야 하는 것이라고 형이상학자는 결론을 맺는다. 요컨대 (1) 현상과 실재를 구별하기, (2) '세계'의 존재를 전제하기, 그것이 형이상학의 중요한 특징이라고 말할 수 있는 것이다.

가브리엘이 구축주의도 형이상학도 도움이 되지 않는다고 생각하는 이유는 무엇인가? 그는 다음과 같이 말하고 있다.

> 새로운 실재론이 상정하는 것은 우리의 사유 대상인 다양한 사실이 현실적으로 존재한다는 것은 물론, 그것과 동일한 권리로 그러한 사실들에 대한 우리의 사유도 현실적으로 존재한다고 하는 것입니다.
>
> 이에 대해 형이상학과 구축주의는 모두 다 잘 해나가지 못했습니다. 형이상학은 현실을 관찰자가 없는 세계로서 일면적으로 이해하고, 또한 구축주의는 현실을 관찰자에 대해서만 나타나는 세계로서 동일하게 일면적으로 이해함으로써 모두 다 충분한 근거 없이 현실을 단순화하기 때문입니다. (가브리엘, 2018a, 15쪽)

구축주의와 형이상학은 서로 반목하는 두 개의 존재론적 주장이지만, 실제로는 어느 쪽이든 현실을 일면적으로 바라볼 뿐이며, 따라서 그 이론들은 현실을 기술하기에 충분하지 않다. 현실의 체험을 잘 반성해보자. 테이블은 관찰자가 있지 않더라도 거기에 존재한다. 하지만 동시에 테이블에 대한 관찰자의 사유도 현실에 존재한다는 점은 의심할 수 없으며, 관찰자가 테이블을 직접 보고 있는 경우, 그것은 테이블 그 자체에 대한 사유일 것이다. 관찰자 없는 테이블과 관찰자에 대한 테이블, 어느 것이든 테이블 그 자체의 어떤 측면을 보여준다. 그 점은 엄밀하게 증명되어야 할 사항이 아니다. 아니, 오히려 인식론적으로 증명함으로써 현실의 세계는 현상과 실재로 분열되어버린다.

인식론 없이 존재를 생각하기. '이 세계는 관찰자가 없는 세계일 수밖에 없는 것이 아니며, 관찰자에 대해서만 세계일 수밖에 없는 것도 아니다'(같은 책, 15–16쪽) — 어려운 논증을 빼놓는다면, 이것은 누구라도 반성해보면 이해할 수 있을 것이라고 가브리엘은 말한다.

가브리엘은 다음과 같이 상정하고 있다. 나와 (독자인) 당신이 야마나시현 쪽에서 후지산을 보고 있다고 해보자. 또 한 사람, 나의 친구는 시즈오카현 쪽에서 후지산을 보고 있다. 후지산은 지리적으로는 야마나시현과 시즈오카현에 걸쳐 존재하는 활화산이며, 일본에서 가장 높은 3,776 미터의 표고다. 그렇다면 네 개의 후지산이 생각된다.

(1) 내가 야마나시현에서 보는 후지산
(2) 당신이 야마나시현에서 보는 후지산
(3) 내 친구가 시즈오카현에서 보는 후지산

(4) 야마나시현과 시즈오카현에 걸쳐 있는 표고 3,776미터
　　의 후지산

　이것들 가운데 어느 것이 실재하는 후지산일까? 형이상학은
(1)~(3)의 후지산이 가상이라고 말하고, (4)의 후지산만이 존재
한다고 생각한다(엄밀하게는 (4)가 아니라 후지산 그 자체라고
표현해야 할지도 모른다). 반대로 구축주의는 (1)~(3)의 후지산
만이 존재하고, 그 배후에 후지산 그 자체는 존재하지 않는다고
생각한다. 하지만 어느 것이든 후지산의 일면밖에 파악하고
있지 않다.
　후지산이 야마나시현과 시즈오카현에서 다른 모습을 보인
다는 것(두 현이 오랫동안 다투고 있는 것, 즉 어느 쪽이 후지산
의 정면인가 하는 점에 대해서는 판단을 보류하자), 그리고
후지산이 특정한 장소에 자리하고 있는 일본에서 제일 높은
산이라는 것은 어느 것이든 분명한 사실이다. (1)~(4)의 모든
것이 후지산 그 자체에 대한 사실이라는 점은 의심할 수 없으며,
의심하고자 하는 것이 우스운 것이다. 오히려 필요한 것은
(1)~(4)의 사실을 포괄적으로 설명하는 새로운 존재론 모델이
다.
　이와 같은 견해에 대한 가장 강력한 반론은 현대판의 구축주
의, 즉 '신경 구축주의'이다. 그것은 모든 것을 뇌로 환원하여

모든 인식이 뇌에 의한 구축물이라고 주장한다. 일반적으로 인식이라는 것은 모두 뇌를 매개로 하여 생겨나는 것이기 때문에, 우리가 보고 있다고 생각하는 것은 뇌에 의해 볼 수 있게 된 것이라는 것이다. 그리하여 모든 것은 뇌의 시뮬레이션이게 된다. 하지만 이 논리를 철저하게 하면, 뇌 그 자체도(뇌가 무엇인지에 대한 우리의 인식도) 무언가의 방식으로 구축되어 있다고 생각하지 않을 수 없다. 뇌의 실재성만이 특권적이라는 것은 있을 수 없으며, 구축주의는 구축주의 그 자체로 튀어 되돌아오는 것이다.

가브리엘이 말하고자 하는 것은 단순하지만, 여기서 두 가지 것에 주의해야만 한다.

(1) 가브리엘은 실재(사물 자체)와 현상 모두 다 실재로서 인정할 수 있다고 생각하지 않는다. 형이상학은 실재만을, 구축주의는 현상만을 존재로서 인정한다. 그렇다면 그것들 모두를 실재로서 인정해버리면 논쟁은 해결되는 것일까? 언뜻 보면 새로운 실재론은 그렇게 주장하고 있는 것으로 보인다.

하지만 가브리엘은 현상–실재라는 틀 그 자체를 비판하고 있는 것이지 지금까지 현상이라고 불려온 것이 사실은 실재였다는 따위를 주장하는 것이 아니다. 왜냐하면 새로운 실재론은 관점으로부터 독립한 실재라는 생각 그 자체를 필요로 하고 있지 않기 때문이다. 요컨대 우리는 사실 그 자체에 대해 직접 알 수 있다고 하는 것이다.

(2) 가브리엘은 상관주의를 비판하는 것이 아니다. 메이야수나 하먼은 상관주의=인간 중심주의를 비판하고 사물 자체를 철학의 담론에로 되찾고자 했다. 그러나 가브리엘은 인간이 사실 그 자체에 대해 무언가의 것을 알 수 있다고 주장하는 것이며, 그런 의미에서 사변적 실재론의 상관주의 비판에 대해서는 찬동하지 않는다(Gabriel, 2015, pp. 285ff.). '나의 모델에서 우리는 사물 자체를 인식하지 않고서도 그것을 알 수 있을 뿐만 아니라 사물 자체가 종-상관적인 방식으로 우리에게 나타나는 식으로 우리는 사물 자체를 인식할 수 있다(같은 책, p. 82)는 것이다. 그러나 그럼에도 불구하고 존재는 반드시 인식에 의존하는 것이 아니며, 거기에는 인간이 관여하는 사실과 관여하지 않는 사실이 있을 뿐이다.

이와 같은 두 가지 논점은 나중에 '의미의 장의 존재론'을 논의하는 것으로 좀 더 분명해질 것이다. 가브리엘은 구축주의=포스트모던 사상과 형이상학=오랜 존재론을 비판하지만, 현상과 사물 자체를 어쨌든 실재로서 인정할 수 있다고 생각하고 있는 것이 아니라 현상-실재라는 구도 대신에 '의미의 장'의 복수성에 의한 새로운 존재론 모델을 제기하는 것이다.

'세계'는 '우주'를 포함한다

'세계'란 모든 존재자가 거기에 포함되는 전체를 말한다. '우주'는 어떻게 정의될 수 있을까? 그것은 세계를 포함하는가, 그렇지 않으면 세계에 포함되는 것인가? 가브리엘의 참신한 주장— '세계는 존재하지 않는' 이유를 생각하기 전에, 우선은 세계와 우주는 다르다는 것을 보여줄 필요가 있다. 왜냐하면 '세계'는 존재하지 않는다는 것을 논증할 수 있다 하더라도, 세계를 메타 수준에서 포괄하는 '우주'가 존재하게 되면, 가브리엘의 테제에는 의미가 없어지기 때문이다.

가브리엘에 따르면, '우주'는 물리학적으로 기술되는 물질적 존재자 전체를 의미한다. 우주는 끝없이 광대하고 거기에 세계가 포함된다고 생각하는 사람도 있을지 모르지만, 그것은 근본적인 착각이다. 왜일까?

가브리엘의 설명은 다음과 같다. 우선 어떠한 대상도 반드시 어떤 '대상 영역'에서 나타난다. 예를 들어 화성은 태양계라는 대상 영역에서, 상사는 회사라는 대상 영역에서 나타나며, 자유는 프랑스 혁명이라는 대상 영역에서, 모에 요소는 애니메이션이라는 대상 영역에서 나타날 것이다. 대상 영역은 특정한 종류의 대상들을 포함하며, 각각의 영역에는 일정한 규칙이 있다(후에 대상 영역은 '의미의 장'으로 바꿔 말해진다).

물론 대상 영역은 무수히 존재하며, 더욱이 어떤 대상이 반드시 특정한 대상 영역에 결부되어 있는 것은 아니다. 예를 들어 전쟁이라는 대상은 역사학이라는 대상 영역에서 기술되는 경우도 있지만, 가까운 미래의 SF 소설이라는 대상 영역에서 말해지는 경우도 있다. 그럼에도 여전히 각각의 대상 영역은 일정한 규칙을 지니며, 어떤 임의의 대상이 임의의 대상 영역에서 전적으로 자유롭게 현출할 수 있는 것은 아니다. 특정한 대상 영역에 어떠한 대상이 포함되어 있는가는 일정한 방식으로 미리 밑그림이 그려져 있는 것이다.

　게다가 대상 영역 그 자체가 하나의 대상이 된다. 태양계라는 대상 영역은 은하계 속의 하나의 대상이 되며, 애니메이션이라는 대상 영역은 일본 문화라는 대상 영역에서 논의되는 하나의 대상이 될 수 있다. 대상 영역은 무수히 존재하며, 그러한 대상 영역들은 중층적인 방식으로 서로 관련지어져 크기대로 포개진 구조로 이루어져 있다. 대상 영역(의미의 장)의 복수성으로부터 도출되는 '존재론적 다원주의'와 '존재론적 실재론'에 대해서는 다음 절에서 상세하게 살펴보기로 하고, 여기서는 '우주'라는 대상 영역을 좀 더 상세하게 분석해보자.

　우주란 무엇보다도 자연과학의 방법에 따라 실험에 의해 연구할 수 있는 모든 것이 나타나는 장 이외에 다른 것이 아닙니다. …… 우주는 다름 아닌 물리학의 대상 영역 내지 연구 영역인 한에서 결코 모든 것이 아닙니다. 그 밖의 모든 과학과 마찬가지로 물리학도 스스로의 연구 대상이 아닌 것은 전혀 볼 수 없습니다. 따라서 우주는 세계 전체보다 작습니다. 우주는 전체의 일부분에 지나지 않는 것이며, 전체 그 자체가 아닙니다. (가브리엘, 2018a, 42쪽)

우주는 물리학의 대상 영역이며, 거기에 포함되는 모든 대상은 자연과학의 방법, 요컨대 실험과 관찰에 의해 연구할 수 있는 것이어야만 한다. 그렇다면 우주는 결코 모든 대상을 포괄할 수 없다. 우주는 물리학에 의해 탐구되는 한정된 대상 영역에 지나지 않기 때문이다.

예를 들어 물리학은 오다 노부나가의 최후에 대해 말하지 않으며, 진행성 디플레이션의 원인도 구명하지 않는다. 거기에 『신세기 에반게리온』의 아야나미 레이는 등장하지 않으며, 물리학적으로 공교육의 정당성이 논의되는 경우도 없다. 오다 노부나가, 진행성 디플레이션, 아야나미 레이, 공교육의 정당성은 각각 일본의 역사, 경제학, 애니메이션, 교육학이라는 대상 영역에서 나타나지만, 물리학은 그것들을 다루지 않는다. 따라서 그것들의 대상은 우주에는 포함되지 않는 것이다.

가브리엘은 그저 당연한 것을 말하고 있을 뿐일까? 철학적으로 말하면, 여기에는 과학주의(앞 장에서 다룬 교조적인 과학적 실재론을 떠올려볼 수 있을 것이다)를 견제하는 의도가 있다. 자주 우리는 우주야말로 가장 커다란 전체이며, 모든 대상은 거기에 포함된다고 생각한다. 그러나 거기에 놓여 있는 암묵의 전제 — 우주에 포함되는 대상은 물리학적으로 규정 가능한 대상이다 — 를 우리는 좀체 깨닫지 못하며, 어느 사이엔가 우주에 포함되지 않는 것은 대상이 아니라는 생각이 만들어진다. 우주가 자연과학의 대상 영역인 한에서 아무런 문제도 없지만, 물리학적으로 기술되지 않는 것은 대상이 아니며, 인간의 정신마저 무화 내지 수학화된다고 한다면, 철학적으로 커다란 문제가 된다. 따라서 우주는 세계보다 작다고 말해둘 필요가 있다. 우주는 세계의 일부일 뿐인 것이다.

가브리엘이 과학주의를 견제하는 또 하나의 이유는 그것이 오류일 뿐만 아니라 니힐리즘을 부르기 때문이다.

모든 생명과 의미를 우주 속의 무언가의 지점에 자리매김하게 되면, 인생의 의미는 완전히 축소되어 이를테면 무언가 대단한 것이라고 자부하는 개미의 환상이 되어버립니다. 우리는 다름 아닌 스스로의 생존에 대한 이해관심 때문에 자기 자신을 특별한 것으로 간주하고, 인간과 생활세계를 무언가 특별한 것처럼 생각하는 오만한 환상에 빠져 있는 데 지나지 않습니다. …… 우리가 무엇을 어떻게 느끼고 있든지 간에, 우주 속에서 중심적인 역할을 맡고 있지 않습니다. (같은 책, 43-44쪽)

과학주의는 니힐리스트를 낳는다. 우주 전체로부터 보면, 인간의 영위 따위는 무에 가깝기 때문이다. 그뿐만 아니라 니힐리즘이라는 문제 그 자체에서조차 오만한 환상에 사로잡힌 인간 자신이 만들어내고서 제멋대로 괴로워하고 있는 데 지나지 않게 된다. 우리는 스스로 수수께끼를 만들어내고서는 그것이 풀릴 수 없다고 괴로워하고 있는 미소한 입자의 집합체인 것일까?

과학적 세계상이 내면화되고 그것이 절대적인 것으로 여겨지게 되면, 삶의 무의미에 대한 의혹으로부터 빠져 나오기는 점점 더 어려워진다. 보잘것없는 인간이 헤매면서 살다가 죽는다 ─ 살아간다는 것은 단지 그것뿐인 것으로 되어버리기 때문이다.

하지만 일반적으로 생각하면, 삶은 좀 더 커다란 전체의 일부라고 하는 관념은 두 개의 극을 지닐 수 있다. 한편으로 그것은 모종의 일체감과 안도감으로 이어진다. 예를 들어 삶은 위대한 자연의 일부이고 모든 것은 서로 연결되어 있다고 생각할 수 있다면, 거기에는 참혹한 삶에 대한 구제의 감각이 놓여 있을 것이다. 그러나 다른 한편으로는 앞에서 시사했듯이 어떠한 삶도 결국 '생명의 연쇄'의 한 장면에 지나지 않는다고 생각하게 되면, 무의미한 것이 영원히 회귀하고 있다는 감각이 생겨나고, 한 번뿐인 삶의 교환 불가능성은 상실되어버린다.

이러한 두 가지 극의 발생은 '전체성'을 전제 조건으로 하고 있다. 하지만 본래 그 전제 조건은 올바를까? 우주는 세계보다 작고, 그것은 존재론적인 한정 영역에 지나지 않는다. 그러면 우주를 포괄하는 전체성, 즉 세계는 존재하는 것일까?

왜 세계는 존재하지 않는 것일까?

세계는 존재하지 않는다. 철학사에서 이 정도로 명확하게 세계의 비존재를 주장하고 또한 그것을 철학의 중심 테제로 삼은 철학자를 나는 알지 못한다. 더욱이 세계의 비존재를 주장하는 가브리엘은 회의주의자가 아니라 실재론자이다. 회의주의자가 세계는 존재하지 않는다고 말하는 것은 상정될 수 있지만, 실재론자는 보통 그러한 것을 말하지 않는다. 왜냐하면 세계가 존재하지 않는다면, 세계에 포함되는 사물, 대상, 사실, 대상 영역과 같은 것도 무화되든가 아니면 적어도 그것들이 현출하는 지반이 상실되기 때문이다. 그러면 가브리엘은 왜 그러한 것을 말하는 것인가? 우리는 그 진의를 신중하게 확인해볼 필요가 있다.

예를 들어 초월론적 관념론에서 '세계'는 어떻게 생각되고 있었을까? 칸트에게 있어 세계는 객관적 존재자의 궁극적 전체를 나타내는 '순수 이성 개념'(=이념)이며, 그것은 전체성을 완결시키고자 하는 이성의 본성으로부터 나타난다. 후설에게 있어 모든 지평의 지평인 세계는 모든 경험이 거기서 생기하는 지반을 의미한다. 한 마디로 말하면, 우리 경험의 진행에 있어 필요한 이념 — 또한 경험을 구성할 때에 암묵적으로 전제하는 확신 — 이 '세계'라고 생각되었던 것이다.

가브리엘은 '세계는 존재하지 않는다'고 말한다. 그 의도에 대해서는 일단 제쳐두고, 왜 세계는 존재하지 않는 것인지, 그 이치를 살펴보자. 요약하면 그것은 다음과 같은 논증으로 이루어진다.

(1) 어떠한 대상도 반드시 어떤 대상 영역에서 나타난다.
(2) 세계는 모든 대상 영역의 대상 영역, 그 이외의 모든 대상 영역이 거기서 현상하는 대상 영역이다.
(3) 세계가 존재하기 위해서는 세계가 하나의 대상이 되어야만 한다. 따라서 세계는 특정한 대상 영역에서 나타나는 것이어야만 한다.

(4) 그렇다면 세계가 거기서 나타나는 대상 영역을 포괄하는 좀 더 고차적인 대상 영역이 존재하게 된다. 왜냐하면 세계는 모든 대상 영역의 대상 영역이며, 세계가 거기서 나타나는 대상 영역을 포괄하는 메타 세계가 존재하게 되기 때문이다.

(5) 이 포괄 관계의 과정은 무한히 이어진다. 따라서 세계는 존재하지 않는다.

실제로 가브리엘은 몇 가지 방법으로 세계의 비존재를 논증하고 있지만, 어떠한 논리든 모두 다 위의 논증을 변주한 것이라고 말할 수 있다. 어렵게 느껴질지도 모르지만, 간단한 논리 수수께끼이기 때문에 그 논리를 주의 깊게 추적해보자.

우선 어떠한 대상도 어떤 대상 영역에서 나타난다. 화성은 태양계에서, 상사는 회사에서 나타난다. 세계라는 것은 사물(사과와 책상과 같은 눈에 보이는 물질적인 존재), 대상(자유, 숫자 32, 일본, 유니콘, 도덕 등, 물질성에 제약되지 않는 존재), 사실(사과가 책상 위에 있다고 하는, 무언가에 대해 참이라고 말할 수 있는 무언가의 것), 대상 영역(일정한 규칙을 지니고, 사물, 대상, 사실이 나타나는 장)을 포괄하는 전체이기 때문에, 사물, 대상, 사실이 대상 영역에서 나타나는 것이라고 한다면, 모든 대상 영역을 포괄하는 대상 영역이라는 표현으로 세계를 정의할 수 있다. 즉, 세계는 그 이외의 모든 대상 영역이 거기서 현상하는 대상 영역을 말하는 것이다.

다음으로 세계가 존재한다고 가정하게 되면, 그것은 반드시 어딘가에 존재해야만 한다. 이것은 세계가 특정한 대상 영역에서 나타난다는 것을 의미한다. 세계가 존재한다는 것은 세계가 하나의 대상으로 간주된다는 것이기 때문이다. 하지만 그때 세계가 나타나 있는 대상 영역 외에도 무수한 대상 영역이 존재한다.

그런데 이러한 사태 그 자체가 뒤틀려 있다는 것이 이해될 수 있을까? 왜냐하면 세계가 나타나 있는 대상 영역과 다른 무수한 대상 영역이 나란히 존재하지만, 세계는 모든 대상 영역의 대상 영역인 한에서 세계 속에도 다른 모든 대상 영역이 현상하기 때문에, 논리적으로는 동일한 대상 영역이 동시에 두 개 존재하게 된다. 그뿐만 아니라 세계가 나타나 있는 대상 영역을 포함한 모든 대상 영역을 포괄하는 메타 세계가 상위에 나타나 세계도 두 개 존재하게 된다.

세계가 임의의 대상 영역에 나타나게 되면, 그 대상 영역을 포괄하는 세계가 필연적으로 나타난다. 그 포괄 관계는 무한히 계속된다. 메타 세계가 현출하게 되면, 그때마다 메타–메타 세계도 나타나기 때문이다. 이것은 논리 구조로서는 '외계인에 의한 복음'의 사유 실험과 같은 형식이라는 것을 알 수 있다.

전체성을 완결시키는 것은 결코 가능하지 않다. 따라서 세계는 존재하지 않는다.

여기서 주의해야 하는 것은 세계의 비존재 명제가 세계는 존재하지 않지만 무한히 많은 대상 영역은 필연적으로 존재한다는 것을 함의한다는 점이다. 그 이유를 보여주는 것은 그렇게 어렵지 않다. 대상 A가 존재한다고 해보자. 대상 A는 대상 영역 X에 나타나 있다. 대상 영역도 대상으로 된다는 것을 떠올리게 되면, 대상 영역 X도 하나의 대상 B이기 때문에, 대상 A와 대상 B라는 적어도 두 개의 대상이 존재하게 된다. 그러나 대상 B는 다른 대상 영역 Y에 나타나 있는 것이어야만 하며, 그 대상 영역 Y도 대상 C로 되어 대상 A, B, C의 세 개가 존재하게 될 것이다. 그리고 이 조작은 무한히 반복될 수 있다. 따라서 전체로서의 세계는 존재하지 않지만, 무한히 많은 대상 영역이 존재하게 되는 것이다.

가브리엘은 형식 논리적으로 세계의 비존재를 증명하고 있지만, 그 의도를 내가 번안해본다면 다음과 같다. 설령 세계 전체를 파악했다고 생각하더라도 그것은 어디까지나 한정된 세계이며, 모든 대상 영역을 포괄하는 전체의 인식일 수 없다. 어떠한 세계상도 반드시 특정한 대상 영역의 세계상에 지나지 않으며, 그것을 전체화하는 것은 허용되지 않는다. 과학적 세계상이든 종교적 세계상이든 동일하다. 세계는 존재하지 않는다 — 이 명제는 교조적 세계상을 결정적인 방식으로 물리친다. 본래 존재하지 않는 것의 상에 의미는 없기 때문이다. 요컨대 세계의 비존재 명제는 교조주의의 종언을 고하는 것이다.

그렇지만 가브리엘은 형이상학의 동기를 부정하는 것이 아니다. 오히려 형이상학은 인간의 본성으로부터 나타나는 것이며, 거기에 일정한 필연성이 있다는 것을 인정한다. 가브리엘은 다음과 같이 쓰고 있다.

> 이 세계란 본래 무엇인가? 우리는 어디에 존재하는 것일까? 우리 인간이 이와 같은 것을 알고 싶어 하는 것은 전적으로 정당한 것입니다. 이와 같은 형이상학적인 본능을 과소평가해서는 안 됩니다. …… 그러나 이 세계 전체란 본래 무엇인가라는 물음에 대답함에 있어서는 충분히 신중해야만 합니다. 우리 자신이 날마다 하고 있는 경험을 간단히 뛰어넘어 터무니없이 거대한 세계가 존재하는 것처럼 생각해서는 안 됩니다. 그와 같은 세계에는 우리 자신의 경험을 받아들일 여지가 없기 때문입니다. (가브리엘, 2018a, 141쪽)

「프롤로그」에서 보았듯이 놀람, 지적 호기심, 존재 불안을 본질 계기로 하여 사람들은 형이상학으로 향한다. 그것 자체는 정당하다. 그뿐만 아니라 세계 전체의 존재란 무엇인가 —

존재의 근거를 묻는 것이 인간을 다른 동물로부터 구별한다고까지 말할 수 있다. 그러나 논리적으로 말하면, 세계 전체가 통째로 파악될 수는 없다. 우리에게는 결코 대답할 수 없는 물음이 있는 것이다. 그 점을 가브리엘은 '세계는 존재하지 않는다'라는 슬로건적인 말로 표현하고 있는 것이다.

다른 관점에서는 다음과 같이 될 것이다. 존재는 전체성과는 따로 탐구되어야만 하며, 존재론은 형이상학으로부터 분리되어야만 한다. 앞에서 '새로운 실재론' 선언을 '존재론은 인식론과는 따로 탐구되어야만 한다'고 썼다. 이제 그 선언에 다음과 같이 덧붙일 수 있다 — 존재론은 인식론과 형이상학과는 따로 탐구되어야만 한다. 이리하여 마침내 우리는 '의미의 장의 존재론'을 고찰할 지점에 이르렀다.

2. 의미의 장의 존재론

존재란 무엇인가?

존재론이란 '존재'에 대한 철학 이론이다. 즉, 존재한다는 것은 어떠한 것인가 — 그것을 생각하는 것이 존재론이라고 말할 수 있다. 예를 들어 책상 위에 사과가 존재한다, 시레토 고반도에 큰곰이 존재한다, 우리 사이에 우정이 존재한다, <스카이 크롤러>에 키르도레라고 불리는 아이들이 존재한다, 우타다 히카루의 악곡에는 서정미가 존재한다와 같은 방식으로 우리는 일상적으로 '존재'에 대해 말하고 있다. 일반적으로 무언가가 '있다'는 것은 철학에서 어떻게 말해지는 것일까?

존재를 생각함에 있어 가브리엘은 세 가지 성질을 구별하고 있다.

(1) 고유의 성질 — 어떤 대상을 다른 대상으로부터 구별하기 위한 성질
(2) 형이상학적 성질 — 어떤 것이 세계에 속하기 위해 필요한 성질
(3) 논리적 성질 — 일반적으로 어떤 것이 대상이기 위해 필요한 성질

순서대로 설명해보자. 우선 '고유의 성질'은 사과를 바나나로부터 구별하기 위해 사과가 지니는 성질이다. 사과를 바나나로부터 구별하는 성질이 전혀 없다고 한다면, 우리는 사과와

바나나를 동일한 것으로 인식할 것이다. 이것은 그렇게 어렵지 않을 것이다.

다음으로 '형이상학적 성질'은 사과가 세계에 속하기 위해 지니는 성질이다. 조금 교묘한 표현이 되겠지만, 예를 들어 사과가 세계에 속하기 위해서는 사과가 '존재한다'는 성질을 지닐 필요가 있다고 생각해보는 것은 가능하다. 존재와 세계는 언제나 세트로 이루어져 있다고 상정하면, 형이상학적 성질이 이해될 수 있을 것이다.

마지막으로 '논리적 성질'은 사과가 대상이기 위해 지니는 성질이다. 예를 들어 사과에 대해 무언가의 진위 판단이 가능하다는 성질을 사과가 지님으로써 사과는 (논리학의) 대상이 된다. 또는 물리학에서는 수학적으로 기술 가능한 것이 대상이기 위한 최소한의 조건이 될 것이다. 논리적 성질은 어떤 것이 대상으로 간주되기 위해 필요한 성질이다.

그러면 존재는 '고유의 성질', '형이상학적 성질', '논리적 성질'의 어느 것에 들어맞는 것일까? 다시 말하면, 존재는 스스로를 다른 대상으로부터 구별하기 위한 성질인가, 세계에 속하기 위한 성질인가, 대상으로 되기 위한 성질인가? 또는 이것들 가운데 어느 것에도 들어맞지 않는 그러한 것인가? 이 점이 분명해지면 존재에 대한 이해를 밀고 나갈 수 있다.

여기서 가브리엘은 칸트 이후의 존재론의 추론 방식을 '존재론적 동기'라고 부르며, 다음과 같이 정리하고 있다(Gabriel, 2015, p. 43).

(P1) 존재는 고유의 성질이 아니다.
(P2) 존재는 성질이다.
(P3) 모든 성질은 고유의 성질이든가 형이상학적 성질이든
    가 논리적 성질이다.
(C) 존재란 형이상학적 성질이든가 논리적 성질이다.

존재가 고유의 성질이 아니라는 것은 조금만 생각해보면 곧바로 알 수 있다. 존재한다는 성질만으로는 사과와 바나나를 구별할 수 없다. 존재는 존재하는 것 모두에게 공유되는 성질이기 때문에, 어떤 특정 대상의 고유한 성질로는 될 수 없는 것이다. 하지만 존재가 대상에 갖추어져 있는 무언가 성질이라는 점은 의심할 수 없다. 예를 들어 사과가 존재한다고 말할 때, '존재한다'는 술어로서 사과의 성질을 설명하고 있기 때문이다. 그렇다면 남는 것은 형이상학적 성질과 논리적 성질이게 된다……. 여기까지가 전통적인 추론 방식이다.

여기서 '세계는 존재하지 않는다'라는 가브리엘의 주장을 떠올려보자. 형이상학적 성질은 세계에 속하기 위하여 어떤 것이 지니는 성질이었다. 따라서 형이상학적 성질은 세계를

전제한다. 그러나 앞에서 보았듯이 본래 세계는 존재하지 않는 것이라고 한다면, 존재는 형이상학적 성질일 수 없다. '세계는 지금까지도 존재하지 않았고, 지금도 존재하지 않으며, 지금부터 존재하는 것도 아니다. 세계의 존재 따위는 문제가 되지 않는다.'(같은 책, p. 153)

그러면 존재는 논리적 성질인 것일까? 이 물음에 대한 가브리엘의 대답은 반은 '그렇다'이고 반은 '아니다'이다. 즉, 존재는 대상이기 위해 지녀야 할 성질이라는 것까지는 인정하지만, 그것이 대상에 갖추어져 있는 성질은 아니라고 말하는 것이다. 그러면 '존재'란 무엇인가?

'존재'는 '의미의 장'의 성질이다 — 이것이 가브리엘의 해답이다. 의미의 장에 나타난다는 것이 존재의 본래적인 뜻이라는 것은 '의미의 장에 무언가가 현상한다'='그 무언가는 존재한다'는 것이다. 존재는 대상의 성질이나 세계의 성질이 아니라 의미의 장의 성질이다. 따라서 칸트 이후의 '존재론적 동기'에서는 존재를 온전히 말할 수 없다. 존재론적 동기는 존재를 형이상학적 성질이나 논리적 성질로 귀착시키기 때문이다. '의미의 장' 개념을 도입함으로써 비로소 존재론은 근본적으로 쇄신될 수 있다. 하지만 의미의 장이란 무엇일까?

의미의 장을 생각한다

설명해보자. 가브리엘은 존재론의 기본 단위를 '의미의 장'이라고 부른다. '대상 영역' 대신에 '의미의 장'이라는 개념을 사용하는 이유는 몇 가지 있지만, 그 중에서도 중요한 것은 집합론에서의 '영역' 개념과 구별하기 위해서라는 이유다. 집합론의 영역에는 원칙적으로 양적으로 세어지는 것만이 포함된다. 말이라는 집합에는 세계에 존재하는 모든 말이 포함되지만, 그에 있어서는 개별적인 말들의 질적인 차이는 사상되고, 거기에 포함되어 있는 말의 수만이 문제로 된다.

그에 반해 새로운 실재론은 예술, 종교, 이야기, 도덕, 정동 등, 수학으로는 환원되지 않는 것을 넓은 의미에서 대상으로 인정한다. 즉, 인간의 사회적·문화적 관계로부터 나타나는 의미를 대상에 포함시키기 위해 — 대상 영역이라는 개념으로는 오해될 가능성이 있기 때문에 — '의미의 장'이라는 새로운 개념을 존재론의 기본 단위로서 도입하는 것이다.

또 하나 파악해두어야 할 것이 있다. 칸트 이후의 존재론에서는 '영역'이 인간의 언어 실천이나 과학적 분업에 의해 구축된 것이라는 견해가 우세하다. 세계에는 다양한 영역이 존재하지만, 그것들은 인간에 의해 분절된 것이고, 따라서 영역은 구축된 것이다. 예를 들어 자연과 마음이라는 두 개의 영역이 존재하는 것은 물리학과 심리학 각각이 스스로의 영역을 구축했기 때문이라는 것이다.

그러나 가브리엘은 이러한 견해를 부정한다 — '영역의 개별화는 우리의 학문 영역의 존재에 좌우될 수 없다.'(Gabriel, 2015, p. 157) 즉, 이런저런 영역은 객관적으로 존재하는 것이지 인간의 인식에 의해 구축된 것이 아니라고 말하는 것이다.

자세하게 생각해보자. 가브리엘은 전하가 전기적인 힘을 받는 공간인 '전기장'을 범례로 하여 의미의 장 개념을 설명하고 있다. '영역domain'에 반해 '장field'은 구축되지 않는다. 가브리엘은 다음과 같이 말하고 있다.

> 장은 객관적 구조를 제공하고, 그 속에서 나타나는 대상과 상호적으로 작용한다. 장은 이미 거기에 존재하며, 대상은 거기를 빠져나와 그 성질을 변화시킨다. 장은 지평도 관점도 아니다. 그것들은 사물이 어떻게 존재하는가 하는 것을 우리가 어떻게 알 수 있는지를 설명하기 위해 도입되는 인식론적 존재나 인식론적 대상이 아니다. 장이라는 것은 어떻게 사물은 존재하는가에 관한 필요 불가결한 부분이며, 그것들 없이는 아무것도 존재할 수 없다. (같은 곳)

의미의 장은 객관적인 구조를 제공하며, 무언가가 존재한다는 것이란 그것이 의미의 장에 나타난다는 것과 같다. 그것은 (인간의) 인식 조건을 제대로 설명하기 위한 개념 장치가 아니라 존재란 무엇인가를 가장 근본적으로 설명하기 위한 개념이다. 대상은 의미의 장에 현상하면, 각각의 의미의 장이 지니는 고유한 법칙에 의해 영향을 받는다. 간단히 말하자면, 어떤 것은 의미의 장의 역학에 의해 구체적인 의미를 띤 대상이 된다.

여기서 주의해야 하는 것은 그 현상이 관찰 가능한지 아닌지 하는 것은 존재론에 있어 그리 중요하지 않다는 점이다. 관찰되든 되지 않든 복수의 의미의 장은 끊임없이 생성하면서 그 속에서 다양한 대상이 생기하도록 하고 있다. 인간이 그것을 관찰하는 경우도 있고, 나중에서야 특정한 의미의 장에 대상이 생기하고 있었다는 것을 깨닫는 경우도 있다. 또는 이후 영원히 관측될 수 없는 의미의 장과 대상도 존재할 것이다. 그야 어쨌든 존재론에게 있어 인식론은 문제가 아니며, 존재는 존재로서 순수하게 고찰되어야만 하는 것이다.

그렇지만 인간이 있지 않으면 존재하지 않는 의미의 장이나 대상이 있는 것은 사실일 것이다. 예를 들어 인간에 대한 학문과 거기에 현상하는 대상들은 본래 인간이 있지 않으면 존재하지 않으며, 인간의 심적 영역은 인간이 존재하지 않으면 존재하지 않는다. 그러나 그렇다고 해서 의미의 장이 모두 구축된 것이라고 말할 수 있는 것은 아니다. '인간만이 관계할 수 있는 의미의 장은 어느 것이든 다 결코 인간에게는 닿을 수 없는 많은 사실이 속하는 의미의 장과 전적으로 마찬가지로 "실재적"이다.'(가브리엘, 2018a, 153쪽) 과학적인 사태이든 집합론적인 사태이든, 사회적 사태이든 문화적 사태이든 '의미의 장' 개념은 다양한 사태를 제대로 설명하기 위해 도입되는 것이다.

의미의 장에 나타난다는 것은 특정한 맥락에 존재한다는 것이지만, 중요한 것은 거기서 모든 것이 설명 가능해지는 단일한 맥락은 존재하지 않는다는 점이다. 과학주의는 이 점에서 근본적인 오류에 빠져 있다. 또한 모든 맥락을 메타 수준에서 통합하는 전체성(=세계)도 존재하지 않는다. 형이상학은 이 점에서 잘못하고 있다. 요컨대 다음과 같은 것이다 — 단 하나의 의미의 장이 특권적으로 있을 수 없으며, 모든 의미의 장을 통일적으로 설명하는 전체성도 있을 수 없다. 그저 무수한 의미의 장이 존재할 뿐이다.

이미 살펴보았듯이 지금까지의 철학은 실재로서의 사과와 현상으로서의 사과를 구별해왔다. 형이상학은 현상을 가상으로 간주하고, 그 배후에 존재하는 — 자주 현상을 가능하게 하는 것으로서의 — 실재를 탐구한다. 반대로 구축주의는 실재를 부정하고, 모든 인식은 언어 실천에 의해 구축된 현상이라는 전제로부터 탐구를 시작한다. 하지만 어느 것이든 존재와 인식을 제대로 설명할 수 없었다. 우리의 인식에 관계하지 않고서 사과가 존재하는 것도 사실이며, 우리에게 사과가 모종의 방식으로 보이고 있는 것도 사실이기 때문이다. 이때 새로운 실재론은 그것들이 서로 다른 의미의 장에 나타난 사과 그 자체라고 생각한다.

> 요점은 사물 그 자체가 다양한 방식으로 현상한다는 점입니다. 그러한 모든 현상들 그 자신이 다름 아닌 하나하나의 사물 그 자체입니다. 그때 중요한 것은 어떠한 의미의 장에 현상하는가 하는 것입니다. …… 현상과는 따로 존재하는 확고한 사실이 이 현실을 이루고 있는 것이 아니라 이를테면 다양한 사물 그 자체와 그 현상이 함께 이 현실을 이루고 있는 것입니다. 그때 각각의 현상은 모두 다 사물 그 자체입니다. (같은 책, 175쪽)

가브리엘의 도식에서는 실재(사물 자체)–현상(가상)이라는 대립 개념이 필요 없게 되었다는 점이 이해될 수 있을까? 오히려 분명히 해야 할 것은 사과가 그때마다 어떠한 의미의 장에서 나타나 있는 것인가 하는 점이다. 그리고 그것들 가운데는 인간이 결코 접근할 수 없는 의미의 장도 있을 뿐만 아니라 또한 인간에게 접근될 수 있는 의미의 장도 있다 — 의미의 장 외부는 바로 무의미한 것이다.

슈퍼마켓에서 팔리고 있는 아오모리현 산의 사과,『백설 공주와 일곱 난쟁이』에서 노파가 갖고 있는 독 사과, 누구도 알지 못하는 숲 깊은 곳에 조용히 썩어가는 사과…… 그것들 모두는 특정한 의미의 장에 존재한다. 지금까지의 철학에서는 참다운 실재를 둘러싸고 격렬한 논쟁이 이루어져왔지만, '이야기에 등장하는 노파의 독 사과는 실재하지 않는다', '누구도 보지 못하는 사과는 존재하지 않는 것과 동일하다'와 같은 흔히 있는 표현은 그것이 문제로 하고 있는 의미의 장을 분명히 하지 않는 한에서 무의미하다.『백설 공주와 일곱 난쟁이』라는 이야기의 세계에 독 사과는 존재하며, 우리가 인식하지 못하는 사실도 확실히 존재하기 때문이다(예를 들어 2019년 3월 12일, 14시 19분의 고양이 셸러의 털 숫자). 중요한 것은 그때마다 어떠한 의미의 장을 문제로 하고 있는지를 명확히 하는 것이다.

　　물론 우리의 인식에는 오류도 존재한다. 진짜 사과라고 생각했던 것이 사실은 복제물인 경우도 있으며, 아인슈타인의 '상대성 이론'으로 물리학이 동요한다든지 하기도 한다. 하지만 인식은 원리적으로 수정될 수 있다는 사실이 어떠한 인식도 가상이라는 것으로 귀결되는 것은 아니다. 단적으로 말해서 수정되는 경우도 있다면, 수정되지 않는 경우도 있기 때문이다. 그리고 수정되는 경우에는 정당한 이유와 근거에 의해 수정될 것이다.

예를 들어 '인권' 개념의 보편성은 어떠할까? 가까운 장래에 AI가 자아를 지니고 자기 가치의 욕망을 AI들의 주노 관계 속에서 전개하게 된다면, 인권은 AI에게도 확장될지도 모른다. 그러나 그렇다고 해서 우리가 지금 생각하는 인권 이념이 가상인 것으로 되지는 않을 것이다. 정당한 이유와 근거를 보여줄 수 있는 경우 그때마다 적절한 수정을 가할 수 있을 것이고, 그 경우에 '인권'은 새로운 의미의 장에서 현상할 뿐인 것이다.

정리해보자. 가브리엘은 존재론의 기본 단위를 '의미의 장'이라고 부른다. 무언가가 의미의 장에 현상하는 것이 존재의 본래적인 뜻이며, 의미의 장은 무한히 존재한다. 의미의 장의 복수성을 전제하면, 대상이 반드시 특정한 의미의 장에 결부되지 않더라도 좋다는 것을 알 수 있다. 물은 자연과학에서는 H_2O로서 현상하고, 사막에서는 귀중한 마실 것으로서 현상하며, 사우나에서는 몸을 차갑게 하는 것으로서 현상한다. 의미의 장을 통과함으로써 대상은 특정한 방식으로 나타나게 되는 것이다. 요컨대 우선 무수한 의미의 장의 구분이 존재하며, 그것으로부터 대상과 그 인식이 문제로 된다. 이 순서를 거꾸로 해서는 안 된다.

의미의 장은 대상을 규정하는 객관적인 힘의 장이며, 대상의 현상방식이 의미의 의미다 — '어디에도 없는 곳으로부터의 바

라봄' 등은 존재하지 않지만, 인간에게 바라보이는 것이 존재의
본질 조건인 것도 아니다.

가브리엘의 자연주의 비판

많은 저서와 논문에서 가브리엘이 다루고 있는 논점의 하나
로서 자연주의 비판이 있다. 『왜 세계는 존재하지 않는가』에서
는 우주가 하나의 존재론적인 한정 영역이라는 것을 보여줌으
로써 과학적 세계상을 상대화하고 있다. 가브리엘의 판정으로
는 근대의 니힐리즘이란 과학적 세계상이 절대화되어 '의미'
의 탐구가 좌절한 것에서 발단한다. 니힐리즘과 멜랑콜리에
대한 나의 견해는 이 책의 서두에서 이미 이야기했지만, 과학과
니힐리즘의 관계도 역시 흥미롭다. 이하에서는 가브리엘의
자연주의 비판을 검토해보자.

가브리엘에 따르면 '자연주의'는 세 개의 테제를 포함한다
(가브리엘, 2018b, 133쪽 이하).

(1) 형이상학적 테제 — 초자연적인 것은 존재하지 않으며,
    자연적인 것만이 존재한다는 주장. 관찰과 경험에 의해
    확정되는 사실만을 실재로 간주하고, 신, 영혼, 자아,

도덕적 가치, 나아가서는 정신적인 것 일반은 초자연주의라는 레테르가 붙여진다.

(2) 첫 번째 연속성 테제 — 논리학, 수학, 철학을 포함한 모든 학문 형식은 가장 좋은 자연과학의 연장선상에 놓여 있다는 주장. 콰인의 '자연화된 인식론'이 상정되고 있다.

(3) 두 번째 연속성 테제 — 생물학과 인류학에서의 동물과 인간은 연속적이라고 하는 주장. 언어, 사유, 지향성, 이성, 도덕은 진화 심리학적으로 완전히 해명될 수 있다고 생각된다.

가브리엘은 이러한 세 가지 테제가 서로 섞인 상태를 '상관습적인 자연주의'(암묵적인 습관으로서 몸에 붙어 있는 자연주의)라고 부른다. '상관습적인 자연주의'에서는 이러한 독립적인 테제들이 혼동되어 하나로 동일시되지만, 이 세계상은 하나의 이데올로기라고 가브리엘은 말한다.

상관습적인 자연주의는 모든 영역에서, 그리고 어떠한 종류의 행동방식에서도 자연주의적이고자 하지만, 이러한 세계상은 상당히 보급되어 있다. 보급된 세계상으로서의 상관습적인 자연주의는 과학적이라기보다 오히려 이데올로기적인 특

징을 지니고 있음에도 불구하고, 이 자연주의는 철학적 고찰을
할 만한 가치가 있다. 왜냐하면 철학의 주된 과제의 하나는
이데올로기 비판이기 때문이다. (같은 책, 134쪽)

자연주의는 모든 학문 영역에 보급되어 있다. 그것은 생활
세계를 뒤덮고 있으며, 우리는 자연주의를 암묵적으로 자명한
것으로서 받아들여 과학적 세계상을 전제로 해서 사태를 판단
하는 것에 익숙해져 있다. 하지만 어떠한 비판적 검증도 없이
자연주의를 신봉하고 있다면, 그것은 하나의 이데올로기가
아닐까? 마치 과학의 객관성이 이데올로기의 전체성으로 반전되
고 있는 것처럼 말이다.

철학의 과제 하나가 이데올로기 비판이기 때문에, 자연주의
가 이데올로기화 또는 전체주의화하기 위한 조건과 구조를
해명할 필요가 있다. 그런 다음에 과학적 세계상을 철저히
상대화하고 '자연주의적 실재론'을 '의미의 장의 존재론'으로
치환하고자 하는 것이다.

일반적으로 실재론은 사유로부터 독립하여 존재하는 현실
또는 세계를 옹호하지만, 이러한 사고방식을 끝까지 추구하면
'지금 있는 사실의 많은 것은 가령 누군가가 그와 같은 의견을
한 번이라도 형성한 적이 없었다 하더라도 계속해서 있다'(같
은 책, 138쪽)는 적극적인 주장이 된다. 가브리엘은 이 사실을

'최대한 양상적으로 강고한 사실'이라고 부른다. 예를 들어 태양이 지구보다 크다는 것을 우리는 알고 있지만, 설령 우리가 그 사실을 알지 못했다 하더라도 태양이 지구보다 크다는 것에 변함은 없다. 요컨대 인간의 인식이나 지식과는 무관계하게 성립하는 사실이 '최대한 양상적으로 강고한 사실'이라고 말할 수 있다.

여기서 실재론자라는 것의 첫 번째 조건은 '최대한 양상적으로 강고한 사실'을 인정하는지 여부다. 역으로 말하면, 만약 그와 같은 사실을 승인하지 않는다면, 그 사람은 반실재론자이게 된다. 이미 말했듯이 존재에 대해 이해하기 위해 존재를 이해하는 것에 대해 이해할 필요는 없는 것이다.

가브리엘은 '최대한 양상적으로 강고한 사실이 존재한다'는 테제를 '중립적 실재론의 근본 명제'라고 부르며, 이 명제를 원칙으로서 지지한다(당장은 중립적 실재론이란 인식론, 형이상학, 구축주의, 자연주의와는 다르게 실재론을 구상하는 입장이라고 생각될 수 있을 것이다. 상세한 것은 가브리엘, 2016을 참조). 우리의 목적은 중립적 실재론이 자연주의적 실재론으로 전화하는 순간을 확인하는 데 있다. 여기서 주목해야 하는 것은 '상관습적인 자연주의'가 '중립적 실재론의 근본 명제'에 쓸데없는 추가를 한다는 점이다. 즉, '최대한 양상적으로 강고한 사실'은 특정의 특권적인 입장(자연과학)에 의해서만 인식되는 것이 아니라는 점이다. 그 추론 과정은 대체로 다음과 같다 — 우리의 인식에 관계없이 '최대한 양상적으로 강고한 사실'은 존재한다. 그러한 사실들은 세계에 확실히 존재하며, 절대적인 방식으로 파악 가능할 것이다. 다만 그것은 **자연과학에** 의해서이며, 그 이외에 길은 없다고 말이다.

이리하여 자연주의는 중립적 실재론에 '편승'한다. 즉, 세계의 전체와 자연과학의 특권성이라는 두 가지 조건을 중립적 실재론의 근본 명제에 살짝 덧붙이는 것이다. 중립적 실재론이 자연주의적 실재론으로 변모하는 순간이다.

그러나 지금까지 살펴보았듯이 모든 의미의 장을 메타 수준에서 통합하는 세계는 존재하지 않으며, 특정한 의미의 장이 특권적으로 되는 것도 있을 수 없다. 그렇다고 한다면, 자연주의는 세계 전체를 상정하고 거기에 과학적 세계상을 집어넣고자 하지만, 그 추론은 이중으로 잘못되어 있다. 세계 전체는 본래 존재하지 않으며, 특정한 의미의 장의 법칙이 모든 의미의 장을 통일하는 일도 있을 수 없기 때문이다.

자연주의는 그 자신에 내재하는 형이상학적 동기를 잘 숨기고 있는 것으로 보인다. 일반적으로 자연주의는 초자연적인 것을 부정하는 형이상학 비판으로서 등장한 것이기 때문에, 당연히 형이상학적 관심을 지니지 않는다고 믿어지고 있지만, 실상은 다르다. 자연주의는 세계 전체를 교조적인 동시에 배타적으로 규정함으로써 그 자신이 하나의 형이상학으로 되어 있다. 왜냐하면 '세계 전체의 궁극적인 근거에 다가서고자 하는 것이 형이상학이다'라고 한다면, 자연주의의 이면에는 실증적 방법에 의해 그것을 실현하고자 하는 야망이 엿보이기 때문이다. 이 점에서 과학적 세계상과 종교적 세계상에 커다란 차이는 없다고까지 말할 수 있을지도 모른다 — 어느 것이든 특정의 세계상을 절대화함으로써 유일무이한 신앙의 체계를 만들어내기 때문이다.

이와 같이 세계의 비존재 명제는 결코 형식적인 논리 수수께 끼가 아니라 교조주의와 전체주의를 견제하는 사상이라고 생각해야 한다. 자연주의는 수많은 교조주의의 하나에 지나지 않지만, 그럼에도 불구하고 그 일면적인 견해는 현대의 학문 전반에 널리 만연되어 있다. 그리고 그것은 '인간적인 것'의 의미를 무화하고 니힐리스트를 생산하는 커다란 동력이 되어 있는 것이다. 신 없는 시대의 니힐리스트가 새로운 의미를 구하더라도 과학적 세계상은 그 노력을 반대 측으로부터 지워버린 다. 가브리엘의 근본적인 자연주의 비판은 바로 이 점에 관계하고 있으며, 삶의 의미를 다시 세우고자 하는 현대철학의 도전을 대표하는 것이다.

의미의 장의 존재론 — 존재론적 다원주의와 존재론적 실재론

의미의 장의 존재론은 두 개의 주장으로 이루어진다. 하나는 의미의 장의 복수성에 기초하는 '존재론적 다원주의'. 또 하나는 사실 그 자체를 인식할 수 있다고 생각하는 '존재론적 실재론'이다.

세계를 전제하지 않고서 다원주의와 실재론이 함께 옹호되고 있다는 점에서 의미의 장의 존재론은 새로운 존재론 모델을 제시하고 있다. 지금까지의 고찰을 토대로 하여 그 모델의 전체상을 정리해보자.

(1) 존재론은 형이상학과는 무관계하게 연구된다.

형이상학은 세계 전체의 존재 근거를 사변적으로 생각한다. 따라서 철학의 역사에서 존재론은 자주 형이상학과 함께 말해져왔다. 존재의 탐구는 형이상학이라고 생각되어온 것이다. 세계 전체의 궁극적인 근거를 알고 싶어 하는 인류의 동기는 원시 공동체의 신화에서 이미 간취될 수 있지만, 종교와 형이상학은 그 동기를 받아들여 종교는 신들의 이야기를 함으로써, 그리고 형이상학은 사변적 추론에 의해 각각의 역할을 수행해왔다.

하지만 종교와 형이상학은 세계 그 자체의 진리를 둘러싸고서 많은 심각한 신념 대립을 산출했다. 근대 유럽에서의 가톨릭과 프로테스탄트의 대립처럼 절대적인 올바름을 둘러싸고서 서로 죽이는 일이 일어나는 경우도 드물지 않았다. 또한 철학에서도 세계 전체에 대한 형이상학적 이설이 복수로 존립하고 해결이 이루어지지 않은 채로 스콜라적인 논의가 무한히 겹쳐 쌓였다.

가브리엘이 세계의 비존재를 주장하고, 존재론을 형이상학으로부터 분리하는 것은 이러한 이유에서이다. 세계는 존재하지 않는다. 모든 의미의 장을 포섭하는 의미의 장은 논리적으로 생겨나지 않기 때문이다. 세계의 비존재 명제는 교조적 세계상에 결정적인 일격을 가하고, 불모의 신념 대립과 폭력의 싹을 미리 잘라낸다. 즉, 세계의 비존재 명제는 전체주의에 대한 대항 사상인 것이다.

(2) 존재론은 인식론과는 무관계하게 연구된다.

이 테제는 사변적 실재론의 인간 중심주의 비판과 포스트 휴먼의 사상에 찬성하는 것으로서 이해되어서는 안 된다. 가브리엘의 중심 동기는 어디까지나 (인간적) '정신'의 가치를 되살리는 것이기 때문이다. 그럼에도 불구하고 존재는 인식에 의존하지 않는다. 존재란 의미의 장에 무언가가 현상하는 것이며, 거기에 관찰자가 있는지 아닌지는 — 당장 존재론을 생각하는 데서는 — 중요한 계기가 아니기 때문이다.

무수한 의미의 장은 언제나 중층적으로 생성하고 있으며, 거기서 다양한 대상이 현상한다. 의미의 장 그 자신도 대상으로 될 수 있는 것이라고 한다면, 그것이 다른 의미의 장에서 현상함으로써 각각의 의미의 장은 서로 복잡한 중층적 구조를 이루고 있다. 그러나 모든 의미의 장을 통합하는 메타 수준의 의미의 장(=세계)은 존재할 수 없으며, 무수한 의미의 장은 전체성을 완결함이 없이 생겨나고서는 사라져간다. 그 현장에 마침 우리가 있을 수 있는지 여부는 존재론에 있어 — 존재에 대해 중립적으로 생각하기 위해서는 — 그다지 중요한 문제가 아니다.

(3) 의미의 장의 복수성은 구축된 것이 아니다.

구축주의는 원칙적으로 존재론적 다원주의의 입장이다. 모든 인식은 사회적-문화적으로 구축되어 있는 것이기 때문에, 인식도 존재도 구축된 수만큼 있을 수 있게 되기 때문이다. 세계는 언어적 실천과 과학적 분업에 의해 잘게 나누어지고, 그 잘라내는 방식의 수만큼 존재는 다원적으로 된다 — 구축주의는 그렇게 주장한다.

그 구축주의의 어려움은 구축주의의 주장 그 자체가 구축된 것이라는 비판을 벗어날 수 없다는 점에 놓여 있다. 이것은 상대주의가 상대화되는 것과 논리적으로 동일한 형태다. '모든 것은 상대적인 것에 지나지 않는다'라는 주장만이 어떻게 상대적이지 않다고 말할 수 있을 것인가? '모든 것은 상대적인 것에 지나지 않는다'라는 주장도 상대적인 것에 지나지 않는다.

존재와 인식의 복수성을 주장하는 구축주의적 다원주의에는 일정한 이치가 놓여 있지만, 다원주의를 정당하게 제기하기 위해서는 인간의 인식의 다양성이 아니라 의미의 장의 복수성에서 출발할 필요가 있는 것이다. 그렇게 함으로써 비로소 다원주의는 상대주의에 휘말려들지 않을 수 있다. 우리는 사물 그 자체와 사실 그 자체를 인식할 수 있지만, 그것은 유일한 의미의 장에 속하는 것이 아니다 — 이것이 새로운 실재론의 근본 명제이다. 따라서 의미의 장의 존재론은 반상대주의다.

(4) 자연주의는 특권적이 아니다.

우주는 세계보다 작다. 우주는 물리학의 대상 영역이며, 거기에 포함되어 있지 않은 것 — 예를 들어 공상, 도덕, 신, 자유, 정신 — 도 존재하기 때문이다. 단적으로 말하면, 자연주의는 만능이 아니며, 특히 '정신'의 의미를 그 대상 영역으로부터 제외한다는 점에서 명확한 한계를 지닌다. 물리학에 한정되지 않고 모든 사태가 환원되는 특권적인 의미의 장 따위는 존재하지 않는 것이다.

게다가 자연주의는 형이상학적 야망을 배후에 숨기고 있다.

자신만이 세계 전체에 대해 알기 위한 유일한 수단을 지닌다고 착각하고 있는 것이다. 여기서 첫째가는 문제는 자연주의 논리를 철저하게 하면, 본래 그저 고깃덩어리에 지나지 않을 인간이 무언가의 이유에서 자기의식이라는 장대한 환각을 보면서 우왕좌왕하고 있는 것이 삶이라고 하는 사태로 되지 않는다고 말할 수 없다는 점이다.

자연주의의 절대화는 니힐리즘의 원천이며, 그에 대항하는 것이 의미의 장의 존재론이다.

이와 같이 의미의 장의 존재론은 형이상학, 인식론, 구축주의, 자연주의와의 긴장관계에 놓여 있다. 존재는 의미의 장의 성질이며, 어떠한 대상도 의미의 장에서 나타난다. 그러나 어떤 대상은 복수의 의미의 장에 속할 수 있으며, 대상−의미의 장의 연관은 하나로 쥐어짤 수 없다. 그렇기는커녕 그것들은 무수히 존재한다. 의미의 장으로부터 분리된 대상은 존재할 수 없으며, 따라서 '어디에도 없는 곳으로부터의 바라봄'은 존재하지 않는다. 인식에는 반드시 특정한 관점 또는 맥락이 있으며, 대상의 인식은 대상이 속해 있는 의미의 장에 대한 인식도 동시에 가져오는 것이다.

말할 필요도 없는 것이지만, 가브리엘은 과학과 종교를 부정하는 것이 아니다. 인간 사회에서 그것들이 수행하는 역할을 인정하고 평가하기도 한다. 과학은 광범위한 '객관성'을 창출하며, 그것 없이는 현재의 생활이 있을 수 없다. 종교는 '무한성'에 대한 인간의 감각을 반영하며, 현대에서도 여전히 정신의 의미에 대한 탐구의 커다란 받침이 되고 있다. 가브리엘이 문제로 하고 있는 것은 어디까지나 그것들이 세계상으로 전화하는 장면이라는 점을 잊어서는 안 된다.

마지막으로 주의해야 할 것이 또 하나 있다. 우리는 사물 그 자체와 사실 그 자체를 인식할 수 있지만, '모든 견해가 똑같이 참인 것은 아니다'(가브리엘, 2018a, 272쪽)라는 점이다. 우리는 대상을 잘못된 의미의 장에 자리매김해버릴 수도 있다. 하지만 의미의 장의 존재론에서는 잘못이나 오류도 하나의 의미의 장에서 현상하며, 그것이 존재하지 않는다는 것으로는 되지 않는다. 따라서 세계 이외의 모든 것은 존재한다고 가브리엘은 주장하는 것이다.

무언가에 대해 참인 인식과 그렇지 않은 인식은 구별될 수 있다. 요컨대 어떠한 인식도 참이라고는 가브리엘은 주장하지 않는다. 그와 같은 구별이 가능하며, 잘못된 인식을 수정해가는 것이 가능한 것은 '나'가 '나' 자신에 갇혀 있지 않기 때문이다. 가브리엘은 『왜 세계는 존재하지 않는가』의 본론의 마지막에서 다음과 같이 쓰고 있다.

인간은 누구나 다 한 사람 한 사람의 개인입니다. 그러나 마찬가지로 각각 개별적인 것인 다양한 의미의 장을 우리는 공유하고 있습니다. 그래서 우리 한 사람 한 사람이 자기 자신에게 갇혀 있는 것일 수는 없습니다. 하물며 스스로의 자기의식에 갇혀 있을 수는 없습니다. 우리는 무한히 많은 의미의 장 속을 함께 살아가면서 그때마다 다시 해당 의미의 장을 이해할 수 있는 것으로 만들어가는 것입니다. 그 이상으로 무엇을 구한다는 것입니까? (같은 책, 273–274쪽)

우리는 의미의 장을 함께 살아가고 있다. 의미의 장을 공유하고 있다는 사실이 인간 인식의 질서가 그 짜임새를 변화시켜나갈 가능성의 조건인 것이다.

3. 높이도 넓이도 없이

새로운 현실주의

지금까지 우리는 '새로운 실재론'의 골격을 살펴왔다. 그것은 '존재론적 다원주의'와 '존재론적 실재론'에 의해 특징지어지는 '의미의 장의 존재론'이었다. 이 장의 마지막으로 '높이'와 '넓이'에 관계하는 '새로운 현실주의'로서의 가브리엘 철학의 가능성을 찾아보고자 한다.

처음에 생각해보고 싶은 것은 니힐리즘 문제다. 가브리엘은 자연주의가 니힐리즘을 앞으로 나아가게 한다고 비판했지만, 여기서는 니힐리즘이라는 사태를 좀 더 일반화하여 생각해보자. 우리의 물음은 다음과 같다 — 니힐리즘은 의미의 장의 존재론에서는 어떻게 자리매김 되는 것인가, 그리고 그로부터 무언가 적극적인 결론을 끌어낼 수 있는 것인가? 결론부터 말하자면, 나의 대답은 긍정적이다. 「프롤로그」에서 썼듯이, 니힐리즘이란 '어쩌면 모든 것은 무의미할지도 모른다'는 의혹을 가리킨다. 그러나 어째서 일체의 의미를 의심하고, 세계는 무의미할지도 모른다는 등으로 생각하는 것일까? 오히려 사정은 그 반대여서 현대의 삶은 '의미'로 넘쳐나고 있다고까지 말할 수 있다. 예를 들어 장래의 꿈은 커다란 의미의 하나이지만, 현대 사회에서는 선택지가 그야말로 셀 수 없이 많다(하이퍼미디어 크리에이터라는 직업이 있다는 것을 알았을 때는 놀랐다). 근대 이전의 사회에서는 본래 직업 선택의 자유는 있을 수 없었고, 선택한다 하더라도 몇 개의 선택지로부터 고를 뿐이었다(운이 좋으면 농민을 그만두고 무사가 될 수 있는 정도였다).

하는 김에 말해두자면, 이러한 상황은 멜랑콜리스트의 신체성과 깊이 관계된다. 눈앞에 무수히 많은 의미가 존재함에도 불구하고 멜랑콜리스트는 어떠한 까닭인지 하나의 의미를 움켜잡을 수 없다. 어느 것이나 다 다양한 것의 하나에 지나지 않으며, 그 의미를 골라잡기 위한 근거가 결여되어 있는 것이다. 요컨대 다음과 같다. 의미의 장은 무수히 존재한다. 그렇지만 어떤 의미의 장이 '나'에게 있어 특권적이라고 말할 수 있는 것인지, 본래 특권적인 의미 따위가 존재하는 것인지가 이해되지 않는 것이다. 이 점에 대한 가브리엘의 해답은 시원할 정도로 단순하다 — 특권적인 의미의 장 따위는 존재하지 않는다.

니힐리스트의 이야기로 돌아가자. 현대 사회에는 무수히 많은 의미가 넘쳐나고 있음에도 불구하고, 니힐리스트는 어째서 삶과 세계의 무의미를 주장하는 것일까? 한 마디로 말하면, 그것은 살아갈 만한 가치가 있는 의미가 발견되지 않기 때문이다. 니힐리즘의 본질에 대해 니체는 다음과 같이 쓰고 있다.

니힐리즘이란 무엇을 의미하는가? — 지고의 가치들이 그 가치를 박탈당한다는 것. 목표가 결여되어 있다. '무엇을 위해?'에 대한 대답이 결여되어 있다. (니체, 1993, (상) 22쪽)

여기에는 니힐리즘의 본질이 잘 표현되어 있다. 모든 것은 무의미할지도 모른다는 의혹은 결국 삶과 세계의 '가치' 문제인 것이다. 무엇을 위해 살아가는 것인가 — (무수히 많은 의미가 있더라도) 이 물음에 대한 대답(만)이 결여되어 있다. 그러면 왜 그와 같은 사태로 되었던 것일까? 그것은 초월적인 것이 실추되었기 때문이라고 니체는 말한다. '피안이라든가 "신적"이자 도덕의 체현인 것과 같은 사물 그 자체라든가를 정립하는 권리를 우리는 조금도 갖고 있지 않다는 **통찰**'(같은 책, 22–23쪽)이 니힐리즘을 근본적인 것으로 만드는 것이다.

니힐리즘은 무언가의 이유에서 의미가 무화되는 것을 그 본질 계기로서 지니지만, 단지 의미가 수동적으로 무화되는 것만으로는 극단적으로 첨예화되지 않고 끝날 것이다. 요컨대 '의미의 무의미화'에는 '수동성'과 '능동성'의 두 계기가 존재한다고 생각해야 하는 것이다. 다시 말하면, 허무가 허무주의로 전개되는 것은 거기에 이성적인 동시에 적극적인 통찰이 짜 넣어졌을 때인 것이다. '세계는 이미 상실되었다'고 망연자실하게 되는 것이 '허무'라고 한다면, '허무주의(니힐리즘)'는 '세계의 모든 것은 무의미에 틀림없다'는 보편적 통찰로까지 허무를 밀고 나아간다.

따라서 니힐리즘이 최종적으로 '세계 상실의 경험'에까지 다다르는 것에는 필연성이 있다. 상실된 것은 세계의 일부일 뿐임에도 불구하고, 니힐리스트는 그것을 전체화하여 세계 전체의 무의미함을 선언한다. 니힐리스트는 자주 모든 것을 빼앗아가고 그를 고립시킨 세계를 저주하지만, 그것은 본질적으로 니힐리스트 자신의 관념 내부에서의 사건인 것이다. 그러나 말할 것도 없이 그와 같은 사건을 경시할 수 없다. 쏟아 부을 곳이 없는 공격성은 다름 아닌 상실의 표현이기 때문이다.

여기서 주목해야 하는 것은 '세계의 모든 것은 무의미에 틀림없다'는 언명은 니힐리스트의 삶에 대한 최후의 집착을 표명하고 있기도 하다는 점이다. 적어도 그 언명만큼은 유의미하다고 니힐리스트는 생각하고 있기 때문이다. 모든 것은 무의미할 것임에도 불구하고, '세계의 모든 것은 무의미에 틀림없다'는 언명만큼은 어째서 유의미할 수 있을 것인가? 그것은 니힐리스트가 그럼에도 살아가는 '의미'를 절실히 찾고 있기 때문이라고 나는 생각한다.

그때 이성이 한 걸음 더 발을 내딛는지 여부가 니힐리즘의 미래를 결정할 것이다. '세계의 모든 것은 무의미에 틀림없다'라는 언명 그 자체를 무효화하기. 그렇게 하려고 생각함으로써 비로소 니힐리즘은 스스로 무너진다. 또는 다음과 같이 말할 수 있을지도 모른다. 니힐리즘의 근본 명제를 이성적으로 무화함으로써 비로소 '의미'의 의미에 대해 생각할 수 있게 되는 것이라고 말이다.

그러면 본래 세계는 존재하지 않는다고 하면 어떠할까? 세계는 존재할 수 없으며, 무수한 의미의 장이 존재할 뿐이다. 새로운 실재론에 따르게 되면, 세계 전체가 무의미하다는 것은 절대로 있을 수 없다. 가브리엘은 이렇게 쓰고 있다.

> 즉, 어떠한 것이라 하더라도 우리에 대해 현상하는 것과는 다르다고 하는 것이 있을 수 있다는 것입니다. 그것은 다름이 아니라 존재하는 일체의 것이 무한히 많은 의미의 장 속에서 동시에 현상할 수 있기 때문입니다. 우리가 지각하고 있는 대로의 존재방식만을 하고 있는 것 따위는 존재하지 않습니다. 오히려 무한히 많은 존재방식으로밖에는 그 무엇도 존재하지 않습니다. 이것은 대단히 격려가 되는 생각이 아닐까요? (가브리엘, 2018a, 291쪽)

메이야수의 '부재하는 신'에 비교하면, 가브리엘이 제기하는 것은 절대적인 높이를 요청하지 않고서 '의미'에 접근하는 가능성이다. 세계 전체의 의미를 위로부터 규정하는 세계상은 존재하지 않는다 하더라도, 우리의 눈앞에는 수없이 많은 의미 가능성이 펼쳐져 있다. 가브리엘은 '이것은 대단히 격려가 되는 생각이 아닐까요'라고 말한다. 나는 이 구절에서 그가 살아가는 태도를 감지한다.

구원의 확실성도 절망의 절대성도 존재하지 않는다. 세계 전체에 확실한 의미가 있다면, 무너져버린 삶도 다시 의미를 부여받아 구원될 것이다. 따라서 종교적 세계상은 '구원의 확실성'의 사상인 것이다. 다른 한편으로 세계 전체가 물리적 질서로 환원되게 되면, 인간은 체계적인 고깃덩어리일 뿐이게 된다. 그렇게 되면 과학적 세계상은 '절망의 절대성'으로 귀착될 수밖에 없다.

하지만 어느 쪽 세계상도 '세계'라는 전체 관념으로부터 나타나는 불합리에 지나지 않는 것이다. 따라서 확실한 구원은 찾아오지 않지만, 절망이 절대화할 수도 없다. 그리고 우리는 격려가 되는 생각을 찾을 수 있다. 아니, 그것만 있으면 사람은 살아갈 수 있는 것이다.

그 가능성의 중심은 의미의 장이 지니는 복수성의 '객관성'에 놓여 있다. 만약 모든 의미가 이성에 의해 구축된 것이라고 한다면, 이성은 이성에 갇히며, 마찬가지로 이성으로부터 나오는 니힐리즘의 외부는 차단된다. 그러나 실제로는 의미의 장의 복수성은 ― 적어도 존재론적으로는 ― 인간과는 무관계하게 생기한다. 설령 의미가 무의미하게 되었다 하더라도, 그것은 특정한 의미의 장의 의미가 무화되었다는 것을 의미할 뿐이며, 그 무화가 연쇄되어 전체화하는 것은 아니다. 의미는 언제라도 몇 번이라도 거기에 있을 것이다. 물론 그것을 찾는 것은 니힐리스트와 멜랑콜리스트에게 있어 최초의 어려움이 되겠지만, 이 점에 대해서는 「에필로그」에서 새롭게 생각해보고자 한다.

우리는 의미의 장으로부터 의미의 장으로 끊임없이 이동하고 있다. 각각의 이동의 일회성은 덧없는 것이지만, 그것은 동시에 유일무이한 것이기도 하다. 그 이동을 겹겹이 쌓는 것, 그 이동을 즐기면서 그것을 견뎌내는 것이 현대의 실존하는 자의 의무가 아닐까? 이것을 비극으로 할 것인가, 희극으로 할 것인가 — 아무리 괴로운 의미의 장에 있었다 하더라도 다음 의미의 장은 반드시 나타난다. 우리와는 무관계하게 수없이 많은 의미의 장이 기다리고 있기 때문이다.

실존주의적인 비탄의 마음이 생기는 것은 인생에 대해 전혀 존재하지 않는 것을 기대하기 때문입니다 — 불사와 영원한 행복, 모든 물음에 대한 대답 등등. 그러한 것을 인생에게 기대하더라도 실제로는 실망할 수밖에 없습니다. (같은 책, 281쪽)

전혀 존재하지 않는 '높이'를 꿈꿔서는 안 된다. 그것이야말로 실망의 원천이 된다. 형이상학적 초월은 존재하지 않으며, 신의 높이를 되찾는 것은 가능하지 않다. 하지만 '의미'라면 실재한다. 요컨대 높이가 없는 장소에서도 의미를 향유하는 것은 가능하다. 그러면 그것만으로는 안 되는 것인가? 그것만의 선택지밖에 없는 것이 나쁜 것인가?

이 물음에 대해 나는 결정적인 대답을 돌려줄 수 없다. 높이를 추구하는 인간이기 때문인지도 모른다. 그럼에도 가브리엘의 '새로운 현실주의'는 지금까지 없는 실존의 범형을 제시한다. 강한 동경을 기를 수는 없다 하더라도 끊어지는 일 없는 의미의 연속성과 무한히 많이 존재하는 의미의 장 모델이 우리의 실존을 지탱해준다. 존재 불안을 완전히 없애주는 초월성과 절대적인 높이에 대한 낭만은 과감히 단념해버리자. 그렇다 하더라도 의미의 장은 존재하며, 무수한 의미의 장을 이동하면서 살아갈 수 있다. 구원과 절망이라는 말로부터 떠나더라도 여전히 멜랑콜리스트는 현실 세계에서 조촐한 희망을 지니며, 그때마다의 의미의 장과 머지않아 다가올 의미의 장으로의 이동에서 어찌할 수 없음을 느끼면서도 새로운 의미의 연관을 만들어낼 수 있을 것이다.

민주주의와 의미의 장의 존재론

'넓이'에 대해 생각해보자. 언뜻 보면 선악에 대한 가브리엘의 태도는 낙관적인 것으로 보인다. 단적으로 말하자면, 의미의 장의 존재론은 선악의 질서의 '실재'를 주장하기 때문이다. 예를 들어 정신과 도덕의 사실을 망가트리는 과학적 세계상을 비판하는 다음의 구절은 자칫하면 소박한 도덕주의자라는 인상을 줄지도 모른다.

> 왜냐하면 이 세계상은…… 우리 인간은 가치의 고안자에 지나지 않고, 최종적으로는 그러한 가치들을 폐기한다든지 다시 가치를 부여한다든지 할 수 있다고 생각하기 때문이다. 그렇다면 ― '죽이지 말라'와 같은―도덕적 진리를 폐기하고 다시 가치를 부여하려고 할 수도 있을 것이다. 우리는 이것을 악이라고 부른다. 선악의 저편에서 기다리고 있는 것은 초인이 아니다. 거기서 기다리고 있는 것은, 자신은 자신이 만든 것이 아닌 규범에는 따르지 않겠다고 생각하는 그러한 인간이다. 하지만 그러한 생각은 착각이다. (가브리엘, 2018b, 148쪽)

앞에서 논의했듯이 자연과학에서 연구 가능한 것만을 존재로 인정하는 자연주의는 정신과 도덕을 무력화한다. 즉, 그것은 정신과 도덕이 존재한다는 사실을 의심스러운 것으로 만든다. 하지만 이 생각은 단적으로 잘못이며, 정신과 도덕이 모두 존재한다고 가브리엘은 단언한다.

또는 다음과 같이 말하고 있기도 하다. 도덕적 진리의 근거를 근저로부터 묻고 그 가치를 재구성하고자 하는 것은 그만두는 것이 좋다. 왜냐하면 그와 같은 작업은 자신이 만든 것이 아닌 규범에는 따르지 않는 자나 '나'는 '나'의 규칙에만 의거한다고 생각하는 어리석은 자를 낳을 뿐이기 때문이다. 요컨대 넓이는 이미 실재하는 한에서 그 근거를 다시 물을 필요는 없으며, 그 근거를 다시 묻고자 하면 역으로 선악의 근거를 상대화하고 만다는 것이다.

솔직히 말해서 이 주장에서 우선 느끼는 것은 위화감이다. 선악의 의미를 근저로부터 생각하는 것은 철학의 중요한 과업이다. 그러함에도 불구하고— '죽이지 말라'와 같은 —'도덕적 진리를 폐기하고 다시 가치를 부여하려고 하는 것'을 곧바로 '악'으로 간주하는 것 따위가 가능할 것인가? 본래 '도덕적 진리'의 타당성을 검증함으로써 선악의 질서가 다시 한 번 창출되는 것이기 때문에, 그 타당성의 검증 작업 그 자체를 '악'으로 간주하는 것은 경솔한 생각이 아닐까?

더 나아가 선악의 질서가 대립하고 있는 경우를 어떻게 생각할 것인지도 커다란 논점이 된다. 예를 들어 '민주주의'는 많은 선진국에서 받아들여지고 있는 이념의 하나이지만, 중동의 이슬람 국가가 유럽적 민주주의를 아무 구실도 대지 않고 수용할 것인가? 현 상황에서는 가능하지 않겠지만, 머지않아 모든 국가가 민주화될 것이라고 누군가가 단언할 수 있을 것인가? 오히려 그와 같은 단언이야말로 반발을 낳을 것이다.

물론 의미의 장의 존재론은 다원주의를 옹호한다. 따라서 의견의 다름을 교조적으로 평준화하려고 하는 발상은 아니다. 우선은 각각이 의거하는 의미의 장을 분명히 하고 그것들의 존재를 승인한다. 그리고 다음으로 어떠한 의미의 장이 우리에게 있어 중요한지를 서로 이야기한다.

그때 가장 어려운 국면은 각각의 공동체의 '도덕'이 대립하는 장면일 것이다. 확실히 많은 국가의 법은 살인을 금지하고 있다. 하지만 예를 들어 사형 제도에 대해서는 의견이 나누어진다. 그와 같은 경우 살인 금지의 근거를 누구라도 확실하다고 납득할 수 있는 방식으로 생각해보는 작업이 필요하게 될 것이다. 납득하지 않는 것에 순순히 따를 수 있는 사람이야말로 위험하다고 내게는 생각된다.

뒤에서 논의하듯이 가브리엘의 참된 뜻은 따로 있다고 생각되지만, 도덕적 진리를 전제로 하여 그것을 다시 물을 가능성을 부정하는 말투는 조심스럽게 말하더라도 오해하게 만드는 것이다. 의미와 가치가 문제로 되는 장면에서 생겨나는 신념 대립을 조정하기 위해서는 선악의 근거를 그때마다 다시 묻는 작업이 불가결하며, 그것은 근대철학이 떠맡은 과업이기도 하기 때문이다.

그러면 가브리엘의 의도를 이어받아 앞의 구절을 긍정적으로 해석해보자. 본래 새로운 실재론은 전체주의에 대항하는 철학이었다. 그래서 내 나름대로 번안해보면, 다음과 같이 된다. 우리는 이미 민주주의, 인권, 표현의 자유, 남녀의 평등과 같은 기본적인 이념에 대해서는 보편적 합의에 도달했다. 실제로 우리는 교육을 통해 배운 까닭에 그러한 이념들의 철학적 근거는 말할 수 없다 하더라도 누구나 자유로운 인격으로서 대등하며, 기본적 인권을 지닌다는 점에 대해서는 의심하지 않는다. 그것들은 오랜 역사 속에서 대립과 투쟁, 억압과 차별, 폭력과 저항을 반복하면서 겨우 획득된 인류의 앎이라고 말할 수 있다.

그것들의 원리적 근거를 이제 근저로부터 다시 생각하는 것은 분명히 말해서 위험할 수밖에 없으며, 철학의 노력은 그것들을 어떻게 실현해 갈 것인가 하는 것으로 향해져야 할 것이다. 선진국 인간의 의무는 민주주의의 근거를 다시 묻는 것이 아니라 도리에 어긋난 폭력에 대항하기 위한 민주주의를 어떻게 정비하고 실현해나갈 것인가에 놓여 있을 것이다.

가브리엘이 정신과 도덕의 '실재'를 지지하는 이유, 그것은 아마도 민주주의 제도를 근저에서 뒷받침하기 위해서일 것이다. 의미의 장의 존재론과 민주주의의 관계에 대해 가브리엘은 다음과 같이 말하고 있다.

그 밖의 사람들은 다른 생각을 지니고 다른 삶의 방식을 취하고 있습니다. 이 상황을 인정하는 것이 모든 것을 포섭하고자 하는 사유의 강박을 극복하는 첫 걸음입니다. 실제로 바로 그러한 까닭에 민주제는 전체주의에 대립하는 것입니다. 모든 것을 포섭하는 자기 완결적인 진리 따위는 존재하지 않으며, 오히려 다양한 견해들 사이를 중재하는 관리만이 존재하는 것이고, 그와 같은 견해의 관리에 누구나 다 정치적으로 참여하지 않을 수 없습니다— 이러한 사실을 인정하는 곳에서야말로 민주제는 있기 때문입니다. 민주제의 기본 사상으로서 모든 사람의 평등이란 바로 사물들에 대해 실로 다양한 견해가 가능하다는 점에서 우리는 평등하다는 것일 뿐입니다. (가브리엘, 2018a, 269쪽)

여기서 가브리엘은 민주주의를 전체주의에 대립시키고 있지만, 민주주의라는 제도를 뒷받침하는 새로운 존재론 모델이야말로 다름 아닌 의미의 장의 존재론이다. 우리는 사물을 다양한 견해에서 바라볼 수 있다. 그 이유를 한 마디로 말하자면, 어떠한 대상도 복수의 의미의 장에서 현상할 수 있기 때문이다. 무엇보다도 우선 의미의 장의 복수성을 승인하기. 그로부터 모든 것을 포섭하는 진리를 거부하고 삶의 방식의 다양성을 승인하기. 이것이 새로운 실재론의 자기주장인 것이다.

오해를 두려워하지 않고 말하자면, '넓이'에 대해 필요 이상으로 신경질적으로 되지 않아야 한다는 것이다. 여기서 '필요 이상으로'는 인식론적인 미로에 들어서서 헤매고, 결과적으로 회의주의나 상대주의에 **빠지는** 것을 의미한다. 찬성과 반대가 나누어지는 점이라고 생각하지만, 가브리엘이 도덕과 정신의 실재성을 견지하는 것은 그 대극에 도덕과 정신의 근거를 헛된 것으로 만드는 상대주의와 회의주의 진영이 존재하기 때문이다. 자연주의는 도덕과 정신을 비존재로 간주하고, 구축주의는 그것들을 상대적인 구축물로 만들어버린다. 따라서 가브리엘은 감히 말하는 것이다 — 도덕과 정신은 실재한다고 말이다.

물론 가브리엘은 민주주의의 보편성에 대해 강한 확신을 지니고 있다. 전체주의의 폭력에 대항하는 민주주의라는 상을 명확히 하고, 그것을 존재론 수준에서 근거지음으로써 현대의 철학이 옹호해야 할 '넓이'의 원리를 제기하는 것이다.

하지만 가브리엘이 넓이의 철학적 의의를 강조하고 있는가 하면, 그렇다고는 말할 수 없다고 나는 생각한다. 오히려 민주주의와 그것을 뒷받침하는 개념의 보편성을 전제로 하여 의미의 장의 복수성 그 자체를 가장 중요한 것으로 간주하고 있는 것으로 보인다. 요컨대 전체화하지 않는 의미의 장이 복수로 담보되고 있는 상황 그 자체가 긍정되고 있는 것이다.

따라서 높이도 넓이도 없다는 것은 그것들을 전적으로 무시하는 것이 아니라 어느 정도의 높이와 넓이가 가능한지를 철저하게 음미한다는 것을 의미할 것이다. 형이상학의 높이는 존재하지 않는다. 민주주의의 넓이는 존재한다. 요컨대 의미의 장의 복수성만이 존재하는 것이다. 이러한 상황에서 우리는 어떻게 살아가는 것일까? 아니, 우리는 어떻게 살아갈 수 있을까?

번잡하고 성가시다 하더라도 생성 도상에 있는 의미의 장을 실마리로 하여 하나부터 다시 해나가야만 한다. 예를 들어 어떠한 의미의 장이 동경을 환기시키는 것일까? 인간이라면 누구나 똑같이 인식 가능한 동시에 이해 가능한 의미의 장은 존재할까? 이러한 문제들을 하나하나 착실하게 처리해나가는 수밖에 없으며, 그밖에 가능성은 없다는 점에 대해 납득할 수 있을지 여부가 문제인 것이다.

새로운 실재론에 대해 맺는 말 — 활발한 괴물과 멜랑콜리스트

누가 말했는지는 잊어버렸지만 '무기력한 감상가보다 활발한 괴물 쪽이 더 좋다'는 잠언이 있다(이 잠언 자체도 정확하지 않을지 모른다). 나는 이것을 오랫동안 잊고 있었지만, 대학 강의 준비에 몰두하여 『왜 세계는 존재하지 않는가』를 다

읽었을 때, 맨 먼저 이 말이 머리에 떠올랐다. 대단히 실례가
되는 표현이지만, 가브리엘은 '활발한 괴물'에 틀림없다고
생각되었던 것이다. 물론 그 생각은 긍정적인 감정과 함께였다.
거기에는 '무기력한 감상가'를 비웃는 가브리엘이 있었다 —
감상가여, 그대는 아직 세계를 근심하고 있는가 하고 말이다.

　포스트모던 사상에서도 비슷한 감각을 느낄 수 있었지만,
가브리엘의 그것에서는 이전에 볼 수 없었던 대담함과 상쾌함
이 있었다. 그것이 지금까지의 철학의 견지와 그에 대한 가브리
엘의 이해에 뒷받침되어 있다는 것은 곧바로 알 수 있었지만,
가장 호감을 지닌 것은 내가 읽은 한에서 어디서도 될 대로
되라는 태도가 발견되지 않았다는 점이다. 조금 연상의 새로운
감성이 나왔다고 생각했다.

　세계는 존재하지 않는다. 세계의 비존재 명제가 의미하는
것은 결국 단일한 세계 해석은 존재하지 않는다는 것이다.
세계 그 자체를 파악했다고 생각하더라도, 그 파악된 세계는
특정한 의미의 장에서 나타난 세계상에 지나지 않으며, 세계
전체는 언제나 인간의 이해보다 크다. 바로 세계가 존재하지
않는 까닭에, 모든 대상이 동일한 법칙으로 통일되는 일은
있을 수 없으며, 의미의 장은 무수히 생성한다. 따라서 세계의
비존재 명제는 교조적인 세계상을 몰아내고 인식의 복수성과
존재의 다원성을 담보하는 것이다.

그럼에도 여전히 인간은 사실 그 자체를 인식할 수 있다고 가브리엘은 말한다. 더욱이 그것은 형이상학이 상정하듯이 현상의 배후에 실재가 존재하기 때문이 아니라 사물 그 자체와 사실 그 자체가 다양한 방식으로 현상하기 때문이라고 말한다. 포스트모던이 주장했듯이 우리는 장대한 꿈을 보고 있는 것이 아니다. 현실은 실재적인 동시에 다원적으로 존재하며, 인식은 그와 같은 현실에 접촉할 수 있는 것이다. 새로운 실재론은 존재론적 다원주의인 동시에 존재론적 실재론이기 때문에, 포스트모던 사상의 상대주의적=구축주의적 다원주의와는 구별되어야만 한다.

각각의 사람이 각자의 의미의 장을 살아가고 있다는 점에서 우리는 전적으로 다른 삶의 방식을 하고 있다. 하지만 동시에 의미의 장이 객관적으로 존재하기 때문에, '나'는 '나'만의 의미의 장에 갇혀 있는 것이 아니다. 후설이 말했듯이 모나드는 창을 지니는 것이다. 요컨대 의미의 장은 공유된다. 예를 들어 전체주의라는 폭력에 대해 자유롭고 대등한 개인이 연대하는 민주주의라는 제도가 대항할 수 있는 것은 민주주의와 그것에 부수되는 개념들의 의미의 장이 널리 공유되고 있기 때문이다. 의미의 장의 복수성은 (포스트모던적인) 자유의 절대적 해방과 차이의 운동을 밀고 나가기 위해 제기되는 것이 아니라 서로 다른 가치관과 감수성을 지니는 사람들이 상호적으로 연대하기 위한 사유방식인 것이다.

확실히 의미의 장의 복수성은 노마드적인 것을 상기시킨다. 복수의 의미의 장을 떠돌아다니는 모습은 유목민의 생활을 닮아 있는지도 모른다. 하지만 가브리엘은 덮어놓고 의미의 장의 복수성을 칭찬하고 있는 것이 아니다. 그러한 것이 아니라 우리에게는 그것밖에 없다고 말하고 있는 것이다. 세계 전체는 존재하지 않는다. 실존의 궁극적인 근거도 없다. 복수의 의미의 장만이 존재한다. 그로부터 시작할 수밖에 없는 것이라고 말이다.

가브리엘의 철학은 강하다. 활발한 괴물의 철학이다. 형이상학의 물음이 인간의 근본 문제라는 것을 이해한 다음에도 여전히 우리는 한층 더 마음을 다잡고 그 물음을 단념해야만 한다고 말하는 것이다. 그와 같은 형이상학적 딜레마에 놓인 인간 존재를 아이러니하게 비웃는 정도의 것이 가능해야만 한다. 세계라는 길은 닫혔다. 그렇다면 어디서부터 생각하기 시작할 것인가? 의미의 장의 존재론에서 처음부터 다시 하는 것밖에 길은 없는 것이다.

지금까지의 높이와 넓이에는 구애되지 않고서 얼마만큼의 높이와 넓이가 인간에게 필요한 것인지를 시험해보자. 그것들은 어떤 장소에서 어느 정도 필요한 것인가? 그것을 생각해야만 한다. 민주주의와 기본적 인권과 같은 보편적으로 공유되는 의미의 장도 존재할 것이며, 예술과 종교와 같은 초월성을 예감하는 의미의 장도 존재할 것이다. 그러한 의미의 장들은 인간의 관념에 의해 구축된 환상이 아니라 실재이다.

마지막으로 하나 생각해야 할 것이 있다. 멜랑콜리스트는 활발한 괴물이 될 수 있을까 하는 것이다. 활발한 괴물은 의미의 장의 복수성을 긍정한다. 우리의 눈앞에 수없이 많은 의미의 장들만이 존재하는 상황을 비극이 아니라 희극으로서 즐길 뿐인 강함을 지닌다. 따라서 활발한 괴물은 의미를 향유할 수 있는 것이다. 높이도 넓이도 없는 장소에서 현실적으로 살아갈 수 있으며, 그것만으로 좋은 것이다. '그것만의 선택지밖에 없는 것이 나쁜 것인가?'라는 최후의 질문을 활발한 괴물은 문제로 삼지 않는다 — 의미의 장의 복수성밖에 없는 것을 받아들이고 그것을 즐길 만큼의 기력이 있기 때문이다.

하지만 멜랑콜리스트는 무조건 그렇게는 생각할 수 없다. '그것뿐이기 때문에 나쁜 것일까?'라고 어떻게 해서라도 마지막에 중얼거리고 마는 것이다. 의미의 장이 수없이 많이 있다는 것은 이해할 수 있다. 세계라는 초월이 존재하지 않는다는 것도 납득할 수 있다. '그래도 무엇 때문에?' — 어디에서도 결정적인 '의미'가 발견되지 않아서 곤혹스럽다. 무엇을 보더라도, 누구와 만나더라도, 어디를 가더라도, 욕망이 움직이지 않는다. 이성은 이렇게 이해한다. 이 의미의 장이 소용없다면, 다른 의미의 장이 있을 것이고, 이번의 의미의 장에서 제대로 되지 않았던 대상도 다음 의미의 장에서는 달리 나타날 것이라고 말이다. 하지만 본래 정동이 활성화되어 있지 않다면, 의미를 향유하는 것 자체가 어려워진다. 간신히 손에 넣은 의미에도 환멸의 예감이 따라붙는다.

그때 가브리엘이 제시하는 새로운 실재론=현실주의는 멜랑콜리스트의 삶의 방식에 대해 하나의 지침이 될 수 있다. 거기서 제시되는 기초 이론은 의미가 계속해서 증식하는 현대에 살아가는 자의 감각에 그야말로 잘 들어맞기 때문이다. 가브리엘은 『왜 세계는 존재하지 않는가』의 「엔드 롤」에 다음과 같이 쓰고 있다.

> 의미는 이를테면 우리의 운명일 뿐입니다. 이 운명은 우리 인간에게만이 아니라 바로 존재하는 모든 것에 덮쳐오는 것입니다.
>
> 인생의 의미 물음에 대한 대답은 의미 그 자체 속에 놓여 있습니다. 우리가 인식한다든지 변화시킨다든지 할 수 있는 의미가 다함이 없이 존재한다 — 이것 자체가 의미 이외에 다른 것이 아닙니다. 핵심을 분명히 하여 말하자면, 인생의 의미란 살아간다는 것 이외에 다른 것이 아닙니다. 요컨대 다함이 없는 의미에 계속해서 몰두하는 것입니다. (가브리엘, 2018a, 293쪽)

'의미'는 인간에게 부과된 운명이며, 인생의 의미란 다함이 없는 의미에 계속해서 몰두하는 것 이외에 다른 것이 아니다. 따라서 여기서 현실적으로 살아간다는 것은 두 개의 의미를 지닌다. (1) 현실 그 자체를 인식하며 살아갈 수 있다는 것, (2) 전혀 존재하지 않는 '높이'와 '넓이'를 추구하기를 그만두고, 다함이 없는 의미의 장에 계속해서 몰두하는 것, 이 두 가지다. 그에 있어서는 의미의 장을 이동하는 것의 일회성을 즐길 수 있을 만큼의 강함을 지니고, 다른 사람들과 연대하기 위한 유머와 약간의 아이러니를 아울러 지니는 것이 활발한 괴물의 예의가 될 것이다.

'그래도, 무엇 때문에?' 이렇게 묻지 않게 되었을 때, 멜랑콜리스트는 활발한 괴물로서 '의미' 한 가운데서 웃고 있을 수 있을지도 모른다.

에필로그

멜랑콜리스트의 모험

우리의 '리얼'에 대해

현대철학의 '실재론적 전회'는 포스트모던 사상의 종언을 고하는 것과 더불어 인식의 가능성 조건에 대한 근본적인 재고를 요구하고 있다. 현대 실재론을 포함하는 '포스트 휴머니즘'의 철학은 아직 생성 도상에 있지만, 그 동기와 공적은 장래 철학사의 한 페이지에 남을 것이다. 시대의 과제를 부각시키는 것도 철학의 과제라고 한다면, 그것을 자각적으로 떠맡은 것이 현대 실재론이다.

현대의 실재론자가 논의하는 '사물 자체', '이성', '절대성', '필연성', '사실', '현실' 등의 개념은 문화나 사회에 따라 서로 다른 인식의 복수성을 전제로 한 다음에도 여전히 그 근저에는 누구에게 있어서도 움직이기 어려운 조건과 구조가 존재한다는 것을 시사하고 있다. 그것을 이 책에서는 '높이'와 '넓이'를 둘러싼 물음으로서 생각해왔다. 되풀이 하게 되지만, (1) 높이에 대한 도전, (2) 넓이에 대한 도전, (3) 높이와 넓이와는 다른 방식으로 현실적으로 살아갈 가능성에 대한 도전 — 이것들이 현대 실재론의 도전이다.

메이야수는 '우연성'의 '절대성'을 사변적 이성의 적극적 통찰로서 생각하고, 신의 존재와 정의의 아포리아라는 '망령의 딜레마'를 거쳐 '머지않아 도래해야 할 신'의 가능성을 도출했다. 메이야수는 칸트 이후의 철학을 '상관주의'로서 비판했지만, 오히려 그것을 철저하게 함으로써 이성에 대한 신뢰를 되찾는 길을 선택한다. "거대한 외부"라는 높이는 우연성의 절대성 속에 존재하는 것이다.

하먼은 '객체'를 철학한다. 그것은 인간에게 있어 나타나는 '도구'가 아니라 대상화의 시선으로부터 스스로를 부단히 은폐시킨다. 그러나 그 안쪽으로의 물러나 숨음은 인간과 객체의 관계뿐만 아니라 일반적으로 관계가 생겨나는 모든 곳에서 발견된다. 책상은 '나'의 인식으로부터 몸을 숨기지만, PC에 대해서도 마찬가지인 것이다. 그리하여 '객체 지향 존재론'은 사물의 초월을 철학의 담론으로 되찾는다.

테일러와 드레이퍼스는 새로운 넓이를 제시한다. 가장 본질적인 과제는 '보편성'이 '억압의 원리'로 전화하지 않는 틀을 어떻게 만들어낼 것인가 하는 것이다. '존재론'을 '다원주의'와 짜 맞춤으로써 그들은 '다양성'과 '보편성'을 동시에 승인한다. '다원적 실재론'의 보편성은 열려 있으며, 그것은 끊임없이 검증되는 보편성이다.

그리고 가브리엘의 존재론은 '의미의 장'의 '복수성'을 자기의 원리로 한다. 가브리엘은 세계의 비존재를 주장하지만, 그것이 말하고자 하는 것은 세계 전체를 설명하는 단일한 세계상은 존재하지 않는다는 것이다. 높이와 넓이에 대한 통속적 관념을 일단 백지화하고서도 여전히 '활발한 괴물'은 그 상황을 희극으로 볼 만큼의 강함을 지닌다. 다함이 없는 의미에 계속해서 몰두하는 것이 — 그것 이외에 길은 없다는 자각이 — 현실적으로 살아가는 일이다.

우리가 생각해온 것은 결국 현대의 '리얼'이란 무엇인가 하는 것이다. '높이'와 '넓이'는 환상에 지나지 않는 것인가? 그것들은 '멜랑콜리의 시대'에도 발견될 것인가? 만약 그렇다면 어떠한 형태로 존재할 (수 있을) 것인가? 실재론은 절실한 실존론적 물음을 제기하고 있는 것이다.

여기서 '리얼'로부터 세 개의 어감을 끄집어내보자.

(1) '실재적'이라는 의미에서의 '리얼'. 상대적 '관념'으로 구축되어 있는 것이 아닌, 인간의 인식으로부터 독립한 '실재'가 존재한다. 이런 의미에서의 '리얼'은 문자 그대로 '관념론'에 대한 '실재론'의 '리얼'이 된다.

(2) '현실적'이라는 의미에서의 '리얼'. '꿈'이나 '허구'가 아니라 살아가는 것의 근거가 되는 '현실'은 존재한다. '현실'은 바로 모든 사람에게 공유되기 때문에, 우리는 그것에 몰두할 수 있다.

(3) '참된'이라는 의미에서의 '리얼'. '거짓말'과 '거짓'이 아닌 '진실'은 존재한다. 영어의 "true"에 가깝다. 과학의 객관적인 '진리'는 존재하며, 실존의 내면적인 '정리'도 존재한다.

현대의 실재론은 이러한 세 가지의 '리얼'을 가로지르고 있다. 철학적인 역점으로서는 (1)의 의미에서의 '리얼'이 가장 전면에 내세워지지만, 그것이 동시에 (2)와 (3)의 의미에서의 '리얼'을 옹호하는 것이기도 하다는 것은 지금까지 살펴본 그대로이다. 과학, 신, 객체, 문화, 사실, 의미의 장…… 다양한 주제에서 리얼이 말해지고 있지만, 이 책의 에필로그로서 내가 생각해보고 싶은 것은 '정동'의 리얼이다.

나는 '정동'이라는 말을 마음의 움직임 일반을 지시하기 위해 사용한다. 따라서 쾌–불쾌, 불안이나 지루함 따위의 기분, 슬픔이나 안타까움 등의 감정을 포함한 넓은 의미에서 생각할 수 있을 것이다.

무엇을 하고 싶은 것도 아니지만, 아무것도 하고 싶지 않은 것도 아니다— 이것이 멜랑콜리스트의 심정이라면, '의미의 부재'는 '정동의 침체'와 분리될 수 없다. '의미의 장'이 수없이 많이 있다는 것은 (지적으로) 이해할 수 있지만, 하고 싶은 것(욕망의 대상)이 발견되지 않는다. 이러한 멜랑콜리스트의 특수한 상황을 밝힘으로써 조촐한 해결의 실마리를 발견하기 위해서는 정동의 본질을 고찰하는 것이 불가결하다.

나의 제안은 다음과 같다. 세계의 '의미'를 찾는 것은 일단 그만두고, '정동'의 음악을 들어본다. 이것은 정동을 둘러싼 '모험'의 시작이다. 우리는 욕망이 자리 잡고 있는 곳을 찾는 것 자체에게로 욕망을 향한다 — '정동의 Good Listener가 되기' 로부터 시작하는 멜랑콜리스트의 모험이다.

고쿠분 고이치로의 『한가함과 지루함의 윤리학』을 생각한다

니힐리즘과 멜랑콜리를 다룬 논문과 책은 수많이 존재하지만, 그중에서도 이 책의 모티브와 겹쳐지는 것은 2011년에

출판된 고쿠분 고이치로의 『한가함과 지루함의 윤리학』이다. 고쿠분이 제기한 문제를 한 마디로 말하면, 다음과 같이 될 것이다. 한가함을 너무 많이 가져 지루한 인간은 무언가에 몰두하고자 해도 왜 그런지 잘 할 수 없다. 본래 여가를 손에 넣은 인간이 정말로 하고 싶은 것 따위가 있는 것일까? 한가함이 가능한 것은 좋은 것임에도 불구하고, 왜 한가함을 손에 넣은 자가 지루함으로 괴로워하는 것인가(맹렬하게 뛰어다닌 샐러리맨의 퇴직 후 생활을 상상해볼 수 있을 것이다)?

한가함과 지루함을 철학하기 위해서는 무엇보다도 우선 '한가함'과 '지루함'을 깔끔하게 구별할 필요가 있다. 고쿠분에 따르면, '한가함'은 '아무것도 할 것이 없는, 할 필요가 없는 시간'이며, '지루함'은 '무언가를 하고 싶은 데도 불구하고 할 수 없다는 감정과 기분'이다(고쿠분國分, 2011, 100쪽 이하). 즉, 전자가 자유롭게 사용할 수 있는 시간이라는 객관적 조건을 의미하는 데 반해, 후자는 지루함을 느낀다고 하는 주관적 상태를 의미한다. 그렇다면 한가함과 지루함의 네 가지 조합이 가능하다.

(1) 한가함이 있고, 지루해 하고 있다.
(2) 한가함이 있고, 지루해 하지 않는다.
(3) 한가함이 없고, 지루해 하고 있다.

(4) 한가함이 없고, 지루해 하지 않는다.

각각에 대해 구체적으로 생각해보자. 가장 이해하기 쉬운 것은 (4)이다. '가난 때문에 먹고 살기에 바쁘다'는 것은 자주 말해지는 것이지만, 일 년 내내 노동하고 있어 여가가 거의 없는 경우, 자유롭게 사용할 수 있는 시간이 본래 존재하지 않는다. 요컨대 노동을 어쩔 수 없이 하게 되기 때문에, 한가함이 없는 것이다. 지루함을 느낄 겨를조차 없다고 말할 수도 있을 것이다. 휴일이 있다 하더라도 그 시간은 다음 노동을 위한 휴식으로서 이용될 것이다. 날마다 바쁘게 지내는 사람에게는 지루함의 기분은 생기지 않는다. 한가함이 없는 동시에 지루해 하지도 않는다는 것은 일 년 내내 일하고 있는 노동자를 상상하면 좋을 것이다.

(1)도 이해될 수 있을 것이다. 특별히 하는 일이 없는 대학생의 하루를 생각해보자. 대학의 수업에 가도 좋지만, 특별히 가지 않더라도 학점은 받을 수 있기 때문에 가지 않기로 한다. 그렇다고 해서 특별히 하고 싶은 것도 없기 때문에 우선 오전에는 게임을 하고 낮부터는 잔다. 눈을 뜨자 이미 저녁때가 지나고, 식사를 준비하는 것도 귀찮은 것 같아 가까운 식당에서 맥주를 마시면서 생강구이 정식을 먹는다. 조금 취한 기분으로 집에 돌아와 이렇게 생각한다 — '아, 뭔가 지루하다.' 이와

같은 하루는 대학생이 아니더라도 경험하는 일일 것이다. 갑자기 예정된 일이 취소되어 시간이 난다. 그러나 그 시간을 메우는 기분 전환의 생각이 떠오르지 않는다. 그러한 경우 우리는 한가함을 너무 가져 지루함을 느끼고 있는 것이다.

그러면 한가함이 있어도 지루해 하지 않는 것은 어떠한 상태일까? 고쿠분은 한가함을 살아갈 수 있는 수단을 지니는 유한계급을 예로 들어 생각하고 있다. 유한계급이 아니라 하더라도 자유로운 시간을 지루해 하지 않고서 지내는 노하우를 갖고 있는 사람이 있을 것이다. 그것은 오로지 YouTube를 보는 것일지도 모른다. 또는 고양이와 함께 낮잠을 자는 것일 수도 있다. 독서를 하는 것도 충실한 시간이다. 옛날의 귀족처럼 사냥을 하러 간다든지 살롱에 간다든지 하지 않더라도 아무것도 할 필요가 없는 시간을 의미 있게 보낼 수 있다면, (2)의 상태라고 말할 수 있다.

마지막으로 (3)의 한가함이 없음에도 불구하고 지루해 하는 형식이 남아 있다. 이에 대해서는 어떻게 생각할 수 있을 것인가? 언뜻 보면 구체적 상황을 떠올리기 어렵다. 무언가의 일에 종사하면서 지루함을 느끼고 있다. 자유로운 시간은 없지만, 마음에는 지루한 기분이 생겨나고 있다. 그러한 일이 있는 것일까?

그러나 고쿠분은 한가함이 없는 동시에 지루해 하는 형식이야말로 가장 친근한 지루함이라고 말한다. 그것은 '기분 전환과 구별할 수 없는 지루함이다.'(같은 책, 230쪽) (1)과의 다름에서 가장 중요한 것은 (1)의 경우에는 한가함이 전제가 되어 지루함이 생겨나는 데 반해, (3)에서는 본래 한가함은 의식되어 있지 않으며, 모종의 방식으로 한가함이 때워져 있다는 점이다. 그러나 거기서 행해지고 있는 기분 전환 그 자체가 지루함과 연결되어 있다. 지루함을 잊기 위한 한가함 때우기가 사실은 지루한 한가함 때우기였다는 것이다.

　예를 들어 오늘밤에는 아내와 아이 모두 외식을 하기 때문에, 오랜만에 가까운 곳의 친구와 한잔 하러 가기로 한다. '한잔 하러 간다'는 예정이 들어 있는 까닭에, 아무것도 할 일이 없는 시간이 아니다. 친구와 술을 마시며 즐겁게 이야기하는 드물게 있는 기분 전환의 시간이다. 이야기를 시작하자 역시 즐겁다. 대화도 그 나름대로 신난다. 그러나 술 마시는 모임 도중에 문득 너무 풀이 죽어 있는, 그렇다고 해서 관심이 없는 것도 아닌 자신을 발견한다(아사다淺田, 1983으로부터의 착상). 기분 전환이 지루함과 연결되어 있는 것이다. 고쿠분에 따르면, 이러한 형식은 인간적 삶의 본질에 속한다 — '지루함과 분리될 수 없는 삶을 살아가는 인간의 모습 그 자체다.'(고쿠분國分, 2011, 305쪽) 생각해보면, 확실히 그와 같은 체험은 자주 있다.

　한가함과 지루함의 윤리학에 대한 고쿠분의 결론은 '인간이기'를 즐기는 것과 '동물로 되기'를 기다리는 것으로 집약된다 (크게 말하면, 전자는 일상적인 즐거움을 좀 더 깊이 향유하는 것이고, 후자는 어떤 대상 영역에 몰두하는 것이다). 고쿠분이 제시해보인 것은 한가함과 지루함을 불가피한 숙명으로서 받아들이더라도 인간은 인간의 조건에 대해 어떠한 태도를 취할 수 있을 것인가 하는 것이다. 인간적 삶은 지루함과 분리될 수 없으며, 우선은 그것을 받아들일 수밖에 없다. 하지만 거기 에는 두 가지 가능성이 있다. 하나는 지루함을 없애버리는 극적인 높이와 만나는 것이자 어떤 일에 열중하여 자신을 잊고 그 대상에 몰두하는 것, 즉 동물화의 가능성이다. 또 하나는 지루함 내부에서 지루함과 마주하기 위한 작법을 배우는 것이 자 생활 속에 놓여 있는 부드러운 높이를 좀 더 깊이 향유하는 것, 즉 인간이기를 즐기는 가능성이다. 이러한 두 가지는 멜랑 콜리스트에 대해서도 풍부한 시사점을 지닌다. 그래서 다음으 로는 지루함의 다른 측면에 빛을 비추어보자.

권태와 환멸의 예감

지루함에는 앞의 네 가지와는 다른 형식이 존재한다. 그것을 '권태'라고 부르기로 하자. '권태'는 우리가 일상적으로 느끼는

'한가함'이나 '지루함'과는 이질적인 것이지만, 나는 권태와 비교해 네 개의 형식이 비본래적인 지루함이라고 말하고자 하는 것이 아니다. 오히려 지루함의 다른 유형을 그려보고자 하는 것이다. 결론부터 말하자면, 존재하는 것 그 자체를 어쩐지 나른하게 느끼는 것 — 이것이 또 하나의 형식이다.

한가함과 지루함의 철학자 파스칼은 다음과 같이 쓰고 있다.

> 권태. 정념도 없고, 할 일도 없고, 기분 전환도 없고, 마음을 오로지해야 할 영위도 없이 전적인 휴식 속에 있는 것만큼 인간에게 있어 견디기 어려운 일은 없다. 그는 그때 자기의 허무, 자기의 방기, 자기의 불만, 자기의 의존, 자기의 무력, 자기의 공허를 느낀다. (파스칼, 1971, (하) 92쪽)

일반적으로 인간에게는 휴식이 필요하며, 자유로운 시간을 기다리는 것은 좋은 것이라고 생각된다. 따라서 노동 시간은 법으로 제한되고 있고, 노동자에게는 유급 휴가가 주어진다(실태는 다를지 모르지만). 그러나 전적인 휴식은 인간에게 있어 견디기 어렵다고 파스칼은 말한다. 해야만 하는 일이 없고 기분 전환의 방법도 없을 때, 시간을 그냥 보내는 것은 견디기 어려운 것이라는 것이다.

그뿐만이 아니다. 파스칼은 '자기의 공허를 느낀다'고까지 말하고 있다. 거기에는 무위의 시간만이 존재한다. '나'에게는 할 일이 없다. '나'는 시간을 소비할 수 없다. '나'에게 주어져 있는 시간은 원리적으로 유한함에도 불구하고, '나'에게 가능한 것은 시간이 눈앞을 지나가는 것을 가만히 기다리는 것뿐이다. 불면의 시간을 보낸 후에는 아침이 오지만, 삶의 지루함을 보낸 후에는 '죽음'이 커다란 입을 벌리고 기다리고 있을 뿐이라고 한다면…….

자기의 존재를 침식해오는 권태가 진행되면, '나'가 세계에 존재한다는 것 그 자체가 무겁게 느껴진다. 그 무거운 기분이 삶 그 자체에 대한 환멸로 향하는 경우가 있다. 루마니아의 철학자 에밀 시오랑은 다음과 같이 적고 있다.

> 행동하고 있는 사이에 우리에게는 하나의 목표가 있다. 하지만 끝마친 바로 그 순간 행동은 추구한 목표와 마찬가지로 우리에게 있어 이미 실재성을 결여한 것이 되어버린다. 그렇게 보면 처음부터 거기에 무언가 실질적인 것은 없었던 것이다. 단적인 유희였던 것이다. 하지만 인간들 중에는 행동하는 한 가운데에 유희밖에 없다는 것을 자각하는 자가 있다. (시오랑, 1976, 17-18쪽)

욕망에 추동되어 행동하고 있는 사이에 우리는 목표를 지니고서 살아갈 수 있다. 그러나 목표가 실현되면, 그 목표를 달성하는 것은 단순한 유희였던 것이 아닐까 생각되는 경우가 있다. 확실히 나중에 돌이켜보면 그러한 일이 있을 것이다. 예를 들어 탈진 증후군의 산만한 사유가 그에 해당된다.

주목해야 하는 것은 행동하고 있는 한 가운데서 이미 그것이 실질이 없는 공허한 유희에 지나지 않는다고 시오랑이 자각하고 있다는 점이다. 그러한 인간은 유희에 열중할 수 없다. 놀이 끝의 환멸이 아니라 놀이 한 가운데서의 환멸. 적어도 놀이하고 있는 사이에는 그것이 놀이에 지나지 않는다는 것을 잊고 있을 필요가 있지만, 놀이하고 있는 한 가운데서도 그것이 놀이일 뿐이라는 것을 알고 있게 되면, 거기에는 환멸의 그림자가 드리워져 있다.

구체적인 이미지를 붙잡기 위해 하나의 예를 살펴보자. 우타다 히카루의 <traveling>이다. <traveling>은 금요일 밤에 느끼는 에로스적 기대(=환상)의 노래이지만, 우타다의 노랫소리의 울림에서는 환멸의 서정미가 전해진다. 우타다는 마음에 환상이 일어나는 바로 그때에 환멸도 불온한 예감으로서 따라붙는다는 것을 느낀다. 밤의 에로스에 유혹당하면서 우타다의 마음에는 이미 끝의 예감이 자욱하게 되지만, 우타다는 어느 쪽을 감춘다든지 하지 않는다. 어느 쪽이든 모두 그녀의 '진실'인 것이다 — (덧붙이자면, 우타다의 <COLORS>에서는 환멸로부터의 환상의 예감을 들을 수 있다).

멜랑콜리스트의 '권태'로 돌아가자. 존재하는 것 그 자체를 어쩐지 나른하게 느끼는 '기분'이란 무엇일까? 파스칼은 권태를 자기의 공허에 결부시켰지만, 철학자 레비나스는 권태를 환기시키는 대상이 자기 자신인 경우에 대해 다음과 같이 말하고 있다.

> 모든 것이 어떠하든 좋지만, 특히 자신의 일이 어떠하든 좋다고 하는 권태감이 있다. 그때 나른함을 품게 만드는 것은 자신의 생활의 이런저런 하나의 형태 — 자신의 환경이 진부하고 정체를 결여한다든가 주변 사람들이 야비하고 냉혹하다든가 — 가 아니며, 그 나른함이 실존 그 자체로 향해 있다. (레비나스, 2005, 45쪽)

모든 것이 어떠해도 좋지만, 특히 자신의 일이 어떠하든 좋다. 생활이 단조롭고 재미있지 않다. 주위에서 펼쳐지는 대화도 시시하다. 그러면 무언가 다른 것이 하고 싶은 것인가? 동일한 것이 되풀이되는 일상으로부터 멀어질 수 있다면, 모든 것이 잘 되어가는 것일까? 그렇다고도 말할 수 없다. 그때 나른함은 자신의 존재 그 자체로 향해 있다. 존재하는 것 그 자체에 피곤해 하는 것이다.

하지만 이것은 존재가 악이라고 판단하는 것이 아니다(니힐리즘은 그러했다). 기분(정동)은 '나'가 세계를 — 또는 '나' 자신을 — 어떻게 마주 대하고 있는지를 알려주는 것이며, 바로 나른함 속에서 존재하는 것에 대한 거부가 제시되는 것이다.

멜랑콜리스트는 까닭 없는 나른함에 괴로워하지만, 거기에는 존재하는 것 그 자체에 대한 피로감이 없을까? 노동에 의한 육체적-정신적 소모가 아니라 동일한 것을 타성으로 되풀이하는 것에서 느끼는 헛수고도 아닌, 그저 이 세계에 있다는 것에 대한 피로— 그것은 정동과 욕망이 좀처럼 다가오지 않는, 바로 이러한 '감응하지 않는 신체'에 깊이 관계된다.

설명해보자. 무엇을 하고 싶은 것도 아니지만, 이러한 감응하지 않는 신체를 유지해야만 하는 책무. 분명히 말해서 그것은 무거운 짐일 뿐이다. 욕망이 도래하지 않는 신체는 길가의 돌멩이와 마찬가지다. 아니, 돌멩이라면 그저 존재할 뿐인 것, 그것만으로 좋다. 문제는 돌멩이와 달리 실존은 실존 그 자체를 염려하고, 지금부터도 무언가의 방식으로 실존을 유지해야 할 의무가 있다는 점이다. 그리고 그 의무가 무거운 짐인 것이다.

따라서 멜랑콜리스트가 괴로워하는 권태, 피로, 환멸의 예감의 정체는 감응하지 않는 신체를 유지하는 것의 의무와 관계된다고 말할 수 있을 것이다. 어떤 대상이 무의미(무가치)하다는 것은 그 대상에 정동이 반응하지 않는다는 것이다.

정동이라는 근거

정동은 생생한 현실성의 근본 조건의 하나다. 다케다 세이지는 '현실성'의 본질 조건으로서 다음의 세 가지를 들고 있다(다케다^{竹田}, 2017a, 351쪽).

(1) 언제나 명확한 '자기의식'을, 따라서 '관계 의식'을 동반하는 것. 다시 말하면, 시간–공간적 질서의 정합적 일관성과 더불어 언제나 명료한 대타적 관계 상황성에 대한 자각적 파악을 지니고 있는 것.
(2) 지각이 파악하는 다양한 사물 대상이 언제나 확정된 '일반 의미'로서 파지되고, 거기에 정상적인 정동성이 수반되어 있는 것.
(3) 주위 세계의 사물들, 사태들이 지속적으로 시간적, 공간적인 정합성을 유지하면서 존재하고 있는 것.

주목해야 하는 것은 (2)의 조건이다. 다케다는 '지각', '의미',

'정동'의 세 계기가 '생생한 현실성'의 본질 조건이라고 말한다. 역으로 말하면, 이러한 세 가지 계기의 어느 것인가가 빠지게 되면, '생생한 현실성'이 상실된다고 하는 것이다. 예를 들어 사과를 보는 경우, 빨갛고 둥근 사과의 지각상, '사과'라는 의미, 사과가 환기시키는 정동(나는 사과 알레르기인 까닭에 사과를 보면 혐오감이 든다)의 셋으로 나누어 생각할 수 있지만, 이러한 계기들 모두가 사과의 현실성을 뒷받침하고 있는 것이다.

정동이 결여된 경우, 대상을 보고서(=지각) 그것이 무엇인지(=의미)는 인지할 수 있다. 그러나 예를 들어 그것이 쾌적한 것인지, 친숙한 것인지, 불안을 환기시키는 것인지, 사랑스러운 것인지는 잘 분간되지 않는다. 그때 생겨나는 것은 지적으로 이해하고 있다 할지라도 현실감이 상실되는 사태이다.

멜랑콜리스트가 의미의 장의 복수성을 앞에 두고 곤란을 겪는 것은 단지 의미의 장이 발견되지 않기 때문이 아니라 정동이 환기되는 매력적인 의미의 장이 발견되지 않기 때문이다. 한 마디로 말하면, 의미의 장을 마주 대하더라도 에로스적인 역동이 작동하지 않는다는 것, 이것이 문제의 본질인 것이다.

정태적 장면(지금 여기서의 장면)에서 지각 체험을 반성해 보면, 대개의 경우 지각상이 대상의 의미를 가져오고, 다음으로 그 의미가 정동을 환기시키는 순서를 끌어낼 수 있다(같은 책, 370쪽). 그러나 의미와 정동 관계의 발생적 본질에서는 이 순서가 반전된다. 우선 어떤 대상에 에로스적인 정동을 촉발시키는 체험이 있다. 그 체험이 반복되는 가운데 그 대상을 보면 한 번 보는 것으로 에로스적인 예기가 작동하게 된다. 그리고 이러한 예기적 이해가 대상의 일의적인 '의미'를 형성한다. 요컨대 발생적으로 생각하게 되면, 의미가 정동을 환기시키는 것이 아니라 정동의 반복이 의미를 만들어내는 것이다. 대상의 '의미'란 '기대—불안'의 에로스적인 체제 이외에 다른 것이 아니다.

따라서 정동을 반복할 수 있다면, 새로운 의미가 만들어진다. 여기서 확인하고 싶은 것은 모든 정동이 — '동경'은 상실되어 있다 하더라도 — 완전히 사라져 있는 것은 아니라는 점이다. 예를 들어 권태와 환멸 — 확실히 좋은 것이라고는 말할 수 없지만, 그것들도 역시 하나의 '정동'(기분)이긴 하다.

여기서는 환멸의 예감에 대해 생각해보자. 대상에 마음이 매혹되었을 때에 얼마 안 있어 찾아오는 환멸을 예기한다. 그러나 그렇다 하더라도 환상 없는 환멸은 있을 수 없다는 점도 역시 의심할 수 없다. 활짝 핀 벚꽃 나무의 정경 속에서 이미 휘날리는 벚꽃의 예감이 존재한다 할지라도, 벚꽃이 없으면 본래 아무것도 일어나지 않는다. 그렇다면 환멸의 예감에서조차 — 그것도 역시 하나의 '정동'이라고 한다면 — 우리는

'의미'의 실마리를 발견할 수 있을지 모른다. 그것은 '나'의 신체성을 구성하고, '나'의 세계에 대한 태도를 알게 해주는, 움직이기 어려운 '나'의 리얼인 것이다.

다양한 삶의 국면에서 정동에 귀 기울이게 될 가능성은 남아 있다. 기대와 동경과 같은 긍정적 정동만이 세계의 의미를 알게 해주는 것이 아니다. 예를 들어 '슬픔'은 대상을 상실하는 부정적 체험이지만, 그 대상을 상실하여 슬픈 것은 그 대상에 긍정적인 의미가 있었기 때문이다. 슬픔을 자진해서 체험하고 싶은 자 따위는 없겠지만, 슬프다고 (리얼하게) 느끼고 있다는 사실은, 즉 슬픔의 리얼리티는 대상의 '의미'를 거슬러 올라가 가리켜 보인다고도 말할 수 있다. 모든 정동에서 의미의 실마리를 발견하기는 어렵다 하더라도, 몇 개의 정동에는 '나'가 세계를 어떻게 마주 대하고 있는지, 그리고 '나'에게 있어 세계의 '의미'란 무언인가를 이해하기 위한 실마리가 포함되어 있는 것이다(바로 뒤에서 살펴보는 '에모사'도 그 가운데 하나다).

따라서 그것이 긍정적인 것인가 부정적인 것인가에 관계없이 정동의 연주인 음악을 귀 기울여 듣고 '나'의 신체에 누적된 정동의 모습을 확인하는 것이 중요해진다. 아니, 멜랑콜리스트는 그로부터 시작해야만 하며, 시작하는 것밖에 할 수 없을 것이다. 어쩌면 그 앞에 동경의 대상이 되는 '높이'의 가능성이

있을지도 모른다. '나'의 신체는 무엇에 대해 감응하는 것일까
— 이것이 첫 번째 물음이다.

물론 다음 순간에 어떠한 욕망에 추동될 것인지를 미리
알 수는 없다. 따라서 욕망을 둘러싼 탐구는 아무래도 '모험'적이
게 되지 않을 수 없을 것이다. 그것이 세계 저편의 초월을 꿈꾸는
것이 아니라 스스로의 내면에로 깊이 침잠하는 모험이라 할지
라도 말이다.

'에모사'의 본질

현대 일본의 젊은이들의 말에 '에모사'('에모', '에모미',
'에모이')가 있다. 단적으로 말하면, '에모사'는 '감동'(자주
애수적인 '안타까움'이나 '그리움'을 포함한다)을 의미하지
만, 왜 '감동했다'고 말하지 않고서 '에모이'라고 말하는 것일
까? 처음에 나는 '감동했다'의 대체 표현으로서 '에모이'가
사용된다고 생각했지만, 어느 때에 한 학생에게 그 점에 대해
이야기하자 '에모이는 에모이예요'라고 말하는 것이었다. 그
때부터 나는 학생들이 어떤 뉘앙스로 '에모이'를 사용하는지
주의 깊게 듣게 되었다.

나의 가설은 이렇다. '에모사'는 지나가버린 시간과 장소에

마음이 문득 끌렸을 때에 사용되는 말이며, '에모사'를 느끼는 것은 신체에 모인 인간적 정동의 모습을 확인하는 것이기도 하다. — 얼마 후 같은 학생에게 나의 가설을 메일로 전하자 '무언가, 마음에 딱 드는 웃음'이라는 답장을 받았다(이 선생은 왜 '에모사'에 마음 쓰는 것이지 라고 생각했음에 틀림없다). '에모사'의 본질을 생각해보자.

우선 감동의 체험을 반성해보자. 감동은 에로스적인 존재로 서의 '나'가 세계를 어떻게 마주 대하고 있는지를 알게 해준다. 우리는 보통 감동하려고 생각해도 감동하지 않는다. 감동할 때에는 언제나 대상에 좋든 싫든 마음이 움직이게 된다. 요컨대 무언가에 감동하게 되는 '자동성' — 감동은 논리 이전에 신체가 세계에 감응하는 체험이라고 말할 수 있다.

그 감응하는 신체의 에로스적인 분절에는 본래 개인의 성질 과 그때까지의 경험이 크게 관계하겠지만, 여기서 주목해야 하는 것은 거기에 '나'가 잊어버린 기억도 침전해 있다는 점이 다. 그것은 누군가에게 사랑받은 기억일지도 모른다. 외톨이의 외로움을 참은 기억일지도 모른다. 또는 이 세계에 태어났을 때에 그 존재를 축복받은 것도 새겨져 있을까? 따라서 '나'는 때때로 자신이 감동하고 있다는 것에 당혹해 한다. '나' 속에 아직 이러한 것이 있었던가 하는 뜻하지 않은 정동의 발로에 곤혹해 하는 것이다.

신카이 마코토 감독의 장편 애니메이션 영화 <너의 이름은>(2016년)은 꿈의 흔적의 정동이 남기는 '안타까움'을 그리고 있다. 주인공인 타키쿤과 미츠하가 꿈에서 깨어나면, 꿈의 자취가 정동으로서 마음에 남아 있다(눈이 뜨이면 눈물이 흐른다). 그러나 그 유래를 아무리 생각해내려 해도 꿈의 내용을 생각해낼 수 없다. 정동은 리얼하게 존재하지만, 그것은 정처 없게 되어 어디에(어느 기억에) 이어져 있는 것인지 알 수 없는 것이다.

잊어서는 안 되는 것을 잊었다는 느낌이 든다. 그러나 타키쿤과 미츠하는 '익명의 정동'을 받아들일 수밖에 없다. 왜냐하면 그 정동이 '꿈의 세계'로부터 온 것은 분명하며, '현실의 세계'에서 그 유래를 알아내는 것을 가능하지 않기 때문이다. 그 체험은 잊어버린 것의 슬픔을 가르침과 동시에 신체만이 느끼고 있는 '의미'를 엿볼 수 있게 할 것이다. '나' 속에 남겨진 것, 아니 타자가 '나'에게 남겨준 것의 흔적이 '익명의 정동'인 것이다.

물론 어떠한 체험이 '익명의 정동'을 구성하는지를 엄밀하게 실증하는 것은 불가능하며, 특정한 체험을 실체화하여 인과적인 동시에 일면적으로 그 정동을 정립하는 것은 불합리하다. 그러나 그럼에도 불구하고 어떤 정동의 유래가 불가지한 경우, 그 정동을 어떻게 파악할 것인지에 대해서는 열려 있다는 점이 중요하다.

이 애니메이션 영화가 현대의 실존의 매우 깊은 곳에 이르는 것은 신카이가 마음에 남긴 '익명의 정동'을 무언가의 중대한 귀결로서 받아들이고 있기 때문이 아니다. 오히려 신카이의 상상력이 시간적 인과 저편에로 넘어가 이름도 없는 정동의 발로에 동시성을 둘러싼 모험의 시작이라는 성격을 부여하고 있기 때문이다. 요컨대 '익명의 정동'은 부지불식간에 고인 감수성이라는 의미에서는 하나의 '귀결'이지만, 그것은 동시에 잊어버린 기억을 다시 한 번 이해하기 위한 '시작'이기도 한 것이다.

<너의 이름은>에서 표현된 꿈의 흔적의 정동은 '에모사'에서 느껴지는 정동의 모습과 아주 닮아 있다. '에모사'는 어떤 의미에서는 '꿈의 세계'로부터 '현실의 세계'로 도래하며, 그것이 마음에 주어질 때, 왜 '나'는 '에모사'를 느끼는 것일까라는 암묵적인 직감을 동반한다. 뜻하지 않게 마음이 움직이게 되는 것에 '당혹'을 느끼는 경우도 있을 것이다. 이것에 정동이 아직 남아 있었던 것일까 하고 스스로의 정동의 모습을 이해하고 확인하는 측면이 있는 것이다.

거기에는 일정한 거리감과 같은 것이 놓여 있다. 무언가의 계기(음악, 풍경, 졸업 앨범, 학교 축제의 마지막 등)에서 '에모사'는 다가오지만, 정동이 움직이고 있는 것의 이유는 말로 하기 어렵다. 그저 감동하고 있는 것이 아니라 무언가에 대해

감동하고 있는 것인지, 나아가서는 어째서 감동하고 있는 것인지가 처음에는 분명하지 않다. 머리로는 그것은 이미 지나가버린 것이라고 이해하고 있음에도 불구하고, 신체가 거기에 끌려 있다. '에모이' 체험에서 정동 소여와 정동 이해 사이에는 시간적 거리가 놓여 있는 것이다. 그 거리를 메우기 위해 선택되는 말이 '에모이'인 것이 아닐까(정동 이해에까지 이르지 못하는 경우도 많다)?

감동하고 있다기보다 감동되고 있다고 하는 '수동성', 그리고 '에모사'를 통해 '나'에게 남아 있는 정동의 모습을 이해하고 확인하는 '정동 확인' — 이것들이 '에모사'의 독자적인 구조를 만들어내고 있다. '에모사'란 '익명의 정동'이 자동적으로 환기될 때에 선택되는 말이라고 말할 수 있을 것이다.

따라서 '에모사'는 '그리움'을, 더욱이 특정한 기억에는 결부되지 않는— 물론 구체적인 사진과 음악에서 '에모사'가 환기된다 하더라도 — 이름도 없는 '그리움'의 감각을 동반한다고 생각될 수는 없을까? 예를 들어 학교 축제의 마지막에서 '에모사'를 느꼈다 하더라도, 그것은 학교 축제가 끝났다는 것을 그저 아쉬워하는 것이 아니다. 그것은 많은 이야기를 나눈 친구, 두려운 선배, 귀여웠던 후배, 진지한 선생, 지루한 수업, 매일 드나든 교실, 필사적으로 노력한 동아리 활동, 창에서 바라본 교정, 크림색의 네모난 학교 건물, 한가한 방과 후……

와 같은 학교생활 전체의 의미(의미 상실)가 상기(예감)되는 체험인 것이다.

요컨대 다음과 같은 것이다. 거기서 의식되고 있는 것은 에모사를 환기시키는 대상과, 마음이 움직여지고 있는 '나' 자신인 것이다. 중요한 '의미'가 거기에 있었을 것임에도 불구하고, 그것을 '나'는 잊을 뻔했다. 그러나 '나'의 신체는 그것을 느끼고 있고, 정동이 그 의미의 윤곽을 다시 상기한다. '에모사'가 어떤 종류의 노스탤지어를 포함한다고 하면, 그것은 상실의 표현이기도 하지만, '에모사'를 느낀다고 하는 근원적인 사실은 세계의 '의미'가 '나' 속에 아직 살아 있다는 것의 방증이기도 하다.

주목해야 하는 것은 '마지(정말)', '야바이(쩔어)', '만지(卍)' 등의 젊은이 말들과 마찬가지로 '에모이'도 역시 범용성이 높은 말이지만, 정동 일반에 적용되는 것이 아니라는 점이다. 생리적—육체적 쾌에는 '에모사'를 느끼지 않으며, 불안이나 두려움을 '에모사'라고 부르지 않는다. 또한 분노와 질투도 '에모사'의 대상이 되지 않는다. 희로애락에서 말하자면, '애哀'의 감정. 상실의 '애달픔'과 되돌아가고 싶어도 되돌아갈 수 없는 '안타까움'을 '표현'으로 승화시키는 것이 '에모사'인 것이다 — 그것은 인간적이자 관계적인 정념이다. '에모사'에 의해 '나'는 자신이 완전한 멜랑콜리스트도 동물도 아니라는 것을 확인하는 것이다.

물론 나는 '에모사'가 모든 문제를 해결한다고는 생각하지 않는다. 하지만 '에모사'라는 말이 — 특히 젊은 세대에게 있어 — 하나의 실마리가 된다는 느낌은 가지고 있다. 젊은이가 사용하는 '에모이'는 경박한 언어 표현이라고 생각되는 경향이 있지만, 거기에는 현대의 실존 감각이 반영되어 있는 것이다.

철학으로 가능한 것은 무엇인가?

메이야수는 신의 도래를 증명했다. 칸트 이후의 철학 전체에 대한 비판으로부터 우연성의 절대성을 논증하고, 그것이 지금까지의 신의 부재와 지금부터의 신의 도래 가능성을 뒷받침한다. 그 과정에 동의하는가 아닌가 하는 것은 일단 그대로 두고, 메이야수는 이성적 사변이 '높이'의 차원을 열어 보여줄 수 있다는 것을 가르친다. 요컨대 거기에 논리적—철학적인 가능성이 놓여 있다는 통찰은 단지 욕망의 도래를 기다리는 것만이 아닌, 철학적 사유가 지니는 독자적인 힘을 표현하고 있는 것이다. 요컨대 이성의 논리가 정동을 불러 일깨울 가능성, 바로 이것이다.

의미의 장의 존재론을 주장하는 가브리엘로부터도 동일한

것을 끄집어낼 수 있다. 예를 들어 세계는 존재하지 않는다고 증명됨으로써 우리는 점차로 세계 전체를 이해하는 것의 불가능성을 받아들인다. 세계가 존재할 가능성이 아직 어딘가에 남아 있을 때는 어떻게 해서라도 특정한 세계상에 매달리고 싶어 할 것이다. 철학적으로 논증됨으로써 특정한 세계상을 절대화하는 것의 불합리를 알고, 그때까지 어렴풋하게 품어온 살기 어려움의 정체가 분명해진다. 그렇게 됨으로써 삶의 상황은 오히려 악화될지도 모른다. 왜냐하면 어렴풋한 살기 어려움에는 모호한 구원의 가능성이 따라붙지만, 세계는 존재하지 않는다는 것이 밝혀짐으로써 그 가능성은 완전히 제거되기 때문이다.

철학의 무시무시함은 이로부터이며, 그러면 어떻게 생각할 수 있을까 하는 앞의 이치를 탁월한 철학은 제시해보일 수 있다. 세계는 존재하지 않는다 하더라도, 수없이 많은 의미의 장은 존재한다. 다함이 없는 의미에 계속해서 몰두하는 것이 인간의 의무이며, 그 밖의 길은 없다는 것이다. 이렇게 말하면 우리는 '불안의 밑바닥'에 겨우 이른 것처럼 느낀다. 막연한 불안은 한층 더한 불안의 마중물로 될 뿐이지만, 인간의 조건이 밝혀지고, 그 주어진 장소에서 살아가지 않으면 안 된다고 깊이 이해할 때, 거기서는 모종의 단념과 각오가 생겨난다. 불안의 밑바닥에 이르렀을 때, 비로소 하늘을 올려다 볼 수 있는 것이다. 자기를 기투할 새로운 가능성은 정동의 질서 그 자체를 다시 짜기 시작한다.

데카르트는 일반적으로 의심할 수 있는 모든 것을 의심하여 의심할 수 없는 것으로서의 코기토의 명증에 이르렀다. 칸트는 이율배반 논의에서 형이상학에 결정적인 일격을 가하고서도 여전히 보편 인식의 가능성을 포기하지 않았다. 니체는 무의미한 것의 영원회귀를 견지하고, 가치를 몇 번이라도 창출하는 초인의 이상을 설파했다. 철학은 회의를 끝까지 추구함으로써 기존의 가치 체계를 모조리 비판하지만, 그렇게 함으로써 불안의 밑바닥을 제시하고, 실존의 새로운 가능성을 창출한다. 이 길의 끝이 막다른 곳이라는 것을 알지 못하면, 사람은 다른 길을 모색할 동기를 지니지 않는다.

철학의 과업은 인간과 사회의 '가능성'을 보여주는 것이지만, 그것은 다양한 가능성의 '불가능성'을 토대로 한다. 인간의 근본 조건이란 무엇인가, 그리고 '인간 이후'의 세계에서 '인간적인 것'은 어디로 향해야 할 것인가 — 이것을 밝히지 않는 한, 철학은 임의의 가능성을 방황하는 수밖에 없다. '불가능성'을 철저하게 자각한 자만이 새로운 '가능성'을 손에 넣는 것이라면, 우리의 의무는 현대 실재론을 넘어서서 한 걸음 더 앞으로 내딛는 것일 것이다.

맺는 말

정동에 언젠가의 '나'가 찍혀 있다. 그러나 세계에 마음을 빼앗기고서 정동에 숨어 있는 자기 자신의 모습에 대해서는 느끼지 못한다. 그것은 많은 경우 대상 측에서 정동의 근거를 찾기 때문이다. 예를 들어 어떤 영화를 보고서 감동한 경우, '이 영화는 감동적이다'라고 말한다. 영화가 감동시킬 조건을 갖추고 있고, 그 조건이 '나'를 감동시켰다는 것이다. 확실히 이 생각은 잘못되어 있지 않다. 그 작품이 지니는 힘이야말로 정동을 환기시키는 바로 그것이기 때문이다.

그러나 우리는 정동을 잘 듣는 것에서 시작해보자. 작품을 볼 뿐만 아니라 정동의 흔들림 그 자체에 귀를 기울이는 것이다. '나'의 신체에 침전된 무언가가 작품에 반응하고 있다. 정동의 도래는 '나'가— 많은 경우에는 타자와 함께— 세계를 어떻게 마주 대해 왔던 것인지, 그리고 지금부터 세계를 어떻게 마주 대할 것인지를 알려주고 있다.

발생적 관점에서 생각하면, 정동은 타자와의 관계에 의해 전개된다(상세한 것은 다케다竹田, 2017a, 2017b를 참조). 처음에는 모자 관계를 축으로 하지만, 성장함에 따라서 다양한 관계성에 배려하는 것을 깨닫고, 그 관계성이 요구하는 것에 대답하는 것을 통해 정동은 분절된다. 인간만큼 정동을 복잡하게 만든 동물은 없지만, 그 커다란 이유는 인간이 관계성에 배려하면서 살아가는 동물이기 때문이다. 따라서 지금까지의 관계성의 흔적이 정동에 남아 있다.

그렇다면 정동은 결코 제도화되어 있지 않다. 정동의 질서는 언제나 생성하고 있으며, 그것을 다시 짤 수도 있다. 물론 그것을 한 사람이 하고자 생각하더라도 좀처럼 잘 되지 않는다. '나'에게 도래한 정동의 발생적 근거를 자기 이해하는 데까지는 가능하더라도, 정동의 질서를 다시 엮기 위해서는 새로운 관계성 속에서 정동의 존재방식 그 자체를 시험할 필요가 있기 때문이다. 예를 들어 새롭게 맺어진 관계성을 중요시할 동기가 있는 경우, 그것을 망가트리는 정동을 다시 엮는 노력은 이미 시작되고 있다.

마지막으로 다음과 같이 말해두고자 한다. 높이도 있고 넓이도 있는 것은 타자라고 말이다. 타자와의 언어 게임에서 상호주관적인 이해를 창출할 수 있다면, 거기서는 '넓이'가 태어난다. 타자는 보편성의 가능성 조건인 것이다. 요컨대 타자와는 서로 이해할 수 있는 것이다. 하지만 타자는 '나'를 초월하는 존재이기도 하다. 타자의 마음은 결코 현전하지 않는다. 나쓰메 소세키의 『행인』에서 형은 지로에게 말한다. "너는 다른 마음을 알겠니?"(나쓰메夏目, 1952, 126쪽) — '나'와 타자 사이에는 깊은 단절이 놓여 있는 것이다. 그 거리는 관계 불안의 원천이지만, 그러나 또 하나의 — '나'의 관념으로는 결코 무화될 수 없는 — 의미의 원천이기도 하다. 얼마만큼 자신에게 갇혀 있더라도, 어느 정도 권태를 느끼더라도 타자는 '나'에게 이야기를 걸어온다. 다를 수 있는 것의 가능성을 호소해온다. 요컨대 타자는 멜랑콜리의 외부에 있는 것이다.

'나' 역시 타자에 대한 타자인 한에서, '나'에게는 동일한 가능성이 속해 있을 것이다. 즉, 타자의 멜랑콜리 외부에 설수 있는 가능성이다. 유감스럽게도 현 단계에서는 그 가능성이 어느 정도의 것인지 내게는 판단이 되지 않지만, 타자에 대한 타자가 '나'라고 생각할 때, 거기에 행위의 주체성을 다시 물을 길이 놓여 있을 것이다.

■ 외국어 문헌

Bryant, Levi, Nick Srnicek, and Graham Harman, 2011, "Towards a Speculative Philosophy", in Levi Bryant, Nick Srnicek, and Graham Harman (eds.), *The Speculative Turn: Continental Materialism and Realism*, Melbourne: re.press, pp. 1-18.

Ferraris, Maurizio, 2014, *Manifesto of New Realism*, translated by Sarah De Sanctis, Albany: State University of New York Press.

Gabriel, Markus, 2015, *Fields of Sense: A New Realist Ontology*, Edinburgh: Edinburgh University Press.

—— 2017, *I am Not a Brain: Philosophy of Mind for the 21ˢᵗ Century*, translated by Christopher Turner, Cambridge: Polity Press. (マルクス・ガブリエル,『「私」は脳ではない―21世紀のための精神の哲學』, 姫田多佳子 역, 講談社(講談社選書メチエ), 2019년)

Gabriel, Markus (hrsg.), 2014, *Der Neue Realismus*, Berlin: Suhrkamp.

Harman, Graham, 2010, *Towards Speculative Realism: Essays and Lectures*, Winchester: Zero Books.

—— 2011a, *Quentin Meillassoux: Philosophy in the Making*, Edinburgh: Edinburgh University Press.

—— 2011b, "The Road to Objects", *continent.*, 1.3: 171-179. (グレアム・ハーマン,「オブジェクトへの道」, 飯盛元章 역,『現代思想』2018년 1월호)

—— 2023, "The Current State of Speculative Realism", *Speculations*, 4: 22-28.

Kirk, G. S., J. E. Raven, and M. Schofield, 1983, *The Presocratic Philosophers: A Critical with a Selection of Texts*, 2ⁿᵈ ed., Cambridge/New York: Cambridge University Press. (G. S. カーク＋J. E. レイブン＋M. スコフィールド『ソクラテス以前哲學者たち』山內勝利・木原志乃・國方榮二・三浦

要・丸橋裕 역, 京都大學學術出版會, 2006년)

■ 일역 문헌

ウィトゲンシュタイン, ルートヴィヒ, 2003, 『論理哲學論考』,
    野矢茂樹 역, 岩波書店(岩波文庫).

ガーゲン, ケネス・J, 2004, 『あなたへの社會構成主義』, 東村知
    子 역, ナカニシヤ出版.

ガブリエル, マルクス, 2016, 「中立的な實在論」, 齋藤幸平 역,
    『現代思想』 2016년 1월호.

── 2018a, 『なぜ世界は存在しないのか』, 清水一浩 역, 講談社
    (講談社選書メチエ).

── 2018b, 『非自然主義的實在論のために』, 齋藤幸平・岡崎龍
    역, 『現代思想』 2018년 1월호.

カント, イマヌエル, 1961-62, 『純粹理性批判』(전 3책), 篠田英雄
    역, 岩波書店(岩波文庫).

── 1979, 『實踐理性批判』(개역), 波多野精一・宮本和吉・篠
    田英雄 역, 岩波書店(岩波文庫).

キルケゴール, セーレン, 1957, 『死に至る病』(개정판), 齋藤信治
    역, 岩波書店(岩波文庫).

クリプキ, ソール・A, 1958,『名指しと必然性——様相の形而上學と心身問題』, 八木澤敬・野家啓一 譯, 産業圖書.

クワイン, W. V. O., 1992,『論理的觀点から——論理と哲學をめぐる九章』, 飯田隆 譯, 勁草書房(双書プロブレーマタ).

コント, オーギュスト, 1980,『實証精神論』, 霧生和夫 譯, 淸水幾太郎 責任編集,『コント スペンサー』(「世界の名著」46), 中央公論社(中央バックス).

サイード, エドワード, W., 1993,『オリエンタリズム』(전 2책), 今澤紀子 譯, 平凡社(平凡社ライブラリー).

サルトル, ジャン ポール, 1994,『嘔吐』(개역신장), 白井浩司 譯, 人文書院.

シェーラー, マックス, 1978,「現象學と認識論」, 小林靖昌 譯,『シェーラー著作集』第15권, 白水社.

シオラン, E. M., 1976,『生誕の災厄』, 出口裕弘 譯, 紀伊國屋書店.

チャーチランド, パトリシア, S., 2013,『腦がつくる倫理——科學と哲學から道德の起源にせまる』, 信原幸弘・樫則章・植原亮 譯, 化學同人.

チャーチランド, ポール, M., 1986,『心の可塑性と實在論』, 村上陽一郎・信原幸弘・小林傳司 譯, 紀伊國屋書店.

ツルガーネフ, イワン, 1998,『父と子』, 工藤精一郎 譯, 新潮社(新潮文庫).

デカルト, ルネ, 2006,『省察』, 山田弘明 역, 筑摩書房(ちくま學藝
    文庫).

デュルケム, エミール, 1975,『宗敎生活の原初形態』(개역, 전 3
    책), 古野淸人 역, 岩波書店(岩波文庫).

トルストイ レフ, 1961,『懺悔』(개정판), 原久一郎 역, 岩波書店
    (岩波文庫).

ドレイファス, ヒューバート, L., 1992,『コンピュータには何が
    できないか―哲學的人工知能批判』, 黑崎政男・村若修 역,
    産業圖書.

ドレイファス, ヒューバート, L.+チャールズ・テイラー, 2016,
    『實在論を立て直す』, 村田純一 감역, 梁谷昌義・植村玄輝
    ・宮原克典 역, 法政大學出版局(叢書・ウニベルシタス).

ニーチェ, フリードリヒ, 1993,『權力への意志』(전 2책), 原佑
    역,『ニーチェ全集』제12-13권, 筑摩書房(ちくま學藝文庫).

ハイデガー (ハイデッガー), マルティン, 1980,『存在と時間』,
    原佑・渡辺二郎 역, 原佑 책임편집,『ハイデガー』(「世界の
    名著」74), 中央公論社(中央バックス).

── 1994,『形而上學入門』, 川原榮峰 역, 平凡社(平凡社ライブラ
    リー).

パスカル, ブレーズ, 1971,『パンセ』(전 2책), 松浪信三郎 역,
    講談社(講談社文庫).

パトナム, ヒラリー, 1994,『理性・眞理・歴史——內在的實在論
　　の展開』, 野本和幸・中川大・三上勝生・金子洋之 役, 法政
　　大學出版局(叢書・ウニベルシタス).

ハーマン, グレアム, 2017,『四方對象——オブジェクト指向存在論
　　入門』, 岡嶋隆佑 監役, 山下智弘・鈴木優花・石井雅巳 役,
　　人文書院.

ヒューム, デイヴィッド, 2010,『人性論』, 土岐邦夫・小西嘉四郎
　　役, 中央公論新社(中央クラシックス).

ファン・ヘネップ, アルノルト, 2012,『通過儀禮』, 綾部恒雄・
　　綾部裕子 役, 岩波書店(岩波文庫).

フッサール, エトムント, 1979-84,『イデーンⅠ』(전 2책), 渡辺二
　　郎 役, みすず書房.

―― 1997,『ヨーロッパ諸學の危機と超越論的現象學』, 細谷恒
　　夫・木田元 役, 中央公論社(中央文庫).

―― 2001,『デカルト的省察』, 浜渦辰二 役, 岩波書店(岩波文庫).

ブラシエ, レイ, 2015,「絶滅の眞理」, 星野太 役,『現代思想』2015
　　년 9월호, 50-78쪽.

ヘーゲル, G. W. F., 2000,『法哲學講義』, 長谷川宏 役, 作品社.

ムーア, G. E., 1960,『觀念論の論駁』, 國嶋一則 役, 勁草書房.

メイヤスー, カンタン, 2016,『有限性の後で——偶然性の必然性に
　　ついての試論』, 千葉雅也・大橋完太郎・星野太 役, 人文書

院.

── 2018,『亡靈のジレンマ─思弁的唯物論の展開』, 岡嶋隆佑
　　　・熊谷謙介・黑木萬代・神保夏子 譯, 靑土社.

ユクスキュル, ヤーコプ・フォン, 2012,『生命の劇場』, 入江重吉
　　　・寺井俊正 譯, 講談社(講談社學術文庫).

ラトゥール, ブリュノ, 2017,『近代の〈物神事實〉崇拜につい
　　　て─ならびに「聖像衝突」』, 荒金直人 譯, 以文社.

リオタール, ジャン゠フランソワ, 1986,『ポスト・モダンの條
　　　件─知・社會・言語ゲーム』, 小林康夫 譯, 西肆風の薔薇
　　　(叢書言語の政治).

レヴィナス, エマニュエル, 2005,『實存から實存者へ』, 西谷修
　　　譯, 筑摩書房(ちくま學藝文庫).

ロック, ジョン, 1980,『人間知性論』, 大槻春彦 譯, 大槻春彦 책임
　　　편집,『ロック ヒューム』(「世界の名著」 32), 中央公論社(中
　　　央バックス).

ローティ, リチャード, 1993,『哲學と自然の鏡』, 野家啓一 감역,
　　　伊藤春樹・須藤訓任・野家伸也・柴田正良 譯, 産業圖書.

── 2002,『リベラル・ユートピアという希望』, 須藤訓任・渡
　　　辺啓眞 譯, 岩波書店.

■ 일본어 문헌

淺田彰, 1993, 『構造と力─記号論を超えて』, 勁草書房.

岩內章太郎, 2019, 「思弁的實在論の誤謬─フッサール現象學は信仰主義か?」, 『フッサール研究』 제16호(2019년 3월), 1-18쪽.

植村玄輝, 2009, 「フッサールのノエマとインガルデンの純粹志向的對象─志向性理論から世界の存在をめぐる論爭へ」, 『フッサール研究』 제7호(2009년 3월), 4-14쪽.

梶井基次郎, 1967, 『檸檬』, 新潮社(新潮文庫).

嘉山優, 2018, 「他者以前のレヴィナス─〈ある〉に抵抗する日常」, 『本質學研究』 제5호(2018년 2월), 18-40쪽.

國分功一郎, 2011, 『暇と退屈の倫理學』, 朝日出版社.

篠原雅武, 2018, 『人新世の哲學─思弁的實在論以後の「人間の條件」』, 人文書院.

竹田靑嗣, 2017a, 『欲望論』 제1권, 「「意味」の原理論」, 講談社.

──── 2017b, 『欲望論』 제2권, 「「價値」の原理論」, 講談社.

谷徹, 1998, 『意識の自然─現象學の可能性を拓く』, 勁草書房.

丹治信春, 2009, 『クワイン─ホーリズムの哲學』, 平凡社(平凡社ライブラリー).

千葉雅也, 2018a, 『思弁的實在論と現代について─千葉雅也對談

集』, 靑土社.

── 2018b, 「ラディカルな有限性──思弁的實在論の10年とその後」, 『現代思想』 2018년 1월호, 98-111쪽.

戶田山和久, 2015, 『科學的實在論を擁護する』, 名古屋大學出版會.

夏目漱石, 1952, 『行人』, 新潮社(新潮文庫).

西垣通, 2018, 『AI原論──神の支配と人間の自由』, 講談社(講談社選書メチエ).

野家啓一, 2013, 『科學の解釋學』, 講談社(講談社學術文庫).

野矢茂樹, 2006, 『ウィトゲンシュタイン『論理哲學論考』を讀む』, 筑摩書房(ちくま學藝文庫).

丸山俊一・NHK '욕망의 시대의 철학' 제작반 2018, 『マルクス・ガブリエル 欲望の時代を哲學する』, NHK出版(NHK出版新書).

村上陽一郞, 1986, 『近代科學を超えて』, 講談社(講談社學術文庫).

森一郎, 2008, 『死と誕生──ハイデガー・九鬼周造・アーレント』, 東京大學出版會(東京女子大學學會研究叢書).

渡辺二郞, 1975, 『ニヒリズム──內面性の現象學』, 東京大學出版會(UP選書).

■ 음악 작품·영상 작품

宇多田ヒカル, <traveling>, 東芝EMI, 2001년.

押井守 감독 <スカイ・クロラ>, ワーナ・ブラザース映畫, 2008
년. *원작은 森博嗣,「スカイ・クロラ」시리즈(전 6책),
中央公論新社(中公文庫), 2004-09년.

新海誠 감독, <君の名は>, コミックス・ウェーブ・フィルム,
2016년.

처음으로 철학을 접한 것은 중학생 때 일이다. 아버지의 책장에 있던 『존재와 시간』의 몇 쪽을 훑어보았지만, 그 의미는 거의 이해하지 못했던 것을 기억한다. 하지만 동시에 하이데거의 현묘한 문장은 일생 동안 한 번은 진지하게 몰두해야 할 문제를 마주하고 있다는 인상을 내게 남겼다.

그 이래로 우여곡절은 있었지만 철학을 계속하고 있다. 지금은 다양한 상투구들을 가지고서 철학의 의의를 이야기할 수도 있지만, 나 자신에 대해 말하자면 역시 철학이 좋다고 생각한다. 철학적인 문제를 생각하는 것에는 다른 것에는 없는 매력이 있다. 니체를 모방하여 그것을 '진리에의 의지'라고도 말할 수 있을까?

철학의 힘을 빌리지 않더라도 사람들은 생각할 수 있지만, 철학은 누구나 다 이렇게 생각하지 않을 수 없을 독자적인 이치를 제시해 보인다. 그것이 철학의 긴장이다. 철학의 언어 게임은 서로 다른 생각을 지니는 자들이 있기 때문에 성립하지만, 세상 속에 복수의 생각이 있다는 것을 승인하는 것만으로 '철학'이라고 불러야 하는 것은 아니다. 많은 의견이 있는 상황을 긍정하면서 그럼에도 거기에 하나의 '원리'를 놓아보는 것, 다른 사람의 생각을 잘 들은 다음, 뜻을 다하여 자신의 표현법을 설명해보는 것. 철학이란 바로 그러한 긴장 관계 속에서 성립하는 영위다. 따라서 '보편성'은 그 안쪽에 건전한 '회의'를 담을 때 진정한 의미에서 누군가에게 이르는 말이 될 것이다.

내가 현대 실재론을 알게 된 것은 후설 현상학에 관한 박사 논문을 한창 집필하고 있을 때였다. 사변적 실재론의 논객 톰 스패로우가 『현상학의 종언』이라는 책을 내놓은 것이 계기였다. 처음에 나는 스패로우의 논의가 현상학 비판으로서는 과녁을 벗어났다고 생각하고, 「사변적 실재론의 오류」(『후설 연구』)라는 논문으로 정리했지만, 그와 동시에 거기에는 독자적인 해방감이 놓여 있다고도 느꼈다. 그 해방감의 본질을 더듬어가자 나 자신과 현대의 실존 감각에 맞닥뜨렸다. 그것이 이 책의 근본 모티브다.

이것은 나의 최초의 저작이다. 많은 사람들에게 도움을 받았다. 우선 다케다 세이지 선생께 깊이 감사드린다. 다케다 선생에게서는 와세다대학 국제교양학부의 기초 세미나부터 그보다 약 12년 후에 같은 대학 대학원 국제커뮤니케이션 연구과에 제출한 박사 논문 심사에 이르기까지 철학을 가르침 받았다. 한 번은 고향인 삿포로로 돌아오기도 했던 성적이 나쁜 제자였지만, 참을성 있게 계속해서 나의 지도를 맡아주셨다. 다케다 선생과의 만남이 없었다면, 철학을 계속할 수 없었을 것이다. 다케다 세미나의 동료들에게서도 뒷받침 받았다. 가야마 유 씨는 이 책의 일부를 읽고 솔직하면서도 유익한 코멘트를 해주었다.

현대의 실존 감각에 대해 학생들과 대화를 나누는 것은 즐거웠다. 와세다대학, 도쿄 가정대학, 다이쇼대학, 도쿄 이과대학의 강의와 세미나에서는 많은 코멘트와 질문을 받았다. 특히 고이즈미 아유 씨와 오하마 미즈키 씨와는 '에모사'의 본질을 두고 논의했다. 함께 생각해주어 감사드린다.

고단샤의 다가이 모리오 씨와는 박사 과정 재학 중에 만났다. 다가이 씨는 소쉬르 연구에서 커다란 작업을 수행한 날카로운 기백의 연구자이자 책을 만드는 일에 정열을 기울이는 편집자이기도 하다. 내가 박사 논문으로 고민하고 있을 때에도 '쓰는 인간과 쓰지 않는 인간이 있을 뿐이다'라고 질타와 격려의 말을 던져주셨고, 그 말을 몇 번이고 반추하면서 그럭저럭 박사 논문을 완성했다. 이번에 다가이 씨와 이 책을 만드는 일이 결정되었을 때, 한 수 배울 작정으로 한 번 해보자고 생각했다. 몇 번이고 좌절하게 되었지만, 그때마다 적확한 충고를 주셨다. 마음으로부터 감사를 올려드린다.

마지막으로 가족에게 감사를 전하고 싶다. 조용히 지켜보아 주신 부모님, 괴로운 일도 웃음으로 변화시켜준 동생 부부, 따뜻하게 맞아주신 의부모, 언제나 가까이에서 잠자고 있던 고양이 셀러. 그리고 색다른 남편의 옆에 있어준 아내 나츠코에게.

2019년 8월
이와우치 쇼타로

　이 『새로운 철학 교과서 ─ 현대 실재론 입문』은 『新しい哲學の教科書 ─ 現代實在論入門』(岩內章太郎, 講談社, 2019)을 옮긴 것이다. 저자인 이와우치 쇼타로는 1987년생으로 와세다대학 국제커뮤니케이션 연구과 박사 과정을 마치고, 현재는 와세다대학, 도쿄 가정대학, 다이쇼대학 등에서 강의하고 있는 일본의 신진기예의 철학자이다. 이 책은 저자의 최초의 저작이다.

　이와우치 쇼타로는 이 『새로운 철학 교과서』에 두 가지 목적을 설정하고 있다. 그 하나는 21세기에 들어서 '인간'으로부터 벗어나 '실재'로 향하고 있는 현대철학의 '실재론'에 주목함으로써 '인간 이후'의 세계를 사유하는 '포스트 휴머니즘'의 철학에 일정한 전망을 부여하는 것이다. 또 다른 하나는 이러한 '실재론'의 의의를 현대의 실존 감각에 비추어 '실존론' 적으로 해명하는 것이다.

이러한 목적을 실현하기 위해 저자는 '현대 실재론'의 주요한 네 가지 사유, 즉 퀑탱 메이야수의 사변적 실재론과 그레이엄 하먼의 객체 지향 존재론, 그리고 찰스 테일러와 휴버트 드레이퍼스의 다원적 실재론과 마르쿠스 가브리엘의 새로운 실재론을 간명하고도 정연하게 제시하되, 그것들이 지니는 의의를 '높이'와 '넓이', 즉 '초월' 및 '보편'과 관련하여 모색하고 있다. 이러한 모색을 처음부터 끝까지 관통하고 있는 것은 현대의 니힐리즘과 멜랑콜리, 요컨대 '무언가를 하고 싶은 것도 아니지만 아무것도 하고 싶지 않은 것도 아니다'는 현대의 실존 감각에 대한 관심이다. 실존론적 관심에 대한 해명이라는 철학의 시대적 과제가 포스트모던 이후의 '실재론적 전회'가 지니는 철학사적 연관에 대한 해명이라는 시대의 철학적 과제를 통해 수행되고 있는 것이다.

이와우치 쇼타로는 '현대 실재론'이 포스트모던 사상을 극복하고자 하는 시도이며, 그것은 곧 역사주의적이고 주관주의적이며 상대주의적인 포스트모던 사상 내지 좀 더 넓게는 칸트 이후 사상이 혐오하는 '사물 자체'와 '이성' 개념을 사변적으로 다시 회복하고자 하는 것이라고 하고 있다. 요컨대 인간이 인간 자신의 눈으로밖에 세계를 볼 수 없다면, 인간은 결국 스스로의 세계에 갇혀 사물 자체를 사유하는 것이 불가능해지는 것이 아닐까 하는 물음이 '현대 실재론'을 이끌고 있으며, 그것은 '인간 이후'의 세계, 곧 인간이 존재하지 않는 곳일 뿐만 아니라 또한 인간의 사유가 미치지 못하는 장소이기도 한 세계를 사유하고자 하는 데로 나아가고 있다는 것이다.

역설적인 것으로 생각될 수 있는 것이지만, 이러한 '현대 실재론'이 전개되는 우리 시대는 인간의 활동이 자연의 힘들에 필적할 정도로까지 세계에 영향을 미치고 있는 시대이다. 인간이 우위 내지 중심적 지위를 차지하는 시대가 전개되어온 것이다. 그러나 인간이 세계를 개조하는 이러한 삶의 방식은 이산화탄소의 배출 등과 같은 인간의 작용을 통해 가뭄과 홍수, 이상 기후, 지구 온난화, 해수면 상승이라는 전 지구적인 조건 그 자체의 변화로 이어지고 있다. 이것은 세계가 인간에 의해 개조될 뿐만 아니라 그 개조된 세계가 인간 존재의 조건을 뒤흔드는 상황이라고 할 수 있을 것이다.

이렇듯 생태학적 위기와 인류의 생존 그 자체에 대한 불안이 전면화 되는 이 시대의 존재 조건은 과거에서 현재 그리고 미래로 이어지는 우리의 시간적 지속의 감각을 뒤흔들고, 그래서 충적세의 종언 이후 인류세의 전개라는 생각이 보여주듯이 인간 존재의 조건을 인간을 척도로 하여 정해져 있는 시간과 공간의 틀을 철저히 벗어나서 다시 생각할 것을 요구하고 있다. 인간도 생성, 변화, 소멸하는 수많은 존재들 가운데 하나로서 여러 존재와의 연관 속에서 존재하는 것이고, 따라서 세계는 인간이 사라져도 존재할 뿐만 아니라 그 자신의 주인이자 그 자체로서 존재한다는 것을 뼈저리게 되새기게 하는 것이다.

그러나 이것은 '인간'이나 '세계' 등, 지금까지의 사유가 스스로의 전제로 삼아온 기본적인 설정들에 근본적인 물음을 제기하지 않을 수 없게 만드는 사태이다. 우리가 생각하고 행위하고 바라는 모든 것을 의미 있는 것으로 만드는 조건으로 생각되어온 초월론적인 장소 그 자체가 불안정해지고 묘연해지는 것이다. 그리고 이러한 사유의 불안정과 묘연함을 어떻게 생각할 것인가 하는 것은 본래적으로 언제나 철학의 중요한 과제이다. 그리고 우리는 이러한 철학적 과제 상황 속에서 '현대 실재론'의 전개를 지켜보고 있는 것이다.

물론 이와우치 쇼타로가 '현대 실재론'의 전개에 기대어 은밀히 이야기하고 있는 대답, 즉 멜랑콜리스트는 '높이도 넓이도 없는 장소에서 현실적으로 살아갈 수 있으며, 그것만으로 좋은 것이다'라고 하는 대답이 과연 존재와 사유와 관련한 우리의 대답일 수 있는 것인지는 여전히 문제일 수 있을 것이다.

왜냐하면 존재 그 자체가 인간 내지 사유와 무관하게 존재한다는 것 그 자체가 여전히 문제일 뿐만 아니라, 중요한 것은 그러한 물음들이 문제가 되는 이 세계에서 인간이 아직 살아가는 가운데 바로 그 우리 인간이 그러한 삶에서 무엇이 중요한지를 여전히 묻고 있는 것이기 때문이다.

도서출판 b는 이른바 '코로나 사태'라는 '실재의 역습' 속에서도 그야말로 놀라운 거인적인 생산성을 보여주고 있다. 이 『새로운 철학 교과서』의 작업에서도 조기조 대표와 편집부의 신동완, 김장미 선생은 까다로운 작업들을 무심한 듯 훌륭하게 마무리해주었다. 함께 기획회의를 구성하고 있는 심철민, 이성민, 이충훈, 복도훈 선생들은 언제나처럼 새로운 구상과 노력을 위한 원천이다. 다시 한 번 우리 모두에게 행운이 깃들기를 빌 뿐이다.

2020년 7월 31일
장마 끝에 청명한 하늘을 기다리는 백운호숫가에서
이신철

새로운 철학 교과서

초판 1쇄 발행 | 2020년 8월 20일

지은이 이와우치 쇼타로
옮긴이 이신철
펴낸이 조기조

펴낸곳 도서출판 b
등 록 2003년 2월 24일 제2006-000054호
주 소 08772 서울특별시 관악구 난곡로 288 남진빌딩 302호
전 화 02-6293-7070(대) | 팩 스 02-6293-8080
누리집 b-book.co.kr | 전자우편 bbooks@naver.com

ISBN 979-11-89898-33-5 03100
값 18,000원

·